全国人大科教文卫委原副主任朱万勇为平台题字

联合国秘书长潘基文及夫人会晤姚海涛主席

联合国常务副秘书长埃利亚松会晤姚海涛主席

联合国助理秘书长徐浩良会晤姚海涛主席

联合国世界和平基金会终身主席刚坚活佛为姚海涛主席加持

尼泊尔总理奥利会晤姚海涛主席

柬埔寨副总理雍才宁会晤姚海涛主席

萨瓦尔多副总统 H.E.Felix Ulloa 会晤姚海涛主席

危地马拉副总统 Rober Carlos 会晤姚海涛主席

泰国皇室素博·巴莫亲王会晤姚海涛主席

洪都拉斯国会副主席 Walter Antonio 会晤姚海涛主席

中南美洲国家联盟副秘书长 Robeito Mancilla 会晤姚海涛主席

巴拿马总顾问、国会前议长 Torres Diaz 会晤姚海涛主席

韩国前国务总理李寿成会晤姚海涛主席

乌克兰总理叶哈努罗夫会晤姚海涛主席

意大利前总理达莱马会晤姚海涛主席

澳大利亚前总理霍华德会晤姚海涛主席

韩国国会议长郑义和会晤姚海涛主席

泰国上议院议长提拉育会晤姚海涛主席

澳大利亚前总理吉拉德会晤姚海涛主席

萨 瓦 尔 多 总 统 办 公 室 投 资 委 员 会 主 任
Carcamo Bernabe 会晤姚海涛主席

联合国秘书长助理图耶会晤姚海涛主席

阿根廷外交部副部长阿里尔会晤姚海涛主席

罗马尼亚驻中国大使康斯坦丁·内斯库会晤姚海涛主席

格鲁吉亚驻中国大使阿尔奇尔会晤姚海涛主席

摩尔多瓦共和国驻中国大使奥雷尔·乔克伊会晤姚海涛主席

斯里兰卡驻中国大使卡鲁纳塞纳·科迪图瓦库会晤姚海涛主席

马达加斯加共和国驻中国大使维克托·希科尼纳会晤姚海涛主席

刚果民主共和国驻中国大使夏尔·蒙巴拉·恩赞库会晤姚海涛主席

南亚联盟工商会主席苏拉吉会晤姚海涛主席

乌拉尔联邦工商会主席别谢金会晤姚海涛主席

华尔街吉姆·罗杰斯会晤姚海涛主席

印度印中贸促会副主席安尼尔·南达会晤姚海涛主席

第十一届全国人大常委会副委员长周铁农会晤姚海涛主席

第十届全国政协副主席李蒙会晤姚海涛主席

外交部部长李肇星会晤姚海涛主席

外交部副部长乐玉成会晤姚海涛主席

物权数字化

——中国经济第四极

姚海涛 / 主编

文化发展出版社
Cultural Development Press

图书在版编目（CIP）数据

物权数字化 / 姚海涛主编．—— 北京：文化发展出版社，2021.4
ISBN 978-7-5142-3380-3

Ⅰ．①物… Ⅱ．①姚… Ⅲ．①物权法－研究－中国 Ⅳ．① D923.24

中国版本图书馆 CIP 数据核字 (2021) 第 045934 号

物权数字化——中国经济第四极

主　　编：姚海涛

责任编辑：孙烨

出版发行：文化发展出版社（北京市翠微路 2 号　邮编：100036）

网　　址：www.wenhuafazhan.com

经　　销：各地新华书店

印　　刷：三河市金元印装有限公司

开　　本：787mmx1092mm　1/16

字　　数：230 千字

印　　张：19

版　　次：2021 年 4 月第 1 版　　2021 年 4 月第 1 次印刷

定　　价：69.80 元

ISBN：978-7-5142-3380-3

未经许可，不得以任何方式复制或抄袭本书部分或全部内容

版权所有海南经济特区物权数字化网络科技有限公司，侵权必究

《物权数字化——中国经济第四极》

编委会

顾　问：管金生

主　编：姚海涛

总策划兼副主编：Amy Yao

副主编：郑占淮　章　卫　张晓斌　邓　勇　李天语　陆家易　李　晶　王　欣

编　委：程舒琪　朱华昌　李　伟　王　雷　缪惠清　张水松　王　伟　徐东亮　李险峰　李　松　梁玉梅　缪惠敏　张吉莲　梅　霞　叶建春　欧君君　缪惠平　叶青枚　缪惠春　汪秀荣　缪　明　杜欣花　王丰伟　朱新海　吴美丽　陈学明　程尼凤　马占新　曹玉芝　徐柳意　蔡平立　袁秀敏　刘景梅　刘朝科　李美玲　陈仝享　郭金栓　方丽娟　陈　忠　工雪红　工秀珍　杨宏斌　廖远靖　王　雪　何冬梅　邵玉珍　郭爱芹　杨　菲　孙博艺　陈洪莲　张荣中　刘瑞涵　冯爱姣　李俊斋　缪晓华　杨天栋　庹秀清　张小梅　许春英

序言

本书针对“物权＋数字化＋智能合约”的跨界组合，进行了理论探讨和实践研究。提出了“物权数字化”新概念、新业态、新动能理论。对数以万亿计的物权资产流动性，具有划时代的非凡意义。

《中华人民共和国民法典物权编·用益物权编》的颁布、“数字产业化、产业数字化”的提出、“经济内循环为主”的实施、5G 技术的普及、区块链底层技术的应用，尤其是《民法典》对“共有物权”“用益物权”的法律界定，使“物权＋数字化＋智能合约”成为可能。

《物权数字化》专著首次探讨、提出“物权数字化”新概念、新业态、新动能，界定了“物权数字化”学术定义。从“数字经济”维度、“法理法规”维度、“经济双循环”维度，进行了探讨和论述。

《物权数字化》专著共分为上中下三篇，上篇围绕物权数字化大潮滚滚而来、中篇围绕大时代赋能物权数字化、下篇围绕物权数字化破解剩余经济等进行论述。专著共分 3 篇、15 章、74 节共 23 万余字。

《物权数字化》专著由“物权数字化”概念创始人、《变迁与担当——激荡中国商协会》专著作者姚海涛先生；工信部华盛绿色工业基金会副秘书长郑占淮博士；中国链专家、博士生导师章卫；经济学博士、剩余经济理念创始人张晓斌；清华大学经管院特聘教师、特色小镇知名策划人邓勇、北大客座教授陆家易、美国圣路易斯华盛顿大学会计学硕士 Amy Yao 等联合撰写。

物权数字化将“助推企业数字转型、助力企业顶层设计”；将“激活企业优质物权、盘活企业流动资金”；将“多元化民间投资渠道、降低大众投资门槛”。

目录

《物权数字化——中国经济第四极》

【物权数字化】 物权是指权利人依法对特定的物享有直接支配和排他的权利，包括所有权、用益物权和担保物权。

物权数字化 (Property Right Digitization) 是建立在物权的基础上，将物权实体数据模型化，进行识别—选择—过滤—存蓄—使用。引导、实现物权资源的快速优化配置与交易，直接或间接利用数据引导物权资源发挥作用，推动生产力发展，归属于数字经济（Digital economy）范畴。

物权数字化，依据《中华人民共和国民法典物权编》第二章第二百一十五条、第八章第二百九十七条、《中华人民共和国民法典物权编 · 用益物权编》第十章第三百二十三条等系列法条。将物权、数字化、智能合约进行跨界组合。将打破“整买、整卖、整租、整赁”的传统思维定式，将颠覆“生产、生活、交易、投资”的传统思维逻辑。物权数字化是基于“数字经济”的新概念、新业态、新动能。

中文名称：物权数字化

英文名称：Property Right Digitization

内　　容：包括物权、数字化、智能合约

物权数字化相关法律：《中华人民共和国民法典物权编》

上篇　物权数字化大潮滚滚而来

一个新鲜事物的出现，必然带来观念的转变，必然带来业态的重组，必然形成一股清新的动力。

支付宝出现了，小偷失业了，银行改变了；美团出现了，方便面企业失落了，下岗职工变身为快递小哥；《今日头条》出现了，新闻网站传统了，报纸没人看了。

物权数字化新概念出现了，物权变商品了，小微企业活了，民间投资渠道多元了，新业态形成了，新动能开始发力了。

著名军事专家张召忠曾发出警告：丢掉幻想，准备战斗。2020 年的黑天鹅事件，让全球产业链脱钩，美国、欧盟及印度等国家全部沦陷。世界经济秩序受到了前所未有的挑战。

基于此，拉动中国经济快速发展的“三驾马车”——投资、消费、出口正在放缓。改革开放 40 多年来，“三驾马车”拉动经济快速奔跑，造就了“中国奇迹”。能否有“第四驾马车”再创第二个“40 年”中国经济奇迹？

《中华人民共和国民法典》的诞生、“数字产业化、产业数字化”的提出、“经济内循环为主”的实施，尤其是《民法典》对“共有物权”“用益物权”的法律界定。使“物权＋数字化＋智能合约”成为可能，使“物权数字化”作为拉动经济发展的“第四极”成为可能。

“物权数字化——中国经济第四极”，将释放中国天量级物权市值的流动性和跨时空交易；将打破“整买、整卖、整租、整赁”的传统思维定式；将颠覆“生产、生活、交易、投资”的传统思维逻辑；将助推企业数字转型、助力企业顶层设计；将激活企业优质物权、盘活企业流动资金；将多元化民间投资渠道、降低大众投资门槛。

“社会经济和生活全面走向数字化的大趋势，是在不确定性中的高度确定性”，物权数字化形成了新概念新业态新动能，构建了“中国经济第四极”。

第一章 数字经济催生物权数字化

所有过往，皆为序章。

互联网、大数据、人工智能、5G、区块链等科技炫名词，不仅被人们逐一通俗化解读，而且这些新技术也在加速接轨百姓的经济生活。当这些前沿技术进入现实后，它们不但改变了许多行业的赛道，而且让许多普通人扩大了社交圈层，重构了生活版图，丰富了活动内容，更重要的是，切切实实提升了生活品质。所有这一切，固然是技术进步的结果，更是人们借助新技术大胆创新的结果。

第一节 数字产业化产业数字化大时代

常有人问，我们目前处在什么时代，这个时代最大的特点是什么？

在经历过农业革命、工业革命后，我们迎来了信息革命。在新一轮革命中，信息的数字化越来越受到重视，新技术的改进，数据价值的掘金，使得我们进入了数字化经济时代。

数字化可以说是信息化高级阶段，在这一过程中，信息化是为数字化做支撑，而数字化又将支撑经济社会的方方面面。

根据《中国互联网络发展状况统计报告》数据显示，截至 2020 年 3 月，我国网民规模达 9.04 亿，互联网普及率达 64.5%，较 2018 年底新增网民 7508 万人，提升 4.9 个百分点。

全国超一半人群活跃在互联网，说明大家正在自觉自发地通过互联网获取信息，并试图从信息中做深度猎获。

数字化技术同样也改变了中国 90 后的生活方式。

中国网民从年龄分层来看，趋于年轻化，而 90 后更是伴随着互联网和数字媒体成长起来的，因此众多 90 后的生活方式更倾向数字化，更多地想通过数字改变生活。

正如，90 后对手机和 PC 机的占用、娱乐内容的偏好、社交生活的多维度等，处处体现着新时期的数字化生活。

一切都在变化，一切都在数字化。尤其是近 30 年来，人们获取财富和支配财富的方式在不断地演变进化，逐渐数字化。可以说，随着数字化时代的全面来临，我们每个人的经济活动，也必将随着数字化发生变化。

这种变化，如果往前推 10 年，我们只要走在变化的前端或者因势而变就基本没问题；五年前，人们只要跟着互联网的转型就能赢得机会；最近四年，准确地说，在特朗普执政美国的这四年，因为不确定性、“黑天鹅”等满天飞。时至今天，我们要用另外一个词——数字化时代，或者叫数字化生存时代来概括。

数字化生存时代最重要的改变是什么呢？我们比较几组数据，社交工具 QQ，聚集起五亿用户用了 10 年时间，而微信聚集起五亿用户用了 3.5 年。淘宝电商超过线下实体店用了 10 年，摩拜单车只用了一年多的时间就覆盖了 180 个城市、7 个国家，颠覆或者调整一个行业的时间还不到两年。最近三四年来，又有一件事情我们不得不接受，那就是智能机器加速改变我们的生活。

这就意味着，在数字技术日新月异的背景下，人们对社会生活的反应和适应，其变化速度之快、速率之高超过想象。我们所有东西的生命周期都在以前所未有的速度缩短。我们要问问自己，在这些变化的背后，我们看到了多少挑战，发现了什么机会，我们能否适应这些、理解这些、利用这些？

这些自我发问，答案也许各有不同，但是，从商业角度上看，逻辑变了，我们的思路就要变。中国著名管理学专家、北大教授陈春花为此设计过“胜任力模型”，后来又讲“创造力模型”。

从商业的角度看，我们最关心的实际上就是产品、市场、客户、行业。如果我们比较工业化时代和数字化生存时代，就会发现差距，除了上述商业资源，我们还关心哪些？比如，我们手头的资产算不算，我们的智慧成果算不算，我们节省出来的商业成本算不算。

回答是肯定的。问题的关键是，组织的绩效、个人的价值，以及财富的效应如何实现。

今天，当数字化时代来临，针对上述问题的回答，我们认为，对组织最大的挑战不再完全是完成绩效，存在于个人的价值创造也不仅仅是劳动，财富的显现也不是刻板的账面数字，而是能不能驾驭不确定性。因为如果你无法驾驭不确定性，所谓绩效的创造和财富的倍增也无从说起。海尔集团创造的“人单合一”模式，就是管理增效、财富增值的成功案例。

【海尔的人单合一】

大家都知道海尔，这个企业非常棒，不仅因为创造了世界知名品牌，还在于适应数字化时代，做足做好管理创新。它让六万人变成两万个经营单元，任何一个人都可以根据自身的生产和设计能力，通过数字化手段，将人跟相应的订单“绑”在一起，将能力资源化，将资源权属化，将权属价值化。也就是说，他们每个人都是一个管理链上既相互支持又彼此独立的价值创造者，它通过将个人劳动权与价值再造权融合，最后实现了团队和个体价值的“双提升”。

海尔的这一创新，使得它把美国通用电气的白电部分收购，当时，引起了许多人的担心，海尔能否完成收购，后来的结果，海尔很自豪地告诉世人，海尔实施的“人单合一”的模式，有机实现了权力置换，及时盘活了各类经营要素，结果让美国通用电气的白电部分、亏损的部分恢复到赢利。

海尔的人单合一，权力置换，是一个非常有意思的和令人振奋的现象。为什么能够这么快做出调整、取得成绩？因为这个模式最核心的就是，借助数字化技术，让每个人都成为 CEO，让每个成员拥有自己的决定权和支配权，能形成持续的资源整合力和价值创造力。

海尔的例子说明，在数字化生存的时代，组织的功能必须变，个人的观念必须变。无论是组织还是个人，影响变革真正的难题在哪里？痛点如何切准？路径如何疏通……陈春花教授在一个关于“数字化时代生存”的主题演讲里提到——

“变”的视角——以未来决定现在

有人问我说你最近最关心什么？我说我最关心跟年轻人在一起。为什么要最关心跟年轻人在一起？因为年轻人是未来。我们中国的传统文化是向经验学习，中国人最大的挑战是要学会向未来学习。我只是告诉各位，我们在思维方式上最大的挑战就是，我们可不可以真的去面向未来。有一帮 90 后的学生跟我聊天，说陈老师我们现在已经疯狂地老去了，然后他就看着我。我说没关系，我们正在认真地逆生长。

“变”的核心——向自我挑战

因为思维方式决定一切，我们最大的挑战实际上是自己的思维。我自己是做组织研究之后延展到企业文化的，发现在组织的发展中，遇到的最大挑战不是你怎样接受新观点，而是你怎么放弃原有的旧观点。我们放弃原有的旧观点实在是太难，你们接受新的东西不难，尤其是在今天的背景下，我们都喜欢接受新的，可是你旧的不放掉，怎么能真正接受新的呢？

我不认为接受新东西难，真正难的在于你旧的东西愿不愿意放下？在变革当中，最难的是我们自己，就像我给我的员工写信，我说你只需要向自己挑战，你不需要向任何人挑战。

改变才是最大的资产

人们最大的资产不是钱甚至不是人，改变才是组织最大的资产。如果你的人（观念）不改，那就是负资产；如果你所有东西都不变，那都是负资产；真正的资产一定就是变，如果你拥有这样的一个改变，我相信，无论是对个体还是团队，对组织还是家庭，资产的增值都是不必特别担心的。

由此看来，专家对“改变”之于结果的关系，做了肯定性、正向性的预判。

那么，对“变”的能力要求是什么？在变当中最要做的东西是什么？也就是说，怎么从分工、分利、分权，转向系统性的协同，如果不能做更大的协同，我们在今天实际上是没有办法实现目标的。毫无疑问，在数字化背景下，包括分工、分利、分权在内的各种价值再造，呼唤着一个全新的视角和思维，期待着一个全新的操作系统和平台。

第二节 物权数字化善假于“经济内循”

加快形成以国内大循环为主体、国内国际双循环相互促进的新发展格局，是今后相当长一段时间内党中央的决策重心，“双循环”将成为国家战略布局的关键词。

经济内循环战略

“经济内循环”是经济领域的一个新名词，未来几十年，将引领中国的经济发展方向，定位经济发展新格局。

习近平总书记强调：“面向未来，我们要把满足国内需求作为发展的出发点和落脚点，加快构建完整的内需体系”“逐步形成以国内人循环为主体、国内国际双循环相互促进的新发展格局，培育新形势下我国参与国际合作和竞争新优势”。

2020 年 7 月 21 日，在主持召开企业家座谈会时，习近平总书记再次强调，在当前保护主义上升、世界经济低迷、全球市场萎缩的外部环境下，我们必须集中力量办好自己的事，充分发挥国内超大规模市场优势，逐步形成以国内大循环为主体、国内国际双循环相互促进的新发展格局。习近平总书记的重要讲话，是关系我国国家安危和发展前途的重大谋划、战略布局，具有强烈的现实价值和长远意义。我们“对国之大者要心中有数”，要反复掂量、强化担当、精准布局、务实推动。

我国自改革开放以来逐步建立起了以投资、外贸和消费“三驾马车”拉动经济发展的增长模式，国内消费市场长期落后于投资和外贸增长。

面对新冠肺炎疫情的严重冲击，我们要把主动权掌握在自己手里，就必须发挥我国作为世界最大市场的潜力和作用，靠自己的强大内需，增强我国经济的韧性和弹性，加快形成世界最大的消费市场，这是个系统工程，需要两条腿走路。

国内循环是基础，要体现以我为主，自强自立。继续推动国内产业链提质、供应链升级，上下游协同发展，产供销紧密连接，不断完善国内循环。但这个内需体系绝不是闭门造车，而是与国际市场开放联系的，通过国内国际这两个循环相互促进，实现做大做强。

国际循环是重要辅助，要提升国际循环的控制力和稳定性，争取国际区域循环有新突破。统筹利用国内国外两个市场，两种资源，实现优势互补。要坚定实施扩大内需战略，着力打通生产、分配、流通、消费各个环节。

一要紧紧依靠、牢牢把握供给侧结构性改革这条主线不动摇，明确改革的战略方向，善于运用改革的办法推动科技创新及其他各方面的创新，增强供给的精准性、灵活性、有效性。

二要实施好宏观经济政策，挖掘好财政货币和投资消费政策的潜力，完善要素市场化配置体制机制，用消费需求带动投资需求，激发民间投资特别是中小企业发展活力。

三要统筹城乡发展和区域经济一体化，深入推进新型城镇化，加快农民工市民化的进程，发挥城市群和中心城市的带动作用，加快落实区域发展战略，形成更多的经济增长点、增长极。

四要发挥有效投资，加快推进数字经济、智能制造、生命健康、新材料等战略性新兴产业。

五要完善收入分配制度，保护市场主体和公民的财产权、产权，巩固降低宏观税负的制度性成果，积极稳妥推进农村"三块地"改革，激励培育更多的中等收入群体，实施中等收入群体倍增计划，建立扶贫脱贫的长效机制。要加快推动由中国制造向中国消费转变，由制造大国向消费大国转变，由制造强国向消费强国转变，形成"中国制造+中国消费"的超大规模市场的新棋局。

"内循环"具象了物权数字化的使命

物权数字化，一方面将规模性企业优质物权进行"数字化顶层设计、数字化价值塑造、数字化资源嫁接"。另一方面通过数字化盘活企业物权，促使部分优质物权转化为企业流动资金，促进企业加快发展"核心产业链"，带动内需消费，践行"经济内循环"国家战略。

"经济内循环为主"国家战略，中小微企业的健康发展、普通大众投资收入消费的可持续增长，是重要途径之一。"经济内循环为主"具象了"物权数字化"的使命和担当。为什么有这样的判断，因为统计数字和经济活动的实践都在不断提供佐证。

"物权数字化"作为数字化转型的重要组成，将为实体经济注入强大新动能。据有关机构测算，数字化转型使相关制造企业成本降低 17.6%，营收增加 22.6%，物流企业成本降低 34.2%，营收增加 33.6%。

"物权数字化"，将包罗万象，大到物产田舍，小到鸡蛋果蔬。我们以鸡蛋为例。

【鸡蛋也能数字化】

我们曾经走访过宁夏固原市西吉县的震湖珍珠鸡养殖基地，作为当地有名的农产品加工企业，不说珍珠鸡养殖产业链所体现的物权关系，珍珠鸡蛋产业也通过数字化编码，实现协同化作业、产业化加工和数字化分配。

国内类似的产业很多，比如光阳蛋业，每一颗鸡蛋都可自动调整大小头，自动精确称重，经过 50℃左右的热水喷淋"洗澡"，还能享受紫外线杀菌等"服务"。这个企业自主研发了我国首条集透光、分拣、消毒、清洗、烘干、涂膜、喷码、重量分级于一体的自动化清洁蛋生产线，这让数字化印记留在每颗鸡蛋里。光阳蛋业还通过与京东全球（元洪）食品展示交易公共服务平台合作，实现食品行业数字化，让食品生产、交易、消费得到快速、高效运转，月营业额增长达300%。小小的鸡蛋，从原鸡养殖，到鸡蛋收检、到市场营销，到价值分配，流水化的生产过程，让价值增值通过数字化的标注，得到了较好的体现。

其实，不只是鸡蛋，一大批企业，在新冠肺炎疫情的影响下，在外需不振的情况下，今年陆续晒出亮眼“战绩”：2月，云端Office办公软件石墨文档宣布完成B+轮数千万美元融资；5月，拼多多发布第一季度财报，第一季度活跃买家数已达到6.28亿，跃升国内第二大电商；6月，社区生鲜电商同程生活宣布完成2亿美元C轮融资。

中国电子技术标准化研究院《中小企业数字化转型分析报告（2020）》显示，在纺织业、电气制造业、金属制造业等18个行业2608家企业中，89%的企业处于数字化转型探索阶段，8%处于数字化转型践行阶段，仅有3%处于数字化转型深度应用阶段。

为进一步引导和帮助企业加快数字化转型步伐，国家多部委纷纷出台相关政策，鼓励中小企业，加快推进产业链线上线下一体化，做足做强“双循环”。

今年3月，工信部出台《中小企业数字化赋能专项行动方案》，并先后印发两期《中小企业数字化赋能服务产品及活动推荐目录》，集聚一批优秀服务商与服务产品，鼓励中小企业自主选择使用，进一步加快数字化转型步伐。

5月，国家发改委联合17个部门与128家企事业单位共同发起“数字化转型伙伴行动（2020）”，提出要通过普惠性“上云用数赋智”服务，提升转型服务供给能力，加快打造数字化企业，构建数字化产业链，培育数字化生态。

7月，国家发改委等13个部门联合发布《关于支持新业态新模式健康发展激活消费市场带动扩大就业的意见》，从4大方面15项重点支持数字经济新业态新模式发展……

各地积极响应，北京、上海、广州、杭州、成都、深圳等纷纷发布各具特色的发展政策。这些，有力助推了新业态融入内循环，也为物权数字化拓深了发展空间。

一物一码，让每个物件都有身份证

给物件配发“身份证”，根据身份证设计权益分享机制。这是对“物权数字化”的又一直观解释。

大家还记得纪录片《舌尖上的中国3》吧，那一集纪录片让“章丘铁锅”一炮而红，但层出不穷的仿冒者让“章丘铁锅”声誉受损，也令传统匠人着急上火。为此，山东省济南市章丘区依托浪潮云洲工业互联网QID平台独有的“一物一码”，实现了对制造业每一个生产环节的追溯，赋予每一个零部件独一无二的“身份证”。通过与浪潮云洲工业互联网合作，章丘铁锅从匠人工艺中总结经验，以数据形式建立了有关品牌标准，实现了规模化、产业化发展，也实现了物品可追溯，价值可现结的“直查直算”体系。

目前，浪潮云洲工业互联网 QID 平台已服务 3000 家企业上平台，累计赋码产品 1.1 万种、赋码 11.43 亿个，为装备制造、机械制造、制药、化工、服装、快消品、粮食、煤炭、造纸、农用机械十大行业赋能。

浪潮可以做，其他的企业当然也可以做，只不过，许多企业的数字化转型之路并不顺利。尤其是在目前实施“双循环”新格局中，企业中有许多沉睡的数据，如设备的运行效率，采购与库存成本，设备检修与养护等正亟待激活。这些体现为“物权”的软硬件，假如借助工业互联网，将企业生产经营管理流程“上云”，就能有效整合和提升企业各方面效率，大幅降低人工管理成本。

福建中海创科技有限责任公司与紫金矿业集团的合作就是一个典型案例。通过构建工业互联网生态型平台“海创云”，直击采矿行业痛点问题，制定设备管理解决方案，企业设备故障发生率降低 15%，设备故障解决时间提升 50%，有效降低了企业在生产经营过程中由于设备故障引起的停产经济损失。

先进的平台系统，宛如智慧大脑，能帮助企业进一步集成生产制造、研发设计、管理营销、物流仓储等各环节数据，实时获取“产、供、销、人、财、物”数据，拉动产业链上下游发展，实现不同环节上的价值分配与共享。

据中国信通院测算，2018 年、2019 年我国工业互联网产业经济增加值规模分别为 1.42 万亿元、2.13 万亿元，同比实际增长为 55.7%、47.3%，占 GDP 比重为 1.5%、2.2%，对经济增长的贡献为 6.7%、9.9%。预计 2020 年，随着“内循环”战略的全面推进，我国工业互联网产业经济增加值规模约为 3.1 万亿元，占 GDP 比重为 2.9%，对经济增长的贡献将超过 11%。

践行经济内循环的技术实践

改革开放四十多年来，经济“外循环”功不可没，2019 年中国对外贸易已经占到全球的 12%、中国 GDP 对全球贡献率超过 30%，足见外贸的重要性和价值。面对国际风云变幻，地缘政治经济和军事摩擦不断，以内循环为主，内外双循环相互促进，成为中国经济的最强音。

发展核心产业链，拉动内需消费，培育拓展新型就业岗位，进一步撬动 14 亿人口的庞大市场潜力，将是“经济内循环”国家战略的主攻方向。

如何推进“经济内循环”发展？促进“经济内循环”发展有哪些路径？如何有序践行“经济内循环”战略？是各级政府、民营企业及经济学者需面对的重要课题。

“拉动内需消费”的前提是“百姓钱包鼓鼓的”，如何才能让百姓钱包鼓鼓的？“发展核心产业链”的前提是盘活中小企业，而“流动资金”又是中小企业发展的命门，如何盘活企业流动资金？“物权数字化”新概念的提出，将解决以上问题，也将助推“经济内循环”的发展。

“物权数字化平台”就是将“物权、数字化、智能合约”进行跨界组合，形成的全新“交易逻辑”和“交换方式”。

一方面，“物权数字化”将规模性企业优质物权进行“数字化顶层设计，数字化价值塑造、数字化资源嫁接”。通过数字化盘活企业物权，促使“部分优质物权”转化为企业流动资金，促进企业加快发展核心产业”，带动内需消费，践行经济“双循环”国家战略。

另一方面，“物权数字化”将扩大普通大众人群投资渠道，降低投资门槛，购买优质数字化物权的升值和收益预期。共有物权人“进出有据、买卖便捷、价格自定、数量自主”。普通大众投资渠道多元化，其钱包鼓鼓的，既是投资者也是消费者，拉动内需，践行“双循环”国家战略。

“物权数字化”依托《中华人民共和国民法典物权编》第八章“共有法典条文”，“共有物权”的合法化，使“物权数字化”成为可能，也非常契合“数字产业化、产业数字化”的大时代背景。

“物权数字化”新概念将打破几千年来“整买整卖”和“整租整赁”的传统思维定式；将颠覆“生产、生活、交易、投资”等传统思维逻辑，将促进“双循环”国家战略的快速发展。

“物权数字化”是践行“经济内循环”国家战略的务实之举，将促进经济发展的“脱虚向实”。

“物权数字化”使得目标物的流动更加方便和频繁，适应日趋复杂的价值创造过程。对有形物进行创造性的拆解、流动和新组合，创造出能够满足不断涌现出的新需求的供给，实现价值创造。

在未来的柔性供应链中，价值创造将是以数字智能为驱动，个人、公司、平台在社会化协作中完成的。“物权数字化”将带来经济活动的一系列深刻变革，引领经济发展走深走实，引领企业发展核心供应链，引领普通大众投资消费，助推“双循环”国家战略快速发展。

第三节 物权数字化善假于“智能合约”

智能合约（Smart Contract）是指一份能自动执行本需要手动才能完成任务的协议。智能合约就是任何能自行执行部分功能的协议。例如，一份能自动计算合同当事人待付金额，并安排支付这笔金额的合约。

智能合约力图以“数字操作系统”作为数字化服务切入口，为政府、企业打通从数据获取到数据增值的全流程，减少协议执行过程中的人工干预，助力数字化转型。

智能合约这个术语至少可以追溯到 1995 年，是由多产的跨领域法律学者尼克·萨博（Nick Szabo）提出来的。他在发表于自己网站的几篇文章中提到了智能合约的理念。他的定义如下：“一个智能合约是一套以数字形式定义的承诺（promises），包括合约参与方可以在上面执行这些承诺的协议。”

承诺：一套承诺指的是合约参与方同意的（经常是相互的）权利和义务。这些承诺定义了合约的本质和目的。以一个销售合约为典型例子。卖家承诺发送货物，买家承诺支付合理的货款。

数字形式：数字形式意味着合约不得不写入计算机可读的代码中。这是必须的，因为只要参与方达成协定，智能合约建立的权利和义务，是由一台计算机或者计算机网络执行的。更进一步说明如下。

（1）达成协定

智能合约的参与方什么时候达成协定呢？答案取决于特定智能合约的实施。一般而言，当参与方通过在合约宿主平台上安装合约，致力于合约的执行时，合约就被发现了。

（2）合约执行

“执行”的真正意思也依赖于实施。一般而言，执行意味着通过技术手段积极实施。

（3）计算机可读的代码

合约需要的特定“数字形式”非常依赖于参与方同意使用的协议。

协议：协议是技术实现（technical implementation），在这个基础上，合约承诺被实现，或者合约承诺实现被记录下来。选择哪个协议取决于许多因素，最重要的因素是在合约履行期间，被交易资产的本质。

随着工业 4.0 时代的到来，网络化、数字化、智能化的发展打破产业链数据孤岛，引领企业加速完成数字化转型。咨询服务、运营维护、数字化服务等多样化服务的市场需求在不断扩大。

【富士康的“灯塔工厂”】

富士康的工业富联科技服务，在一定意义上说，就是通过“智能合约”，为制造业企业提供了打造“灯塔工厂”的数字化转型新的可能。

富士康为制造业企业提供“灯塔工厂”解决方案和全面科技服务整体解决方案，不仅能打破各个研发模块的信息孤岛，使所有数据都在一个平台运行，每个系统都可以互相搭接，信息快速获取，生产有效进行。而且，它们智能制造的生产模式，能让员工的生产效率提升 30%，库存周期降低 15%，生产人力减少 92%。

除了优化生产流程，如何唤醒“数据资产”，实现“降本增效”，减少“人为干预”，通过智能合约及数据分析，就能挖掘信息化系统背后的数据财富价值，是许多企业实现转型的重要课题。

数字化技术与企业生产系统、决策系统的深度融合，让高品质服务呼之欲出，由此而涌现出一批又一批新兴数字服务品牌，力求在产业数字化、数字产业化的双轮驱动道路上出谋划策。

知识产权融资存在什么风险？企业上下游产业链分布如何？企业数据如何进行定性和价值挖掘？在今年的数字中国建设峰会上，国信优易数据有限公司就展示了全新升级的数字操作系统（DataOS），力图以“数字操作系统”作为数字化服务切入口，为政府、企业打通从数据获取到数据增值的全流程，无疑，这一操作系统也将助力物权数字化的实施。

除此之外，国内的一些企业，包括国久大数据、泰一指尚、飞企互联等一批新秀企业，也看到数字化转型所蕴藏的契机，这些企业都将大数据、“互联网 +”等创新技术融合，助力企业成功实现数字化转型。

党的十九大报告提出，要推动互联网、大数据、人工智能和实体经济深度融合。这为“智能合约”的实施创造了政策空间。显然，数字化转型的集结号已然吹响，让我们期待更多中国的市场主体，乘着数字化浪潮奔涌向前，在数字中国的版图上绽放光芒。

第四节 物权数字化善假于“数字快车”

《民法典》之于物权的重大意义，必将在今后的经济生活中得到充分体现，而“数字经济”快车，既然在搭载着经济社会的方方面面，物权当然也概莫能外。也就是说，数字经济时代打开的全球化新篇章，在全球共同进入数字经济时代的时候，一定会出现新型物权交换关系和合作关系。

在今天所有巨大的不确定性中，有一点是肯定的，那就是数字化的趋势没有改变。数字化曾经让一些企业活得更好，但今天是企业生存的关键。而物权将是所有行业产业中最需要进行数字化的新业态，更需要激活流动体系，盘活流动资金。

在人类面临的所有不确定性中，数字化是现在最确定的巨大机遇，而巨大机遇的风口确定性之一是物权数字化。物权数字化是“数字产业化产业数字化”国家战略中，不可或缺的新理念、新产业、新业态。这是从数字经济发展的基本规律中得到的判断。

【数字经济趋势】

信息网络技术加速创新，以数字化的知识和信息作为关键生产要素的数字经济蓬勃发展，新技术、新业态、新模式层出不穷，成为“后国际金融危机”时代全球经济复苏的新引擎。将进一步推动数字经济取得的创新成果融合于实体经济各个领域，围绕新一轮科技和产业制高点展开积极竞合。“物权数字化”就是典型的新概念新业态，以“数字经济”属性推动“物权”流动性的海量释放，进而拉动新产业的发展，促进“经济内循环”。

麦肯锡公司全球研究院发布的题为《中国数字经济如何引领全球新趋势》的研究报告认为，中国拥有全球最大的电子商务市场，中国已成为塑造全球数字化格局的重要力量，其数字全球化进程方兴未艾，将从产业投资、商业模式和全球治理等多个领域引领全球新趋势。

麦肯锡公司全球资深董事合伙人、麦肯锡全球研究院院长华强森指出：“中国已经成为世界公认的数字化大国。作为数字技术的主要投资国以及应用此类技术的先行国家，中国正在改写全球数字化的格局。”

《中国数字经济如何引领全球新趋势》指出以下三个驱动力和前景：

第一，中国市场体量庞大，拥有数量可观的年轻网民，为数字商业模式迅速投入商用创造了条件。中国庞大的互联网用户群有利于数字企业不断试水，更有助于其快速实现规模经济。2016 年，中国的互联网用户达到 7.31 亿，超过了欧盟和美国的网民总和。

第二，中国互联网三巨头（百度、阿里巴巴和腾讯）建立的丰富数字化生态圈如今正在不断拓展延伸。2016 年，三巨头提供的风险投资占中国风投总额的 42%，同年由脸书、亚马逊、谷歌和网飞公司组成的美国互联网四巨头在美国风投市场贡献率为5%。相比之下，中国三巨头在推动本国数字产业发展方面的贡献尤为显著。

第三，中国政府对数字化企业和机构的开放态度使之成为数字化发展的积极推动者。政策制定者过去对数字化企业的监管往往“放缓一步”，使这些企业得以大胆试水并扩大规模。

随着市场渐渐成熟，政府越发主动加强监管，力图营造更加健康的数字化发展环境，同时还以投资者、开发者及消费者的角色积极提供支持。

【产业数字化】

产业数字化是指在新一代数字科技的支撑和引领下，以数据为关键要素，以价值释放为核心，以数据赋能为主线，对产业链上下游的全要素数字化升级、转型和再造的过程。

微观——数字化助力传统企业蜕变，再造企业质量效率新优势。传统企业迫切需要新的增长机会与发展模式；快速迭代及进阶的数字科技为传统企业转型升级带来新希望；传统产业成为数字科技应用创新的重要场景。

中观——数字化促进产业提质增效，重塑产业分工协作新格局。提升产品生产制造过程的自动化和智能化水平；降低产品研发和制造成本，实现精准化营销、个性化服务；重塑产业流程和决策机制。

宏观——孕育新业态新模式，加速新旧动能转换新引擎。数字科技广泛应用和消费需求变革催生出共享经济、平台经济等新业态新模式；促进形成新一代信息技术、高端装备、机器人等新兴产业，加速数字产业化形成。

【五大着力点】

1. 数据要素驱动——数据资源成为现代企业价值创造的生命线及数字科技发力的新引擎，基于数据要素驱动精准触达客户需求、数据要素加速催生全新商业模式。越来越多的国家或企业寄希望于通过数字化实现能力提升或弯道超车。

2. 科技平台支撑——平台模式是数字化转型和落地的主要实现方式，在产业数字化进程中发挥着产业要素资源连接器、企业由自转向共转加速器、新型虚拟组织形式孵化器的积极作用，是产业数字化转型的“工具箱”。

3. 品牌价值赋能——品牌价值作为企业的一种隐性资产在终端消费者引流方面有着独特价值作用。通过加速推动品牌价值线上线下转移相融合，利用不断更新换代的数字科技让传统产业品牌价值释放新能量、新价值，将品牌价值赋能打造成为产业数字化转型的新“亮点”。

4. 生态融合共生——融合是产业数字化的核心本质，产业数字化推进未来将更多依托生态共建形式落地。传统企业与数字科技企业加速跨界融合实现共生共赢，探索构建线上线下融合共生的，以自由流动的数据资源为基础，以数字科技族群为连接，以多元数字科技平台为依托，以共同价值主张为导向的全新产业生态体系。

5. 政府精准施策——政府精准施策是破解当前企业数字化转型能力不足、转型改造成本高、数字化人才储备不足等问题的助推力。政府通过创新数字化发展政策环境，为产业数字化营造良好环境；搭建线上线下于一体的新型撮合平台，为企业数字化转型提供全天候无忧撮合服务；精准把脉产业数字化转型痛点，为企业数字化转型提供精准靶向政策措施。

【五大趋势】

1. 数字科技赋能产业数字化转型提档加速。数字科技新生态体系驱动产业数字化转型升级加速；数字科技成为传统实体经济与数字化虚拟经济的重要“连接器”，数字化基础较好的传统产业由原来小范围探索阶段步入规模化应用阶段，数字化基础较薄弱的传统产业将利用数字科技重塑产业格局实现弯道超车。

2. 产业价值创造突出终端消费者需求导向。终端消费者正在由商业价值链的 C 端向“C 位”转变，拥有较高数字技能与素养的数字化消费者广泛参与到研发、设计、生产、销售等各个环节并成为连接产业链诸多环节的关键“结点”，在商品生产创新及商业模式变革中的话语权不断增强。

3. 产业组织关系从线性竞争向生态共赢转变。以用户价值为出发点建立合作关系而形成的数字化生态及平台取代企业成为未来产业生产的基本单位；要素资源流动自由化，产业分工精细化、协同化和平台化，最终实现向生态共赢关系的转变。

4. 场景化应用引领产业数字化发展新方向。未来场景化应用将呈现出标志化、深度化等特点。“标志化”场景定制成为产业数字化加速落地的“试验器”；“深度化”场景应用是引领产业数字化发展的“助推器”。

5. 共建共享共生成为产业数字化转型关键。产业数字化转型是一项以“融合共赢”为关键的耐力赛，只有通过共建共享共生构建起广泛联盟、合作共赢的跨界多边融合生态模式，才能真正实现产业数字化成功转型。其中，传统产业是转型的主力基础，以“信息化、SaaS 化、移动化、AI 化”为主要特征的数字化企业服务是转型的技术动力。

【数字产业化政策】

2018 年 8 月 23 日，国家主席习近平向首届中国国际智能产业博览会致贺信。习近平指出，我们正处在新一轮科技革命和产业变革蓄势待发的时期，以互联网、大数据、人工智能为代表的新一代信息技术日新月异。促进数字经济和实体经济融合发展，加快新旧发展动能接续转换，打造新产业新业态，是各国面临的共同任务。

习近平强调，中国高度重视创新驱动发展，坚定贯彻新发展理念，加快推进数字产业化、产业数字化，努力推动高质量发展、创造高品质生活。中国愿积极参与数字经济国际合作，同各国携手推动数字经济健康发展，为世界经济增长培育新动力、开辟新空间。

2020 年 4 月，国家发展改革委、中央网信办印发《关于推进“上云用数赋智”行动 培育新经济发展实施方案》的通知。要求各地发展改革、网信部门要高度重视，国家数字经济创新发展试验区要积极行动，大胆探索，结合推进疫情防控和经济社会发展工作，拿出硬招、实招、新招，积极推进传统产业数字化转型，培育以数字经济为代表的新经济发展，及时总结和宣传推广一批好经验好做法；后续，国家发展改革委将进一步协商相关部门，统筹组织实施试点示范、专项工程等工作。

由此可见，数字经济的发展，无论是其技术本身还是其扶持的政策，都具有天然的开放性和包容性，这对包括物权在内的一切经济资源和社会资源，都具有兼容性、促进性和引导性。

第五节 物权数字化善假于“恒产金融”

如果按照老的《物权法》去解读物权，那么物权给我们最大的感受就是附着在土地、房屋等沉睡资产的所有权，随着《民法典》的实行，原来的《物权法》随即废止。进入《民法典》的物权，不再是“不动产”的代名词，而是具备了“活起来”的新因子。

根据本书以上章节所介绍的物权分类，“入典”后的物权，将以自身的“可流动性”，为融资、担保、入股、产权介入等提供可操作性。对此，中央财经大学法学院院长尹飞等多个专家有过专题论述。在此，本书梳理出相关专家的核心观点。

土地经营物权化　助力土地流转与融资

家庭联产承包责任制，开启了我国全面改革的先声，农村土地承包经营权也随着实践中认识的深化，其效力被日益强化并被《物权法》作为物权所认可，农民对其经营的土地由此享有了长期而稳定的权利。但是，承包经营权毕竟建立在农民作为集体成员身份的基础上，实践中，在集体成员脱离集体成员身份，例如全家迁入设区的市、转为非农业户口的，就应当交回或者被强制收回承包地。

正是因为承包经营权具有的身份性质，这就决定了它不可能如纯粹的财产权那样任意流转。这种限制势必导致承包经营权由于无法通过折价、拍卖等方式而变现，从而使得抵押担保无从下手、承包经营权的交换价值无法利用。对于土地流转的受让人来说，其更是无法获得担保融资。

《民法典物权编》则创设了“土地经营权”。从相关条文来看，明确承认了土地经营权的物权效力。这一规定也就意味着，这种土地经营权是一项完全脱离了身份色彩的、纯粹的财产权。

承包经营权人可以将其承包期内的土地使用权通过设立经营权的方式以转让、出资入股等方式给他人。相应地，通过订立流转合同取得土地经营权的一方，自然也有权对自己的权利进行处分，其有权依法另行转让，也可以以自己的土地经营权设立抵押权。

尤其是要看到，《民法典物权编》将过去在“四荒”土地上以招标、拍卖、公开协商方式设立的承包经营权调整为土地经营权，并规定了经依法登记后全面的流转权能，这就更加清晰地区辨了土地承包经营权的身份色彩和土地经营权的物权属性和纯粹的财产性质。

土地经营权的自由转让也就意味着，其可以通过拍卖变卖实现其交换价值，从而成为抵押权的客体。相应地，土地承包经营权人可以在自己的土地上设立土地经营权抵押从而获得融资。通过订立流转合同取得土地经营权的一方，自然也可以以自己的土地经营权设立抵押权。

剥离了身份色彩的土地经营权“入典”，充分顺应了广大农民保留土地承包权、流转土地经营权的意愿，为作为重要生产要素的农村土地全面进入市场，进行流转或者设立抵押进行融资，提供了坚实的权利基础和制度供给。

完善担保物权 促进资金融通

《民法典物权编》在担保物权上的创新主要体现在“一扩、一放、一收”上。法律文本上虽然只是细微的变化，但对促进资金融通、改善营商环境带来了极大便利。

“扩”是指扩大了担保物的范围。海域使用权被纳入抵押物的范围，为蓝色国土开发提供资金上的助力。结合“三权分置”改革，删去禁止耕地使用权抵押的规定，为土地经营权抵押预留了制度空间。

此外，《民法典物权编》将禁止抵押的公益设施，仅限于“学校、幼儿园、医疗机构等为公益目的成立的非营利法人的教育设施、医疗卫生设施和其他公益设施”。法无禁止皆自由，这些非营利法人所有的公益设施以外的财产，都可设立担保。这对于吸引社会资本能发挥重要作用。

“放”就是放开对抵押物转让的限制。出于对不动产统一登记尚未实现的背景下，抵押物转让可能带来的道德风险的担心，以前的《物权法》对抵押物转让采取否定态度。这就是说，在抵押物没有消灭的情况下，抵押物是不能转让的。而实践中，存在大量受让人乐于接受带抵押转让的情形。例如，个人按揭贷款购买的商品房再次转让时，存在转按揭的迫切需要。受让人自愿承受转让人的债务并继续以受让的房产进行抵押，这种做法也并不影响作为债权人的银行的利益。而对抵押物转让的禁止性规定，迫使当事人增加了提前还贷、解押、申请贷款、评估、放款、抵押等一系列环节，大大增加了交易成本，影响了交易效率。

新的《民法典物权编》明确规定，“抵押期间，抵押人可以转让抵押财产”。这就放开了抵押物转让的限制，从而在交易中就略过前述为了消灭抵押权所为的一系列环节，不但节约了交易成本，还提高了融资便利度。

“收”则体现在《物权编》限制了动产抵押权的效力。小微企业融资担保主要通过动产抵押来进行。动产抵押自抵押合同生效时设立，登记发生对抗善意第三人的效力。但从物权公示方式来看，动产物权变动是通过交付来公示的；很难想象买受人去查阅登记簿、了解抵押登记的情况，而且动产不同于不动产，即便查阅也很难发现抵押信息。这种制度规定与实践之间的紧张关系，在存在交易安全问题的同时，事实上也影响了债权人接受动产抵押的积极性。

《民法典物权编》则对动产抵押权的效力进行了限制，“以动产抵押的，不得对抗正常经营活动中已经支付合理价款并取得抵押财产的买受人”。这就将原本仅限于浮动抵押的效力限制扩展到了所有动产抵押。这一规定看似限制了动产抵押权的效力，但其切实贯彻了物权公信原则和善意取得制度的精神，有力保障了正常的交易安全。在正常经营活动中，只要支付了合理价款并受领了交付，就不会因为抵押权的存在而导致自己的财产被追夺。相应地，这一规定也对金融机构接受动产抵押形成了清晰的指引。

“正常的经营活动”意味着对于企业来说，其以不会轻易投入市场出售的动产设置抵押才能更容易为债权人所接受。这实际上将动产抵押的抵押物主要限制在机器设备等轻易不会进入普通市场流转的动产上，使得通过动产抵押融得的资金，更多地进入小微企业中，有利于资本“脱虚向实”。

新增添附制度 做到物尽其用

所谓添附，是指不同所有人的物结合在一起或者劳务施加于他人的物而形成不可分离的物或新的物，包括复合、混合和加工三种情形。

在复合的情况下，不同所有人的物在外观上仍然能够识别，但强行分离将严重毁损物的价值，例如在地面上铺设了木地板、在土地上建起了房屋。而混合的情况下，不同所有人的动产互相结合在一起，难以分开或者分开成本过高，例如，一吨东北大米与一吨泰国香米混在一起。

加工是指在他人动产上施加劳务，从而极大提升物的价值的情形，例如将树根做成根雕。

添附制度作为取得所有权的方法，是自罗马法以来各国法律公认的规则。

长期以来，我国法律中没有对添附的规定，只是在《担保法司法解释》等个别条款中提及了添附的问题。尤其是在司法实践中，通常是按照侵权法来处理相关纠纷，严格判令侵权人承担损害赔偿责任，甚至不考虑物的毁损和财富的浪费，强制要求恢复原状。

《民法典物权编》则从善如流，大胆打破传统窠臼，将添附制度作为所有权的取得方式规定下来。尤其是在物的归属上，《物权编》明确，在当事人没有约定且没有法律规定的情况下，应当“按照充分发挥物的效用以及保护无过错当事人的原则确定”。这就明确，将“物尽其用”作为添附的情况下，标的物所有权归属的确定标准。在发生添附且没有当事人特别约定和法律特别规定的情况下，首先应当考虑如何能够充分发挥物的效用。

而在物的归属上，基于充分发挥物的效用的考虑，原则上在不动产与动产添附的情况下，由不动产权利人取得所有权；在发生添附的物都是动产或者都是不动产的情况下，要考虑价值较大的一方取得所有权。

在双方的物或者劳务价值大致相同的情况下，则要适用保护无过错当事人的原则，也就是要考虑当事人的主观过错，由无过错一方取得所有权。

这样，就有效区分了物权制度中的所有权取得规则和债权制度中权利受到侵害之后的救济规则。这种做法在有效实现利益平衡的同时，避免了财富的损失和浪费，维护了添附之后的物的价值，充分发挥了其效用。

第二章 物权数字化演绎经济第四极

察势者智，驭势者赢。

一边是全球经济发展的不确定性增多，一边在积极寻找中国经济的确定性。在这个交汇点上，中美贸易摩擦持续，单边主义和贸易保护主义抬头，全球化进程暗含的阻力加剧，中美经济面临脱钩风险，民粹主义和种族主义盛行，新冠肺炎疫情带来的深层次挑战等，给包括中国在内的世界各国都带来深远的影响。基于此，拉动中国经济快速发展的投资、消费、出口“三驾马车”不同程度地在放缓，并按照“新发展格局”在做深度调整。

调整是适应新状态，也是为了积蓄新动能、形成新优势。在调整的过程中，能否打造出拉动经济发展的“第四驾马车”？能否再造中国经济发展“第四极”？为未来中国经济发展再续第二个“四十年奇迹”？

在此，我们不做简单的“能”或“不能”的回答。

根据本书第一章的论述，我们分析认为，在《中华人民共和国民法典物权编》的加持下，在国家“数字产业化产业数字化”发展动能里，在“双循环发展，内循环为主”新格局中，尤其是根据《民法典》对“共有物权”的法律界定，使“物权＋数字化＋智能合约”完全有可能成为全要素、新模式、大平台、可收放的新业态，由此演进来的“物权数字化”，也完全有可能成为拉动经济发展的“第四驾马车”，演绎出中国经济发展“第四极”。

毫无疑问，“物权数字化”一旦促成中国经济发展“第四极”，将释放中国天量级物权市值流动性和跨时空交易；将打破几千年来“整买整卖”和“整租整囤”的传统思维；将颠覆生产生活和交易投资“两张皮”的定式逻辑；将激活企业优质物权、盘活企业流动资金，搞活市场资源配置；将促进民间投资渠道多元化、日常投资门槛大众化、经济资源交换高效化。

阿里巴巴首席执行官张勇主张：“社会经济和生活全面走向数字化的大趋势，是在不确定性中的高度确定性。”所以，我们有理由相信，基于物权数字化的新业态和新动能，它具备构建“中国经济第四极”的内生动力。

第一节 物权数字化蓄势时代风口

一个新鲜事物的出现，必然会带来观念的转变，形成一股更新的动力，加速相关业态的重组。比如支付宝的出现，银行面临着改变；美团的出现，方便面企业面临洗牌；今日头条的出现，新闻网站变成了“老媒体”，报纸更是没人看了。所以，要想实现经济高质量发展，关键是要培育形成发展新动能。而数字经济已成为推动高质量发展最重要的新动能，其中，就包含物权数字化。可以说，随着“物权数字化”概念的出现，物权变成商品了，小微企业增加了新供给，民间投资渠道更显多元化，项目管理师将成为资源嫁接师，新业态新动能将促成新格局新气象。

【物权数字化 · 定义】

物权是指权利人依法对特定的物享有直接支配和排他的权利，包括所有权、用益物权和担保物权。

物权数字化是建立在物权的基础上，将物权实体数据模型化，进行识别、选择、过滤、存蓄、使用。引导、实现物权资源的快速优化配置与交易，直接或间接利用数据引导物权资源发挥作用，推动生产力发展。从类别上看，它归属于数字经济（Digitaleconomy）范畴。

物权数字化，依据《民法典物权编》第二章第二百一十五条、第八章第二百九十七条、《民法典物权编·用益物权编》第十章第三百二十三条等系列法条。将物权、数字化、智能合约进行跨界组合。将打破“整买、整卖、整租、整赁”的传统思维定式，将颠覆“生产、生活、交易、投资”的传统思维逻辑。物权数字化是基于“数字经济”的新概念、新业态、新动能。

中文名称：物权数字化

英文名称：Property Right Digitization

内容：包括物权、数字化、智能合约

与物权数字化的相关法律引用:《中华人民共和国民法典物权编》等相关条款

【物权数字化 · 概述】

“物权数字化”从学术界到商业界都是个陌生词汇。2020 年 8 月 16 日“物权数字化（经纪）平台”启动仪式召开，在百度搜索中第一次以词汇形式出现，自此包括新华网、人民网、今日头条等百余家互联网新闻网站，都渐次出现了“物权数字化”专有名词。

“物权数字化”新概念依托《中华人民共和国民法典》之“物权编第八章”横空出世。

《中华人民共和国民法典》被誉为“社会生活的百科全书”“保障民事权利的宣言书”。回顾人类文明史，编纂法典是具有重要标志意义的法治建设工程，是一个国家、一个民族走向繁荣强盛的象征和标志。拥有一部护航实现中华民族伟大复兴中国梦的《民法典》，是新中国几代人的夙愿。

编纂民法典，不仅完善了社会主义市场经济基本的法律制度，而且有利于营造良好的营商环境，并充分调动民事主体的积极性和创造性、维护市场交易秩序和交易安全。有利于营造各种所有制主体依法平等使用资源要素、公开公平公正参与竞争、同等受到法律保护的市场环境，推动经济高质量发展。

2020 年 5 月 28 日下午，十三届全国人大三次会议表决通过了《中华人民共和国民法典》，2021 年 1 月 1 日正式实施。

物权数字化是“民法典共有物权”在经济领域的新概念新理念，是“数字经济大时代”的又一个经济新概念。

【物权数字化 · 业态】

信息技术革命、产业升级、消费者需求倒逼，是推动新业态产生和发展的三大重要因素。

数字经济时代来临、企业物权融资需求、民间多元化投资需求，促使“数字化物权”成为商品，“物权 + 数字化 + 智能合约”形成了新的业态。

新业态是指基于不同产业间的组合、企业内部价值链和外部产业链环节的分化、融合、行业跨界整合以及嫁接信息及互联网技术所形成的新型企业、商业以至产业的组织形态。

物权数字化将打破“整买、整卖、整租、整赁”传统思维定式，将颠覆“生产、生活、交易、投资”的传统思维逻辑。物权增加了数字化属性，增加了商品属性，增加了类股票类证券属性。未来，买卖数字物权，就会像在菜市场买菜一样便捷，就像在二手车市场一样海量随选。

物权数字化势必在经济领域催生出一个崭新的业态，必将拉动和促进“经济内循环为主”国家战略的实施。

除了受到技术变革的推动之外，消费者需求产生的倒逼机制在业态更新中也发挥着重要作用。回溯中国经济的发展，经历了从“产品为王”到“渠道为王”再到“终端为王”的阶段。“终端为王”的实质，其实是灵魂深处的欲望革命，如何捕捉到散在的碎片式的欲望，是当今企业经营最大的难题。

随着移动互联网的出现，“点对点”推荐和“端对端”精准营销，已经成为不可回避的商业现实。由于不同细分市场，甚至是单一个体，作为顾客，他们的需求有所不同，因此，企业所提供的产品和服务，其价值主张和满足程度也有所不同，一旦需求发生变化，就会成为企业拓展新业态的重要机会。

【物权数字化 · 动能】

新动能是指通过结构性改革等新举措以及新一代信息技术革命，来培育经济社会发展的新动力。

国务院总理李克强在多个会议上指出：新动能呈快速增长态势，尽管目前在规模上还难以和传统的动能等量齐观，但它在保障就业、增加收入、促进转型升级方面，乃至在推动发展方面，正在发挥着越来越大的作用。

数字经济催动新产业集群快速成长。当前，互联网、物联网、云计算、大数据等新兴产业已步入快速增长期，云计算服务、数字安防等产业集群已形成全球影响力。

数字经济催动制造业形态加速重构。从各地来看，制造业数字化是数字经济融合的主战场，从“机器换人”“工厂物联网”到“企业上云”“ET 工业大脑”，从数字化车间到智能工厂，数字技术对制造业的融合改造和提升向更深层次推进。随着工业互联网的广泛部署，传统制造迎来数字化、智能化驱动的转型升级热潮，不断催生出智能化生产、网络化协同、个性化定制、服务化延伸等新制造模式。

数字经济催动新商业模式、新型业态快速迭代升级。“互联网 +”环境下新技术的突破性应用、全方位渗透正在不断驱动商业、支付、物流与服务的全面变革，线上线下相融合已进入加速发展阶段，传统商业模式正在发生历史性变革。以消费者为中心，网络购物、移动支付等新消费模式不断成长和壮大。随着物流配送、在线金融服务、数据资源支撑等配套体系不断完善，电子商务进一步重构了商业生态，催生了线上线下相融合的新零售等全新产业形态，掀开了新型超市、生鲜市场、无人零售等风口，形成了全新的商业格局，带动了新兴消费的不断扩张和消费品质提档升级。

数字经济催生新生态、汇聚新要素。创新生态是数字经济蓬勃发展的核心密码，伴随着政府数字化转型和创新驱动的全面开启。以浙江省为例，浙江的数字经济创新生态持续优化，特别是之江实验室、阿里达摩院等一批聚焦前沿技术的重大创新载体相继成立，杭州城西科创大走廊建设提速，G60 科创走廊规划建设高质量推进，物联网、云计算、人工智能等科创小镇不断涌现，各类创新空间、创新平台、创新载体串点成线、以线带面，各层级数字经济生态圈初呈雏形，不断放大平台的集聚和辐射效应，不断集聚创新资源与要素。

物权数字化作为数字化经济的重要组成部分，作为异军突起的新动能，假以时日，必将撑起未来中国经济的新天地。

要想推进创新成果转化应用，就要依靠创新驱动打造发展新引擎，培育新的经济增长点，实现经济保持中高速增长和产业迈向中高端水平“双目标”。

物权数字化将激活企业优质物权、盘活企业流动资金，搞活市场资源配置；将促进民间投资渠道多元化、日常投资门槛大众化、经济资源交换高效化。势必释放中国民营企业海量优质物权资产、盘活海量流动资金，由此将汇成经济发展不可或缺的新动能。

第二节 物权数字化打破思维定式

1978年5月，一篇名为《实践是检验真理的唯一标准》的特约评论员文章，在《光明日报》一版刊发。它掀起了席卷中国的真理标准大讨论，成为那支撬动改革开放的哲学杠杆。短短六千字，开启了改革开放的序幕，确立了中国改革进程中的理论原则和思维模式，打破了十年文革的“思维定式”，迎来了“春天的故事”。

同样，物权数字化就是事关民生物权的一场轰轰烈烈的突破，即终结了几千年来“整买、整卖、整租、整赁”的传统思维定式，颠覆了“生产、生活、交易、投资”的传统思维逻辑。因此，打破思维定式，是迎接新赛道的前提。

思维定式（Thinking Set），也称“惯性思维”，是由先前的活动而造成的一种对活动的特殊的心理准备状态，或活动的倾向性。在环境不变的条件下，定式使人能够应用已掌握的方法迅速解决问题。而在情境发生变化时，它则会妨碍人采用新的方法。消极的思维定式是束缚创造性思维的枷锁。

举个简单的例子。如果给你看两张照片，一张照片上的人英俊、文雅；另一张照片上的人丑陋、粗俗。然后对你说，这两个人中有一个是全国通缉的罪犯，要指出谁是罪犯，大概不会犹豫吧？

习惯思维定式：“久会而成习，久合而成惯，久应而成习惯思维。”“久”者，持续不断的。“会、合、应”运用操作的时机，内在根源。“会”者，同步相观；“合”者同性相斥、异性相吸；“应”者，同气相求，同声相应。前两者为观察、学习阶段，后者为分析运用阶段。习惯，按惯而习，“惯”者，引起本能的兴趣，内在规律，“习”者，反复操作或运用，即由于重复或练习而巩固下来的并变成需要的行为方式。经常按这种行为方式进行问题思考，就会逐渐形成牢固的思维定式，深入到潜意识中并反过来支配自己的言行。

习惯思维定式，一般与个人的世界观的形成，存在着内在的必然联系。由于它具有社会性、阶段性以及知识经验的局限性，在一定的历史时期，成为指导人们个人行为方式的固有模式，然而，当时代需要变更创新、新旧交替时又成为其发展的主要障碍。

“整买、整卖，整租、整赁”是几千年来形成的传统思维定式，从古至今从未改变，也无法改变。如果有人和你说，“我可以把房间一平米卖给你”，他一定会被认为脑子有问题；如果有人告诉你，他想把一棵树的10%卖给你，你是否也觉得此人有病。

“整买、整卖、整租、整赁”就是对物权的固化认识，是几千年来的传统思维定式和交易逻辑。在“数字产业化、产业数字化”的今天，在“共有物权”法律锚定的今天，“整买、整卖、整租、整赁”传统思维定式被彻底打破，基于此“生产、生活、交易、投资”的传统思维逻辑也被彻底颠覆。

所以，将物权进行数字化管理，将资源按份额数共享的“大时代”来了。以“特色小镇”的业态为例。

【特色小镇 · 兴起】

据公开数据显示：特色小镇的数目已经升至3000多个，其中既有属住建部、国家林业局等部门批准的小镇，也有各省政府自行批准的省级特色小镇，还有大量由企业主导操作的小镇。短时间内，小镇数量如此急剧增长，反映出部分地区的小镇建设已经呈现出“运动化”的苗头。

【特色小镇 · 发展】

目前已经有众多知名房地产企业纷纷与小镇签约，签约数目高达数百个。这将使得特色小镇趋向于“房地产化”。房地产企业做特色小镇，可能在小镇的硬件基础设施建设上有既往经验的支撑,但未必能够透彻地理解和把握住当地小镇的“特色内涵”。而且特色小镇的健康存续需要持重长久的运营能力，对运营者在生态环境和社会发展层面提出了更高的认知要求。部分房地产企业未必具有平衡企业逐利和生态健康两者关系的能力，更何况长期运营的耐心。

一些房地产企业如此青睐特色小镇的原因在于特殊的土地获得方式。特色小镇的土地获取不需要经过“招拍挂”，这大大减少了地产商获得土地的成本，因此不排除个别房地产企业把签约特色小镇当成了新增土地储备的新途径。一旦这种地产企业开发特色小镇的趋势形成，就会造成地价上涨、租金哄抬，最终会把特色小镇里的真正特色产业排挤出去。

【特色小镇 · 结果】

“前些年的风口理论”席卷了“特色小镇”，殊不知处于风口的猪飞起来了，风停了，猪呢？死相很难看。

至此，一哄而起的特色小镇，现在是这个样子：

1. 大量烂尾堆积：特色粗放式的推广，尤其是企业主导和房地产企业开发主导的特色小镇，已经产生了一系列问题，带来大量特色小镇建设的烂尾现象，浪费了各种不必要的生产要素。

2. 特色小镇变鬼镇：很多特色小镇建成后成了“鬼镇”，一方面是地产型开发模式，忽悠业主投资却没有长期经营的想法，赚了就跑；另一方面不是地产型的，以长期经营获利，资金链断裂，无法维持。无论以上哪一种模式小镇，一个最大的现实是：特色小镇无特色、无吸引力、无资金、无经营、无服务。“五无”最终导致“无客流”，无客流又反过来加重了“五无”现象，走入绝境，形成了“鬼镇”。

【特色小镇 · 病理成因】

特色小镇陷入以上困境，其根本原因在于没有“顶层设计、价值塑造、资源嫁接”，形成了“拍脑门决策、拍胸脯担保、拍屁股走人”的“三拍小镇”；缺少逆向思维，比如没有弄清楚“先解决什么人会来？为什么会来？再解决如何销售？销售给谁？最后解决如何建设？”等问题。

【特色小镇 · 解困方案】

面对数以千计的陷入困境的特色小镇，数以千亿计的物权资产，如何助推昔日的特色小镇走出现实的发展困境？如何盘活小镇物权资产？我们依托物权数字化所具有的动能，能很好地为其分析症结并提供解决方法之一二。

援引“特色小镇”的案例，说明“物权数字化”能为相关问题提供解决之道，反过来说，数字化形成的生产力，在即将实施的“乡村振兴战略”中将大有用武之地。请看有关数字化促进乡村振兴的相关报道。

“数字化生产力”促进乡村振兴

“数字经济”已经不仅仅是一个简单的经济概念，而是渗透在社会生活与经济发展的每一个环节中，数字化、网络化、智能化的信息通信技术使现代城市和乡村的经济活动更加灵活、敏捷、高效和智慧。而数字乡村是伴随着网络化、信息化、数字化和智能化在农业农村经济社会发展中的应用，以及农民现代信息技能的提高，而内生的农业农村现代化发展和转型进程，既是乡村振兴的战略方向，也是建设数字中国的重要内容。

乡村振兴的“五维空间”与“数字乡村”的本质

如今城里人提到乡村，往往意味着一种绿色休闲的生活方式，它是田园的、自然的，带着温情，以至让人向往的美好地方。它可能是一幅美丽的画卷，无论是山水画还是水彩画，始终诱人。所以，我国实施的是“乡村振兴战略”而不是“农村振兴战略”，这反映了中央提出这个战略的真实意图。

数字乡村的本质是乡村，乡村数字化的特征必须反映乡村的本质。乡村本质是由“五维空间”即地理空间、能力空间、有序空间、人文空间、梯度空间组成的多维集合体，是人、物、信息集中和交换的地方。党的十九大首次提出实施乡村振兴战略，并将其总要求明确为“产业兴旺、生态宜居、乡风文明、治理有效、生活富裕”。笔者认为，乡村振兴就是全面振兴乡村的“五维空间”，数字乡村就是让乡村的“五维空间”更智慧、更便捷、更高效、更安全。

“数字乡村”要充分展示乡村“五维空间”数字化应用水平，其本质是具有综合性、整体性、安全性的“五维空间”区域信息化发展的过程，在这个发展过程中要综合体现五大融合体系：一是建设广泛覆盖的信息通信网络；二是具备深度互联的信息体系；三是构建协同的信息共享机制；四是实现信息的智能处理；五是拓展数据信息的开放应用。

解放和发展乡村“数字化生产力”的内涵

“数字化生产力”意味着在乡村的“五维空间”全方位采用数字信息处理技术，整体带动和提升农业农村现代化发展水平。在这个过程中，需要重构三大要素：一是具有一定数字技术知识和生产运营的劳动者，这需要培养一大批具有数字化知识和应用的劳动者；二是与数字技术相结合，以数字化生产工具为主的劳动资料；三是引入生产过程的劳动对象的数字化应用水平。

在数字乡村的推进过程中，首要的任务是利用数字技术对农田土壤生态环境的保护，国家应当建立全国一体化的乡村农田土壤生态的数字化监测与保护平台，通过卫星遥感技术、无人机、高清远程视频监控系统与“5G+物联网传感技术”的融合，统筹山水林田湖草系统治理数据，通过大数据管理工具和方法，采用大数据分析、数据挖掘、物联网以及人工智能等手段，强化农田土壤生态环境监测与保护。

发展乡村数字化应当系统研究和发展“数字化生产力”，重点实施“四个注重”：一是注重构建以知识更新、技术创新、数据驱动为一体的乡村经济发展政策体系；二是注重建立层级更高、结构更优、可持续性更好的乡村数字化经济体系；三是注重建立灵敏高效的数字乡村社会治理体系，开启城乡融合发展和数字化建设新局面；四是注重乡村劳动者数字化知识和应用技能的提升，积极培养乡村数字经济与技术应用人才，实施新型职业技术农民培养工程计划。

弥补城乡“数字经济鸿沟”的建议

“数字鸿沟”主要指信息鸿沟，即信息富有者和信息贫困者之间的鸿沟。笔者认为，数字经济时代的“数字鸿沟”已经表现为一种运用数字技术创造财富能力的差距。因此，数字经济时代的“数字鸿沟”已经不仅仅是信息和通信技术的不同地域发展与应用的差距，而是基于“数字鸿沟”导致或拉大的城乡之间以及城乡内部群体之间的“数字经济鸿沟”。

“数字乡村”建设是“数字中国”的重要组成部分，数字中国是新时代国家信息化发展的顶层战略，是驱动引领经济高质量发展的新动力，涵盖了经济、政治、文化、社会、生态等领域。“数字乡村”战略是推动乡村振兴的质量变革、效率变革、动力变革的重要驱动力，也是促进乡村振兴、加快乡村转型升级的新动能。为此，笔者提出以下建议：

首先，总体布局“数字经济＋产业布局”，这是“数字乡村”在产业空间上的分布。

科学的产业布局要充分利用大数据的分析工具，通过对地理位置、资源环境、社会经济、政策规划等各种因素的数据分析，实现产业的最优组合与最优配置，并利用"数字乡村"的产业集聚平台，实现产业在空间梯度上的产业集群效应。

其次，"数字乡村"建设应当与"智慧城市"建设并行，实现公共数据的共享，以数据链驱动和提升农业产业链、供应链和价值链，支撑农业数字化转型升级和乡村的高质量发展。乡村经济的繁荣能否长期持续下去，关键看"数字经济鸿沟"是在不断填平还是在不断扩大。弥补"数字经济鸿沟"，不仅仅是强化乡村信息基础设施建设，关键还在于提升乡村广大农民的数字知识水平与应用数字技术技能，弥补农民数字技术应用和技能的鸿沟。笔者建议，实施"数字乡村"新型农民职业技术能力提升计划，培养一大批乡村数字经济与技术应用人才。这是解放和发展乡村数字化生产力的基础，也是数字乡村驱动乡村振兴的重大战略问题。

最后，建议地方政府设立"数字乡村"专项引导基金，以"数字产业＋绿色金融"双轮驱动的产融互动模式推进"数字乡村"专项引导基金的运行。基金通过股权投资、农业保险金融、供应链金融等系列金融产品，促进一系列适应乡村数字经济产业的发展。（原题《发展乡村"数字化生产力"弥补城乡"数字经济鸿沟"》；作者：王春晖）

第三节 物权数字化激活优质物权

中小微企业融资渠道主要分为两条路径，一条是面向银行贷款，另一条是向民间借款，这两条路径的共同特点是：需要归还本金、需要支付利息、需要规定准确归还日期。有的企业为了按时还本付息不得不再次向高利贷个人拆借“过桥资金”。银行收到本金一旦拒绝再次贷款，会使企业资金链马上断裂，导致企业轻则破产，重则老板坐牢或跑路。

有没有第三条融资路径：不需要还本金、不需要付利息、没有时间要求？答案是肯定的，就是具备新概念新业态新动能三重属性的“物权数字化”。

依托物权数字化“激活企业优质物权，盘活企业流动资金”。

企业融资困境

小微企业融资难、融资贵问题，是一个世界性难题。即使在部分国家或地区出现一些针对小微企业融资的先进模式，也存在难以被普遍复制和推广等问题。在我国，开展小微金融业务存在着“雷声大，雨点小”的尴尬局面。

1. 企业在银行融资难

融资问题是企业经营发展过程中面临的重要问题，对商业银行而言，企业融资也是其主要的业务组成部分。融资工作的顺利进行需要商业银行、企业与第三方机构等的高效合作。

第一，垄断性银行组织体系和垄断性利差保护生存的制度性缺陷，制约了小微企业贷款的可获得性。在垄断条件下，国有商业银行单纯向有国家信用做担保、短期风险较小、综合收益高的大企业、大项目“规模化批发”贷款，长期贷款就有足够的利润空间，便不愿向融资“期限短、频率高、需求急、金额小”的小微企业发放“零售”贷款，从而导致信贷结构失衡。

第二，商业银行的“重大轻小”纵容了其放贷的惰性，加剧了金融信贷资源对小微企业的“挤出效应”。国有商业银行出于集约经营和防范风险等考虑，不断收缩县域经营网点，在企业年产量、销售额、资本金等方面不断提高贷款准入门槛，并进一步上收信贷审批权限，导致国有商业银行信贷决策权大多集中在总行和省分行，很多县（市）支行只能开办存单抵押贷款和金额很小的个人经营性贷款业务。以湖南省益阳市为例，该市 2011 年贷款净增 500 万元以上的客户有 95 户，贷款净增额 46.1 亿元，占新增贷款的 83.6%，前 10 户贷款增额达到 26.2 亿元，占新增贷款的 47.5%，贷款主要集中在核电和基础设施建设项目，两个项目占新增贷款的 35.6%。

第三，商业银行贷款审批程序烦琐，中间收费环节过多和收费标准过高，导致企业融资成本高企并抑制了贷款需求。国有商业银行新增贷款、转贷基本要经过基层行、二级分行、一级分行层层审批，有些项目还需总行审批，审批程序和环节较多，贷款决策链长，且贷款中间环节多、费率高。

第四，信贷激励约束机制不健全，有效抵质押物难以落实和担保难制约企业融资。一是信贷激励约束机制不健全。一方面，商业银行对信贷人员实行严厉的贷款终身责任制，为了规避风险和责任，信贷人员对小微企业产生了“多贷不如少贷、少贷不如不贷”的惧贷心理；另一方面，信贷正向激励机制存在偏差，如不少地方政府对金融机构支持地方经济发展发放的信贷奖金中，要求把奖金总额的50%奖给金融机构的“一把手”，50%奖给班子其他成员，鲜有或没有奖给直接办理信贷业务而承担“无限”风险的信贷人员，影响了其营销小微企业贷款的积极性和主动性。二是有效抵质押物难以落实和担保难制约企业融资。

2. 企业民间融资难

民间融资是相对于国家依法批准设立的金融机构融资而言的，泛指非金融机构的自然人，企业及其他经济主体（财政除外）之间以货币资金为标的的价值转移及本息支付。

改革开放以来，随着我国经济的飞速发展，资本市场和创业投资的不断增长，培育了大批的小微型企业。特别是近十年来，小微型企业对我国经济及就业做出了巨大贡献，已经成为我国经济市场中不可忽视的中坚力量，但是这大批小微型企业当中能够健康成长并发展壮大的微乎其微，大部分小微企业的倒闭，其罪魁祸首就是融资失败。

因此，小微型企业在发展过程中普遍遇到的最大瓶颈就是融资的问题。融资困难和融资风险巨大，是阻碍小微企业发展的重要原因之一。

激活物权盘活资金

贯彻落实党中央、国务院关于生态文明建设决策部署，建立和实施自然资源统一确权登记制度，推进自然资源确权登记法治化，推动建立归属清晰、权责明确、保护严格、流转顺畅、监管有效的自然资源资产产权制度，实现山水林田湖草整体保护、系统修复、综合治理。

对水流、森林、山岭、草原、荒地、滩涂、海域、无居民海岛以及探明储量的矿产资源等自然资源的所有权和所有自然生态空间统一进行确权登记。

2019年，自然资源部、财政部、生态环境部、水利部、国家林业和草原局近日联合印发《自然资源统一确权登记暂行办法》，这也将意味着自然资源确权离我们越来越近了。

除了自然资源确权，包括地产及不动产早已进行了物权登记，至此企业、个人物权越来越明晰了。物权数字化就是对企业、单位、个人物权进行数字化，激活企业优质物权，盘活企业流动资金。我们以江西杉红情公司的红豆杉种植为例。

【红豆杉 · 困境】

江西杉红情公司20年前开始了红豆杉种植，陆续投资20多亿元，现有40余万棵。综合市值超过100亿。“有价无市”是董事长张三芽最痛苦的事，企业陷入了绝境。资金链面临断裂，银行无法贷款，民间借贷无门，深加工红豆杉产品因为没有资金无法建立工厂。

“共有物权红豆杉基地”由江西杉红情农业开发公司建立，位于江西宜春市袁州区继承山。杉红情公司现与袁州区继承山林场签订了2000亩地承包协议，承包期是30年，到期续租30年。将移栽20年以上树龄红豆杉3万棵、10年以上20年以下树龄红豆杉5万棵，3年以上10年以下树龄红豆杉20万棵。现已移栽10年以上树龄红豆杉2万棵，占地500亩，林下种植“红豆杉富硒红薯”。另外13000亩已达成共识，将根据经营需要分批承包，全部移栽红豆杉。

【红豆杉 · 纾困】

中国首家“共有物权红豆杉基地”。短短两个月后，企业流动资金逐步活化，股东们也看到了希望和曙光，红豆杉茶叶厂建起来了、红豆杉木制产品加工厂也建起来了，共有物权红豆杉基地形成了。

【红豆杉 · 亮点】

“共有物权红豆杉”商业模型改变了几千年来“整买整卖”和“整租整赁”的传统思维定式；彰显了投资门槛最小化，投资收益最大化的优势；实现了“即时收益和升值预期一体化”的目标；“共有物权红豆杉”投资采取的基本方法是进出有据、买卖便捷、价格自定、数量自主。

基于“物联网”可视技术和“区块链”不可逆转技术及“智能合约”不可篡改属性，每棵“共有物权红豆杉”将拥有专属“电子户口”，每一位“共有物权红豆杉”业主将拥有一枚专属“共有物权码”。进而实现了“共有物权红豆杉”和“业主”确权。

通过“物权码”给“共有物”上电子户口，进而借助技术手段和流程设计，完成确权性资金融通，盘活企业经营，回报也会越来越高。请看记者最新的相关报道。

银川：“放活”经营权农村土地迸发生命力

近日，中央农村工作领导小组办公室、农业农村部对一批在农村土地承包经营权确权登记颁证工作中积极先行先试、工作扎实、成效显著、资金使用规范、档案齐全、信息化水平高的典型地区进行了通报表扬。包括银川在内，全国共有27个地级市、200

个县（市、区）获此殊荣。

近年来，银川市紧紧围绕土地制度改革主线，以稳定和完善农村基本经营制度、实现和维护农民群众财产权益、促进农村社会稳定、提升适度规模经营水平为目标，扎实推进农村承包地确权颁证，不断强化承包农户的市场主体地位和家庭承包经营的基础地位，切实赋予农民长期、稳定的土地权利，有序推动农地流转市场的健康发展，为维护农民土地承包的各项合法权益提供有力保障。

盘活土地资源投入再生产

2020 年 11 月 9 日上午，灵武市梧桐树乡陶家圈村村民马占强一早就来到灵武农村商业银行了解贷款发放情况，上周五他拿着农村土地承包经营权证向银行贷款 10 万元，当天是放款的日子。

马占强一共有 20 亩地，按照 1 亩地 5000 元的贷款额度核算，他总共获得 10 万元贷款。自 2017 年通过农村土地承包经营权确权登记颁证工作拿到农村土地承包经营权证后，每一年他都凭此向银行贷款，贷款的金额再投入农业生产，“这个不用抵押，不用担保，拿着证就可以申请，以前想扩大规模没有资金，这下可解决了我一大难题”。

2019 年，马占强拿到了 8 万元贷款资金开始种植西红柿，当年收获颇丰，于是他想扩大规模，将西红柿种植实现标准化，“去年种了 6 亩西红柿，今年想扩大到 10 亩地，这样收入就更多了”。在听到银行职员向他介绍贷款申请通过的时候，马占强立马喜上眉梢，“没想到这么快，加周末才三天时间就拿到贷款了，太方便了”。

当天梧桐树乡还有好几位村民拿着自己的农村土地承包经营权证前来咨询、申请贷款，各项手续齐备后，灵武农村商业银行授信审批部副总经理李涛再带上各位村民的申请资料来到灵武市农村产权流转服务中心递交审核。

灵武市农村合作经济经营管理站副站长刘长青介绍，银行递交审核资料后，相关信息会录入信息管理系统中，审核结束后服务中心出具加盖公章的农村土地承包经营权证抵押贷款登记书和他项权证，之后银行便可以向农户发放贷款。

“从这两年的贷款情况来看，农户基本都能及时还款，信用良好。”李涛表示。

明确土地权属减少矛盾纠纷

农村土地承包经营权确权登记是一种物权登记，依法赋予农民对承包地的占有、使用、收益、流转及承包经营权抵押、担保权能，进一步明确农民对承包土地的各项权益。

对于贺兰县立岗镇通义村的种植大户谢金伟来说，农村土地承包经营权确权登记颁证最大的好处就是明确土地权属，减少邻里之间的纠纷矛盾。他回忆道：“以前大家为了争地块，经常发生矛盾，土地边界闹不清楚，企业也不来流转，农户自己种收益又不高。”

通义村党支部书记马瑞宁介绍，通过农村土地承包经营权确权，目前全村有 11350 亩地，全部流转给种植企业，村民在获取流转费、打工增收的同时，还可以租赁企业搭建的温棚开展农业种植，“租种企业的温棚，省钱省力，种植全程一条龙服务，不用操心销售问题”。

谢金伟是村里第一批拿到土地承包经营权证的村民，每年他都凭此向银行贷款投入农业再生产，这几年收入节节攀升。

确权获得了“国字号”表彰

记者获悉，银川市农村土地承包经营权确权登记颁证工作于 2013 年试点开展，2014 年全面铺开，2016 年完成并顺利通过自治区总体成果验收。

近年来，银川市出台了《银川市关于强化现代农业风险防范机制的指导意见》，规范农村土地经营权流转行为，建立形成目标考核、统计报告、定期通报、会商研究、纠纷调处等各项制度，细化工作措施把好调查摸底关、外调测绘关、公示审核关和矛盾调处关，并通过设立现代农业产业发展投资基金、建立农业重大风险防范储备金、实行工商资本租赁农地风险保障金制度、探索开展土地流转履约保证保险等方式，构建支持现代农业发展与风险防控相结合的风险防范机制，稳健推进农村土地确权工作。

同时按照“六统一”模式，我市高标准构建了市、县、乡、村四级农村产权流转交易服务平台，积极探索政企合作模式，引入第三方服务机构，为农村产权流转提供拍卖、评估、招标、测绘、法律咨询等专业服务，推进农村产权流转顺利开展，为优化城乡资源配置、激活农村产权要素创造有利条件。

2020 年银川市农村产权流转中心组织进场项目 64 宗，成交 42 宗（其中土地 6 宗 31518.4 亩），总成交金额达到 3311.18 万元。

银川市农业农村局相关负责人介绍，目前我市还以县级为单位，规范开展确权登记数据库建设，在全区率先顺利完成了数据库成果汇交，让数据跑路、使信息增效，为做好信息应用平台的应用与连接、建立土地承包数据动态管理机制、实现以图管地创造必要条件。

截至目前，全市已确权面积 126.33 万亩，确权率 92.06%；已颁发承包经营权证书 139277 本，发证率超过 98%；全市农村土地承包经营权流转累计达 73.26 万亩，流转率超过 58%。农业适度规模经营水平稳步提升，银川现代都市农业发展基础不断夯实。

（选自银川新闻网；作者：梁小雨）

第四节 物权数字化多元投资渠道

普通大众投资渠道狭窄，几乎没有选择空间，与此同时，诸多高收益项目投资门槛过高，把普通大众挡在了门外。普通大众只好选择风险高回报高门槛低的项目，诸如P2P、非法集资项目等。造成了诸多群体事件，埋下了社会不安定隐患。

因普通大众投资渠道窄投资门槛高，使他们无法分享"改革开放"形成的更多红利，贫富两极化趋势有严重化的可能。诸如：10 年前在北京、上海、广州、深圳四大一线城市投资 1000 万元房地产，5 年后轻松赚取 3000 万元，而普通大众把自己的 10 万元存到银行，五年最高利息收入也不会超过两万元，去除物价上涨因素，可能低于 10 万元本金的价值。

物权数字化，就是要把成千上万的优质物权进行数字化，多元化民间投资渠道；降低大众投资门槛，让马路清洁工都能分享改革开放的红利。然而，当前无论是投资渠道，还是融资渠道，梗阻和问题都不容小觑。下面的这则新闻述评，就真实再现了这一痛点。

百姓投资为渠道所困

动辄几十万元刷卡买黄金，短期内豪掷千亿元的"中国大妈"们，支撑起了不断走低的金价，一度创造了完胜华尔街大鳄的中国式神话。然而，大妈们并未能阻止大鳄，黄金跌价仍在继续，让大妈们没有占到便宜，反而被牢牢地套住。

从股市、楼市到如今的金市，中国人总是离不开一种近似疯狂的群体性买卖行为，"抢"这个字在很多场合被国人表现得淋漓尽致，抢盐、抢油、抢理财产品、抢黄金。这种行为并非基于理性的分析与思考，而是在于一种从众的心理。这种非理性的从众心理，一方面折射出百姓已经具备了一定的投资意识，但另一方面也反映出百姓在投资知识上的缺乏。

"抢"字背后，表现出来的是盲目，正是这种盲目导致很多人习惯蜂拥而上，"中国大妈"近乎疯狂地抢入黄金，这无疑也是一种不理智的行为。

"中国大妈"抢金潮的出现在一定程度上反映了国内目前的理财困境。

"中国大妈"此番上演的欢乐与哀愁所折射出的，是汹涌的民间资本无处安放的尴尬，是普通百姓投资渠道匮乏的现实。现在的国内理财市场低迷，缺乏可靠又有效的资产增值渠道，想要找到稳定高回报的投资方向并不容易。楼市门槛太高进不去，股市问题太多不敢进，银行利息太低不愿进……这么多年积累下来，如何把民间财富合理健康地释放出去，这里面大有文章可做。

我们认为，作为当代经济的核心，金融与人们经济活动甚至日常生活的联系也越来越密切，与此同时，因金融知识欠缺和风险意识缺失而引发的纠纷与损失也在日益增加。因此，大众投资理财教育刻不容缓，而需承担起这一社会责任的，不仅应该是金融机构的自发行为，更是需要政府相关部门的重视、引导和规范。

只有形成规范的资本市场，进而为投资者创造更好的机会，并且拓宽投资渠道，建立多元化、多层次、多品种的金融体系，短期、中期、长期的产品相结合，为包括普通百姓在内的投资者提供多种可靠的投资产品，民间的投资才会归于理性。

中国天量级优质物权的数字化入市，其成千上万个物权数字化项目将是一块巨大的蛋糕。

而随着农村城镇化的推进，农村居民的金融知识匮乏和风险意识缺失，或将成为关系到千家万户切身利益的一个现实问题。强化农村居民的金融知识与风险教育，显然很有必要。据一项对 7100 户农民投资意向的问卷调查结果显示，未来两三年内选择银行储蓄理财的被调查者比 2001 年降低了 23 个百分点，同期购买保险、国债、集资入股的则分别增长 22.5、19.2 和 10.1 个百分点，农民金融投资意识明显增强，但投资渠道与产品明显匮乏。金融机构有责任提供适合农民的投资产品，帮助他们创造更多金融资产。只有更好地让农民了解金融、运用金融、享受金融，有效防范风险，才能让农民更放心、更积极地参与各种合法金融活动，推动农村金融业的理性发展。（选自《生活日报》；作者：魏传强　丁文奇）

上面的这则新闻，以下几点是需要我们重点思考的。

（一）疯抢国债现象

在炎炎夏日之下，四期凭证式国债刚一上市，就尽显“金边债券”的魅力，济南市几乎所有银行都出现了三年期国债“不售而罄”的场面，为数不多的五年期国债也在半个小时内销售一空。金融专家普遍认为，国债的异常抢手反映了市民理财投资渠道的缺乏。

（二）普通市民缺乏投资渠道

中国银行济南分行的理财专家认为，国债如此热销，既反映了国债的公信力，也是普通市民对于当前银行利息以及理财渠道狭窄的无奈反应。根据央行公布的 CPI 指数，如果去年年初存进银行 1 万元，到年底实际只值 9000 多元了，就这样还得缴一笔利息所得税。可以说，低利率甚至负利率却在天天消耗着普通百姓的资产。

山东经济学院区域经济研究院副院长董彦岭教授认为，股市一直飘忽不定，基金市场也是在低迷中跌宕起伏，两个投资领域已经让不少散户遇难而退；投资型保险往往期限过长，市民也不太认可；而在 2000 年曾经红红火火的人民币理财产品也从 2001 年 3 月份跌入低谷。在老百姓投资理财别无选择的情况下，形成了凭证式国债再次受宠的场面。

（三）理财产品同质化严重

数据显示，截至 2001 年 6 月末，山东省金融机构人民币各项存款余额已达

16359.6 亿元，同比多增 350.3 亿元。为了争得更多的存款，各家银行的个人理财产品也层出不穷，理财市场表面一片“繁荣”。但现实情况则是，一家银行刚刚开发出新产品，其他商业银行就立刻跟进，尽管名目各异，但功能特点雷同、投资收益相当，相互复制金融产品已经成为公开的秘密。在产品同质化的同时，各家银行只有将卖点突出在收益率方面，这样银行的个人理财产品又陷入了攀高收益率的恶性竞争中，不但提高了银行的资金运营成本，而且使投资者的投资风险加大。当市民发现，理财产品到期后而银行的承诺无法兑现时，自然会对这些理财产品丧失信心。

（四）“高门槛”挡住市民理财路

普通市民难以找到理财方式还有一个原因不容忽视，那就是银行将一些好渠道优先提供给了自己的“理财客户”。但由于理财客户的“门槛”偏高，不少中低收入人群被挡在了“门外”。

据了解，工行济南分行对其理财客户的要求是：个人账户中的资产折合人民币总额达到 30 万元；省建行对其个人理财服务品牌“乐当家”的要求是省级客户 10 万元，全国级客户甚至要达到 30 万元。一旦成为银行的理财客户，银行将会提供给各种方便，比如提前预订国债等。

（五）市民呼唤多样理财渠道

“其实我并不想投机赚钱，只要能够让我辛辛苦苦挣来的钱保值就行。”在昨天国债发售现场，不少市民向记者说出了排队买国债的初衷，他们希望银行能推出更多的稳健型理财产品，而且各家银行的产品最好有所差别，以适合不同的群体。山东经济学院的董彦岭教授介绍，由于方方面面的原因，很多在外地的理财产品在济南一直没有“落地”，省城的理财产品在深度和专业化上都不足。随着金融市场竞争的充分展开，省城各银行应逐步引入市场细分理念，确立以客户为中心的经营模式，根据客户需求开发新的服务产品。

不少金融专家提醒说，虽然中小客户的存款量不是很大，但从总体来看，由于这部分群体人数众多，其潜在价值是非常大的。所以银行在将理财业务的目光转向高端客户的同时，也不要忽视中小客户。

投资门槛高，理财渠道窄，困住了许多“手有闲钱”的人，也让许多企业、项目错过了融资、融智的机会。现在，回过头来看，有没有一种渠道，来连接资金的供需两端，满足项目（资金）的投资期许？如果引入“物权数字化”的模式，这个问题就可以迎刃而解。我们以“共享干衣机项目”为例。

【共享干衣机 · 项目本体】

深圳市容君互联网科技有限公司：成立于 2019 年，团队成员由来自阿里巴巴、腾讯等知名互联网企业，以及资深互联网创业者共同组成，具有极高战斗力和敏锐市场洞察力，确保公司能够在互联网大潮中迎浪而上。

公司在全国多地合作成立了众多运营中心，由点及面，全面开展推广运营工作。

【共享干衣机 · 功能介绍】

1. 核心功能彰显核心竞争力。扫码使用，一键启动，轻巧便捷，使用方便，功能强大。

2. 烘干质量与效率。半小时内烘干一件常规T恤，比当前市面上共享烘干类产品烘干效率提高400%，遥遥领跑市场。

3. 烘干数量与种类。一次可同时烘干一件上衣，一件长裤，两件内衣，两件其他小件衣物。

4. 香薰消毒。独特设计，使得在干衣的同时，香薰的功能也同步实现。提供更为优异的客户体验，同样是功能领先市场，引领风尚。

5. 衣服熨烫功能是创造性的专利设计，在烘干衣服的过程中，让衣服在烘干的同时自动进行了很好的熨烫，领先市场，绝无仅有。

6. 外观及实用性专利。外观时尚大气，专享专用。功能原理，先进独家。

【共享干衣机 · 产品后台】

1. 独立研发，后台系统安全稳定，数据全面实时更新。

2. 共有物权机主，酒店投放管理员实时掌握设备使用情况，收益情况。

3. 实时到账，定期提现，银行结算收益可见，落袋为安。

4. 方便客户干衣晾衣需求，更满足熨烫香薰需求。

5. 一步到位，全面解决所有问题。

6. 真正实现新时代出行干衣新风尚。

7. 轻装上阵，避免携带过多换洗衣服带来的行李过多，出行不便。

【共享干衣机 · 价值延伸】

1. 完全替代酒店公共烘干洗衣房，节约空间和人力成本。

2. 提高酒店档次和服务质量，提升用户体验，增强酒店差异化竞争力。

3. 设备的使用，可以丰富酒店的赢利方式，综合提高酒店的收益。

4. 提高酒店客户使用黏性，为酒店长久引流，提高整体收益。

5. 保护酒店吹风机空调等设备，节约能源，消除用电安全隐患。

【共享干衣机 · 行情分析】

1. 酒店用品需求量大

国内旅游人数近60亿人次，比上年同期增长约12%。国内旅游收入约4.8万亿元，比上年同期增长约15%。中国进入旅游大时代，消费大时代，酒店又是与出行和消费息息相关的产业，因而酒店行业得以迅猛发展。同时中国互联网经济的高速发展，当前共享经济的火热，共享行业已经深入人们的衣食住行。所以酒店用品必将迎来爆炸性发展的时期。

2. 酒店行业增量大

据权威数据，目前国内酒店行业景气指数每年递增约20%，全国近400万家酒店，2.5亿间客房，每年约15%的酒店行业增长速度（上述数据不含民宿，公寓等）。

随着消费升级，中端酒店的开店速度已远超经济型酒店，尤其是旅游城市的酒店开店率、增长率均是大幅上升。

3. 酒店赢利模式亟待改革

（1）赢利模式的单一，就证明酒店的体验和服务内容单一，很难满足用户的深度体验需求。

（2）不同的目标用户需求，需要不同的产品进行支撑，差异化的模式反而成为核心竞争力。

（3）目前酒店单一的赢利模式，很难满足日渐高涨的成本，最终会使酒店的经营更局限。

（4）酒店满足不了客户的干衣晾衣需求，酒店的公用洗衣烘干房使用频率低，单次收费高，浪费单独空间，专人管理浪费人力。酒店房间内未设置独立烘干晾衣熨烫设备，客户只能用空调、吹风筒等粗暴的方式干衣晾衣，损坏设备，浪费能源，提高成本，最重要的是存在安全隐患。

4. 客户痛点分解了发展后劲

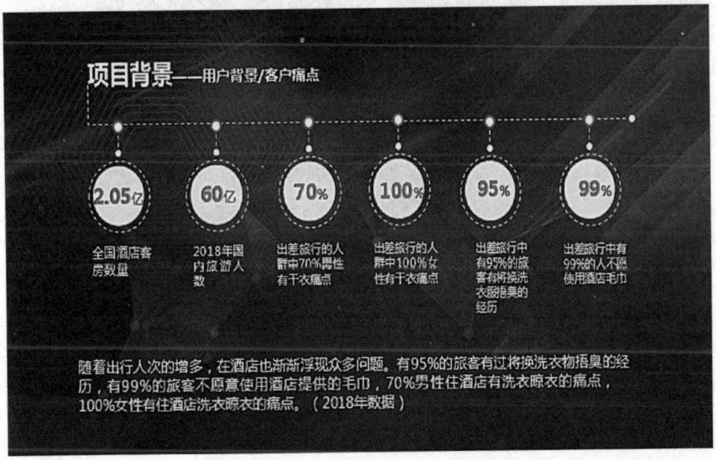

5. 投资环境良莠不齐

（1）当前投资乱象，好项目不多。

（2）对项目要求较高，需要低门槛投资，高收益，高回报。

（3）当前个人投资热情高涨，闲置资金无处投放。

6. 用户的需求现状

酒店房间内，由于没有独立烘干晾衣熨烫设备，客户只能用空调、吹风筒等粗暴的方式干衣晾衣，不但操作困难，而且容易损坏设备，干衣效果差，最重要的是存在安全隐患，用户体验感差。

【共享干衣机 · 投资解析】

投资者可以选择投资一组干衣机（三台）的最低 20%（2000 元）最高 100% 共有物权（10000 元）。投资回报见以下表格：

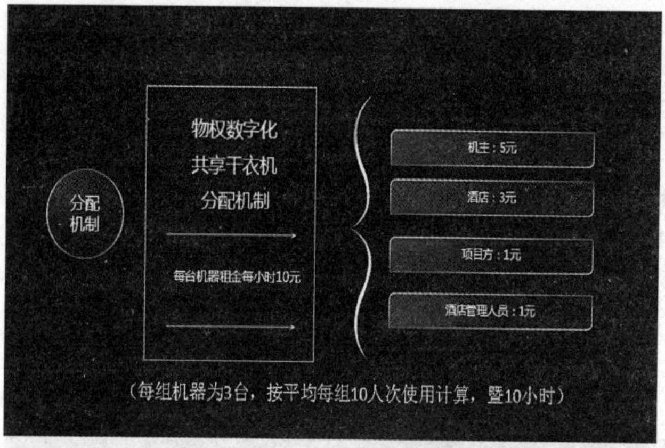

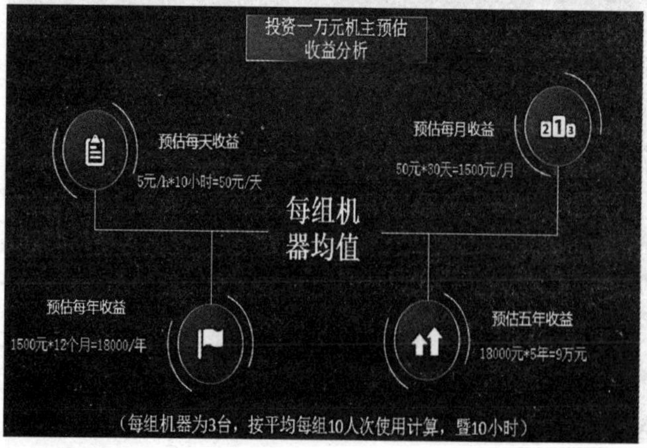

投资一万元机主收益最大化图表（两年内持续复投）

1月	2月	3月	4月	5月	6月	7月	8月	9月	10月	11月	12月
1500 1组	1500	1500	1500	1500	1500	1500	3000 复投后 拥有2组	3000	3000	4500 复投后 拥有3组	4500
13月	**14月**	**15月**	**16月**	**17月**	**18月**	**19月**	**20月**	**21月**	**22月**	**23月**	**24月**
6000 复投后 拥有4组	6000	7500 复投后 拥有5组	7500	9000 复投后 拥有6组	10500 复投后 拥有7组	12000 复投后 拥有8组	13500 复投后 拥有9组	15000 复投后拥有10组	18000 复投后拥有12组	21000 复投后拥有14组	24000 复投后拥有16组

预估总体收益：40元/天*30天*12月*5年*16组减去15个复投成本15万元，总体收益约100万元。

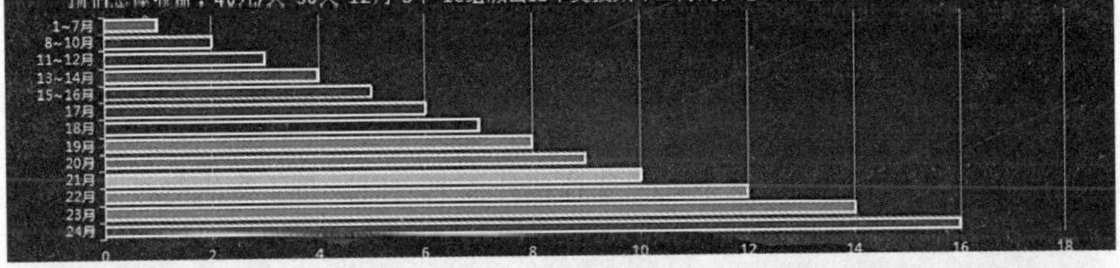

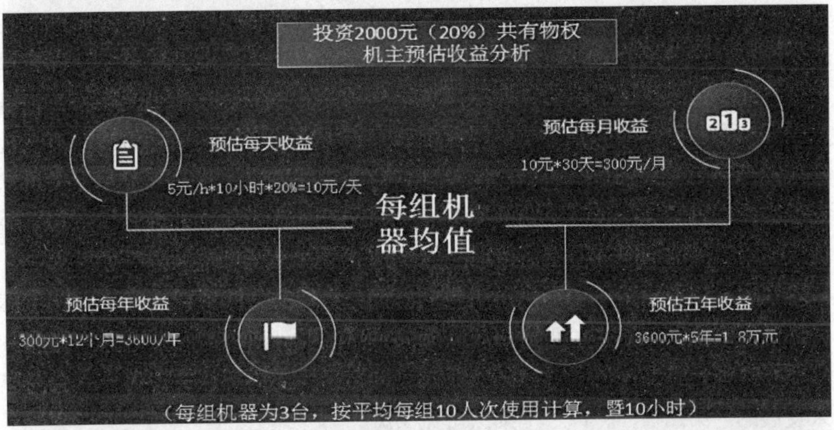

20%共有物权收益最大化图表（两年内持续复投）

1月	2月	3月	4月	5月	6月	7月	8月	9月	10月	11月	12月
300元 20%共有物权	300元	300元	300元	300元	300元	300元	600元 复投后拥有2个20%	600元	600元	900元 复投后拥有3个20%	900元
13月	**14月**	**15月**	**16月**	**17月**	**18月**	**19月**	**20月**	**21月**	**22月**	**23月**	**24月**
1200元 复投后拥有4个20%	1200元	1500元 复投后拥有5个20%	1500元	1800元 复投后拥有6个20%	2100元 复投后拥有7个20%	2400元 复投后拥有8个20%	2700元 复投后拥有9个20%	3000元 复投后拥有10个20%	3600元 复投后拥有12个20%	4200元 复投后拥有14个20%	4800元 复投后拥有16个20%

预估总体收益：40元/天*30天*12月*5年*16个20%共有物权减去15个复投成本3万元，总体收益约20万元。

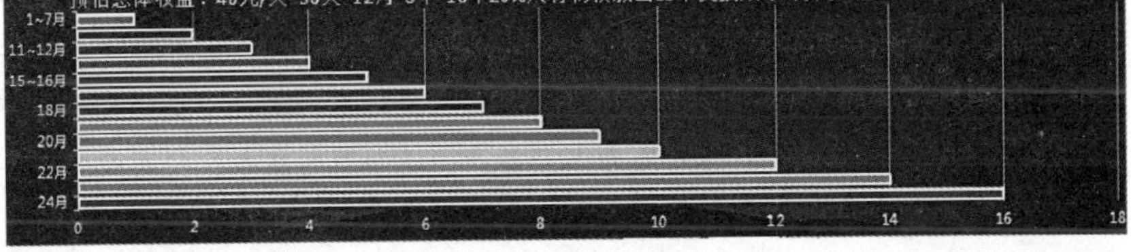

第五节 物权数字化唤醒天量资源

本章的前四节，列举了几个来自企业、平台以及个体的实例，这些案列都说明了一个共同的问题：当下的中国经济，无论是官方还是民间，都有发展的巨大愿望，都具备了发展的巨大潜力，但不可否认的是，由于管道嫁接问题、模式设计问题、信息对称问题、资源盘活问题，共同导致了发展所需的毛细血管，广泛存在着“梗”或者“堵”的问题，因此，需要我们从宏观着眼，从数字技术着手，抓住问题痛点，引进一种新机制、设计一种新模式，立足天量的优质物权，尽早构建出“中国经济第四极”，让经济社会迸发出巨大的活力。

应该说，我们对活力迸发的未来作出乐观的预期，在于我们的技术积累，在于我们的制度设计，更在于我们有无与伦比的资源优势。

中国发展到今天，几百年来我们头一次，能够在新一轮科技革命中，有足够的底气引领世界发展的潮流；反过来说，如果中国不能产生自己的话语权、理论体系以及执行路径，而是一味地从别人那里援引一些理论、经验，那么就无法创造灿烂辉煌的明天！经过数十年的发展，中国目前积累了自己独特的优势，这就要求我们，首先要识别这种优势，其次还要把它提升到理论高度，否则别人就无法理解和跟进，因为技术不完全是抽象化的人工智能、物联网、大数据，技术其实早就强势进入了每一个人的生活，接入了每个人拥有的资源。

有专家说，当前制造业就处于一个没有标准答案的时代，从技术角度来看，真正变革的序幕可能刚刚拉开，但数字化、智能化对制造业能量的激发已成潮涌之势，对生产要素的整合无时不在。可以肯定，只要真正认识并接入新技术，中国完全有希望尽早迎来发展的“第四极”。以下个案，可见一斑。

【制造变“智造” 资源变效益】

2020 年，一场突如其来的新冠肺炎疫情打乱了我们的发展节奏。疫情让不少制造企业面临来自成本、供应链、订单等压力，但在制造业一线，许多企业以工业互联网、人工智能为支撑的数字化智能制造，优化供应链，赶进度抓生产，硬生生地把耽误的“时间”抢回来，成功地经受住了疫情冲击。

“我们利用智能技术积极化解影响，最大限度地提高交付能力和产品可靠性。一方面，通过对生产过程中的数据进行分析，实时监控及时发现异常和隐患，从而降低操作失误率和生产风险。另一方面，健全的供应链保障体系，柔性、集约化的自动生产线，可实现全车系订单式生产，有效地为工厂排产，进而节约成本，提高效率，减少整车、零部件库存。”东风本田汽车有限公司第三工厂厂长曾幼明说。

向数字化要动力，企业在“云”上寻机。目前，东风本田通过开展数字化营销打通看车、试驾、购车等线上环节，“线上展厅”“直播购车”等新销售模式备受消费者欢迎。疫情倒逼车企提升AR/VR等虚实交融的视频技术，使消费者在看清车辆布局的同时，提升试乘试驾的沉浸式模拟体验感。

由“制造”向“智造”的转变，是数字技术赋能制造企业复工复产的生动写照。不仅是汽车制造业，关乎国计民生的食品加工业等大批传统产业工厂都在悄然蜕变，面对疫情冲击，“韧性”调整运营。

传统行业的数字化、智能化转型能够增强企业的抗风险能力，化解外部环境变化带来的影响，增强中国经济的“免疫力”。

“在疫情冲击之下，率先实现数字化、智能化转型的制造企业能够增强自身业务的抗风险能力，有利于快速实现复工复产，提高生产效率，迅速恢复产能。”中国工程院院士、天津大学校长金东寒说。

走进蒙牛智慧牧场，人工智能技术赋能传统奶牛场精准饲喂、疾病监测、育种管理等各项环节。智能监测生长周期，自动投喂营养搭配的饲料，摄像头结合AI算法进行体况评分，智能项圈分析奶牛运动步数……800多个牧场的100万头奶牛都有了“云管家”“云医生”，准确预测牧场的产量，为奶源的安全提供了更加科学健康的保障。

“一盒牛奶背后有170兆字节的数据。”蒙牛集团总裁卢敏放说，从奶牛饲养到牛奶生产全流程采取智能制造模式，摆脱传统人力手工对产能和效率的束缚，确保企业生产运营不会轻易受到疫情、事故、人员变动的影响，并最大限度地保证灵活性和准确率。

在大数据技术助力下，不但企业的内部资源被充分整合，还能精准地以消费需求指导生产，从而以消费升级带动供给升级、制造升级，从而使人的价值和物的价值，都得到充分发挥。

新经济释放新动能

相关数据显示，疫情期间，京东生鲜从除夕至初九销售同比增长215%；企业组织在钉钉上发起在线会议的数量，单日突破2000万场、超1亿人次；青岛通过5G网络和云视讯系统，完成12个重点项目“网上签约”……足不出户，生产者和消费者，各得其所，各受其益。

国家统计局数据显示，2020年一季度，网上会议、线上交易、在线教育等促进信息传输、软件和信息技术服务业增加值同比增长13.2%；实物商品网上零售额同比增长5.9%。3月份，高技术制造业增加值同比增长8.9%；智能手表、3D打印设备、服务器、半导体分立器件等电子类产品继续保持高速增长态势。

从系列数据可看出，在疫情挑战下，以新业态新模式为代表的新动能呈现逆势而上、激流勇进的韧劲。正是这种韧劲，为中国经济注入更强动力。

“数字经济发挥其网络化、平台化、智能化的优势，以其强大的协调能力和通达能力，打破了经济活动的空间限制，推动了疫情期间消费持续保有增长的态势。”中国信息通信研究院数字经济研究部工程师郑安琪说。

疫情带动了多家生鲜电商顺势突围。美菜网是一家餐饮企业供应链服务商，1月底，美菜把客户从餐饮企业拓展到个人消费者。创始人兼CEO刘传军说，2月初，一周时间内新用户增长了4倍，订单“爆单”近5倍。

“我们将大数据、物联网等技术同食品供应链深度融合，需求端通过电商平台定制化订单采购农产品，农民根据订单需求生产规模化，提高效率的同时降低采买成本和决策风险。同时，大数据分析出消费者需求、口味、趋势，及时预订相应食材。”刘传军说。

互联网新技术实现了上游农业和下游餐饮业改造，为农民增收、为餐厅增效，让数字经济新动能充分释放。

新业态创造新福祉

疫情之下，互联网数字平台发展开启了“加速键”。在实现线上销量翻倍增长的同时，也在吸纳就业等民生工作中发挥积极作用。

随着无接触服务需求增加，阿里巴巴集团合伙人、阿里本地生活服务公司总裁王磊说，疫情期间，仅武汉地区饿了么商超的订单量增长近10倍。商超订单呈现爆发式增长，一边是巨大的消费需求，另一边是人手运力不足的难题十分凸显。

饿了么相关负责人表示，平台招募了数10万名骑手，同时推出共享平台创造灵活就业，因疫情期间赋闲在家的员工可“共享”到人员紧缺的外送行业，这种“共享”模式促使企业在用工思维上进行根本性转变。此外，也催生出人工智能训练师、菜品流程构架师、网约配送员等新职业。

在线购物的蓬勃发展，促使数字化生活服务平台创造更多的就业增量，成为带动就业的新引擎。“数字经济领域已成为吸纳就业的重要渠道之一，同时数字化‘新基建’也成为促消费、强民生的新通路。”饿了么相关负责人说。

就业是民生之本。4月17日，中央政治局会议在宏观政策“六稳”的基础上首提“六保”目标，保居民就业居于“六保”首位，这也是六稳与六保的唯一交集，更加凸显了在疫情冲击下做好保就业工作的重要性。

“此次疫情凸显了互联网平台的作用，不但加速了中国服务业的全面数字化，也用新业态创造了大量的灵活就业岗位，成为中国稳就业、灵活就业的新引擎。”中国社会科学院社会学研究所研究员吕鹏说。

新机遇期待新作为

蓬勃发展的消费新业态、新模式，强烈地释放出了“必须加快构建数字经济新业态”的信号，催生了新型基础设施建设需求。

过去两个多月，网络会议平台卡顿、部分贫穷地区网络基础设施落后导致学生无法正常上网课、一些居民无法在线就医问诊等情况，对数字行业进行了一次前所未有的压力测试。着眼于当前疫情防控和经济社会发展形势的不确定性和复杂性，加快新基建发展越发重要紧迫。

新发展面临新挑战，新机遇期待新作为。

从中央到地方，频频出台支持举措打造数字经济新引擎，加快5G网络、数据中心等新型基础设施建设成为中国经济发展中的热词。

研究表明，数字化程度每提高10%，人均GDP增长0.5%至0.62%。作为新基建之首的5G网络建设，中国信息通讯研究院预测，预计到2025年我国5G网络建设投资累计将达到1.2万亿元。2020年至2025年，我国5G商用直接带动的经济总产出达10.6万亿元。

新基建与数字技术发展紧密相连，是发展信息化、智能化、数字化的基础设施。“新基建”的政策驱动将刺激数字经济规模的增长，而数字经济会进一步衍生新的市场需求。中国人民大学商学院副教授王强认为，5G网络、人工智能等新型基础设施，未来将成为经济动能转换的重要动力。

一端连着巨大的投资与需求，另一端连着不断升级的消费市场。从短期来看，数字技术在医疗服务、科研攻关、在线教育等领域发挥了积极作用，在这个过程中培养的消费习惯会延续下去，形成对新基建的强烈需求。从长远来看，新基建将驱动更多新需求、创造更多新业态，为经济发展注入“数字动力”，推动中国经济转型升级，助力经济高质量发展。（以上部分根据《数字经济将开启哪些“新赛道”？》一文整理，作者：李函林）

在社会转型、新业态频出的当下，有个专业词汇叫“范式转移”。要想理解技术对人类生产生活的影响，人的思维方式就必须改变。以前的中国人，特别善于在有答案的时候，依靠别人的答案实现飞速增长。现在，国人正逐渐改变固有思维定式，开始自觉进入“无人区”，正如以上案例所示，他们不是一个人在战斗，而是以己之力，引领着更多的人一起往前走，由此看，社会发展的巨大能量正在积蓄形成。

第三章 物权数字化第三方平台构想

未来已来，将至已至。

面对几十万亿业已存在的物权资产，如何开展无障碍的流动和交易，如何让资产变成财富，如何让人人都是受益者，要想做好这件事，其工程之庞杂可以想象。一方面很多中小微企业不了解“数字经济”，也不懂物权如何数字化，另一方面也没有专业人士和专业团队构建物权数字化，更不知道优质物权数字化的经济效益、发展价值、连锁效应和持久动力。因此我们认为，这些工作需要大量的专家、研究人员、一线实践者共同参与并做及时总结。

为了做好物权数字化的先导性工作，本书编写组邀请了中国证券业资深专家管金生、世界数字经济组织主席李晶等，在本书的适当章节或相关场合上，就物权数字化的相关话题，给我们提出指导性意见。此外，我们还拟邀经济学博士、剩余经济学创始人张晓斌，上海交通大学区块链博士生导师章卫、工业和信息化部专家郑占淮等参与本书相关章节的撰写。我们通过汇集大量专家学者的智慧，用概念、实证和实操的系统化论述，勾勒出物权数字化平台建设的基本轮廓。我们预计，随着物权数字化工作的全面展开，未来将出现更多的概念表述、更多的模型设计、更多的平台选择。不管怎样，我们认为所有的平台设计，都离不开最基本的指导思想，即先构建新的生产关系的顶层设计，再利用平台开展资源嫁接，最终的目的是实现价值的增长。

物权数字化（经纪）平台的定义

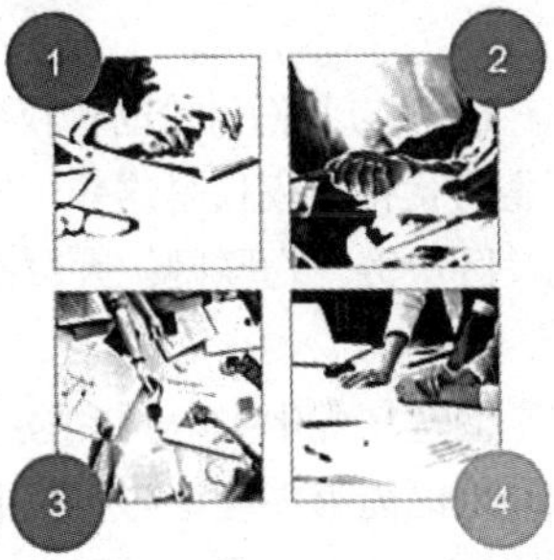

物权数字化（经纪）平台：

是由多家机构和专家学者联合设计，海南经济特区物权数字化网络科技有限公司倾力打造。

平台将“物权”进行“数字化”：

并以“数字经济”属性进行“物权”交易，系国内首创，以区块链底层技术为依托的“独角兽”平台。

平台的非金融属性：

突出的是中介经纪平台作用。将打破几千年来“整买整卖”和“整租整赁”的传统思维定式；将改变“生活、投资、交易”等传统格局和传统模式，跨越时空限制。

平台跨界组合：

将“物权、数字化、智能合约”进行了跨界组合。形成了新的“交易逻辑”和“交换方式”，“共有物权人” 进出有据、买卖便捷、价格自定、数量自主。

第一节 数字化顶层设计：引导构建新的生产关系

生产关系是人们在物质生产过程中形成的不以人的意志为转移的经济关系。

从农耕文明，到工业文明，再到如今的数字文明，生产力与生产关系不断地调整变化，生产力不断地发展，新生产力不断涌现，往往领先于生产关系，所以人类就不断地调整和优化生产关系，以适应生产力的发展。这是人类文明发展的哲学，也是马列主义生产力与生产关系理论的核心。

人类从工业文明向数字文明转变中，概莫能外，也在遵循这个理论。我们通过整理相关资料看出，第三次工业革命（信息化）之后，人类在生产、分配、交换和消费中的关系，已经或正在发生重大变化。

（1）资本家所有制逐步向社会化占有及员工持股转变；

（2）资本盘剥、行业垄断制度与行为日益遭到人们唾弃；

（3）以资源掠夺和破坏生态环境求发展的理念与行为日益遭到人们遗弃；

（4）各种形式的不公平分配日益被兼顾效率和效益的公平分配所取代；

（5）层级、职能式组织结构开始向扁平化组织结构转变；

（6）闭环式自我发展开始向平台化开放型发展转型；

（7）以产品为导向的商业模式开始向以价值为导向的商业模式转型；

（8）以企业为核心的运行体系开始向以顾客（客户）为中心的运行体系转型；

（9）以竞争求生存的逻辑开始向合作共进、资源共享、合作共赢的共生逻辑转变；

（10）以单一产品线发展生态开始向价值链、产业链、供应链协同发展生态转型；

（11）线上与线下相结合的产（商）品交换方式正在取代传统的产（商）品交换方式；

（12）顾客参与制造、生产商与客户建立联盟成为一种趋势；

（13）“共享”经济与“分享”经济发展势头上升；

（14）产（商）业及服务生态圈层出不穷。

以上罗列的变化中，第 9 ~ 14 项与我们讨论的物权数字化是密切相关的。

我们认为，生产关系的调整与优化不仅仅是这些，但是，如果没有这些变化，互联网、电子商务、移动互联网以及区块链、物联网、大数据、人工智能、云计算等先进生产力的迅速发展是不可能的。

数字化转型，归根结底就是调整和优化生产关系的过程。

在这个过程中，哪个国家和地区能够在理论与实践上领先，哪个国家就能够脱颖而出，哪个国家或地区固守落后的生产关系，哪个国家或地区就危机四伏。美国搞逆全球化思维，实行单边主义、贸易保护主义，搞自封闭的制造体系等，必将给本国经济带来灾难性后果，并使美国民众利益受到严重伤害。

数字化转型是针对传统产业和企业而言的。转型并不是从现在开始，对以往调整和优化的生产关系，要针对新情况新生态新趋势进行评估或审视，要因地制宜地传承或进一步调整与优化。现在有一种说法是“构建数字经济新型生产关系”，新生产力确实需要新型生产关系相匹配，新生产关系涉及政治经济体制变革，涉及意识形态，使我们研讨这些问题有局限性。

比较现实的是从全社会、全产业、全供应链的角度，创造匹配大数据、智能化、移动互联网、云计算、区块链等数字生产力的数字化生产关系。这仍是一个在探索中完善的过程，其中与我们关联度大的有如下几点：

一是信息公开透明问题。充分利用区块链技术信息分布存储、不可篡改等特性，通过设计相应的奖惩机制，保障产业生态中的信息公开透明，从而促进交易的公平性。

二是构建网络空间命运共同体。把网络空间建设成造福全人类的发展共同体、安全共同体、责任共同体、利益共同体，从产业和企业两个角度树立和构建人类命运共同体的理念和制度。

三是构建符合数字化转型所需的企业文化。包括对数字化的认知，对数字化转型的认可，对方向、目标和路径、方法的执行。包括、拥抱变化、开放合作、共生共享、共赢共进，以及诚信、透明、公开、互动、授权、协同等。

四是完善产业和企业数字化转型的创新机制。数字化转型的核心是以数字驱动企业业务增长，以数字驱动业务增长靠创新产生新动能，其前提是完善创新机制，包括创新业务生态（以客户需求特别是个性化需求切入），创新组织架构、企业文化和运营体系，建立符合数字化转型所需的技术基础，建设适应需要的技术团队，促进科技与产业全面融合，数字与文化的融合，数字与信息技术、运营技术、智能技术（运算智能、感知智能、认知智能）的融合，形成数字化新生态，实现高效、敏捷、快速的发展。

无论是信息透明还是机制创新，我们首先要做的就是顶层设计。顶层设计是企业发展不可或缺的标准动作，就像盖大楼之前必须有图纸和模型一样。

由此类推，企业优质物权数字化首先要做的也是“顶层设计”，没有顶层设计过的“数字物权”，市场不会认可，投资人不会买单。所以，物权数字化第三方平台最主要的工作之一就是，适应并引导新的生产关系，根据企业情况，因地制宜地进行顶层设计，推出契合市场的“数字物权”产品。

【顶层设计案例 · 巴马瑶族康养部落】

（一）蓝靛瑶部落

规划占地58亩。规划民宿40栋，其中5栋总统楼，每栋一层，每栋设计两套总统套房，总统套房建筑面积180平方米；5栋部长将军楼，每栋3层，一层5间、二层3间、三层2间，每间建筑面积60平方米；30栋孝道长寿楼，每栋2层，一层6间、二层4间，每间建筑面积50平方米。

部落绿化：以草坪和30厘米以下花草为主，便于安保。部落实行封闭式管理，每栋配备一名蓝靛瑶阿哥阿妹作为业主管家；配备独立中餐厅、西餐厅、休闲咖啡酒吧，配备欧式温泉区。

客户定位：达沃斯数字经济论坛及各行业分论坛期间，总统、部长、将军、专家学者、企业家住宿，高端康养人士及家庭人员康养住宿。

（二）茶山瑶部落

规划占地30亩。规划民宿：30栋首长总裁楼，每栋三层，一层5间民宿、二层3间民宿、三层2间民宿，每间建筑面积50平方米。

部落绿化：以日本樱花和巴马四季果树花草为主。部落实行封闭式管理，每栋配备一名茶山瑶阿哥阿妹作为业主管家；配备独立自助厨房3个、早餐餐厅一个、休闲茶吧一个，配备日式温泉区。

客户定位：国家各部委退休司局长、部队退役将军校官、企业界资深人士、专家学者等高端康养人群住宿。

（三）布努瑶部落

规划占地30亩。规划民宿30栋，分别以省市名称命名：黑龙江楼、哈尔滨楼、吉林楼、辽宁楼、沈阳楼、内蒙楼、北京楼、天津楼、河北楼、山东楼、青岛楼、河南楼、郑州楼、湖北楼、武汉楼、浙江楼、杭州楼、江苏楼、苏州楼、安徽楼、合肥楼、上海楼、江西楼、新疆楼、山西楼、太原楼、陕西楼、西安楼、青海楼、宁夏楼等。每栋三层，一层5间民宿、二层3间民宿、三层2间民宿，每间民宿建筑面积50平方米。

部落绿化：以热带四季果树、花草为主。部落实行封闭式管理，每栋配备一名布努瑶阿哥阿妹作为业主管家；配备独立自助厨房3个、早餐餐厅一个、休闲茶吧一个，配备中式温泉区。

客户定位：各省市离退休的不同级别的领导干部（市长、县长、局长、公检法退休公务员等）、省市企业界人士等中高端康养人群住宿。

（四）过山瑶和盘瑶部落

过山瑶和盘瑶部落规划各占地30亩。分别规划建设民宿30栋，每栋三层，一层5间民宿、二层3间民宿、三层2间民宿，每间民宿建筑面积38平方米。

部落绿化：以巴马本地树木花草为主。每栋配备一名过山瑶或盘瑶阿哥阿妹作为业主管家。

客户定位：高端旅游团、候鸟式中高端康养人群住宿。

我们对以上瑶族民宿的未来发展，按照数字化转型的要求，初步进行了顶层设计，在未来的实施过程中，我们还会进一步细化和完善，不管怎样，我们认为，数字化转型是这几个古老部落未来发展的必经之路。

已经转型的企业也仍然在探索和完善。传统企业不转不行，转慢了也不行，必须加快向数字化转型的步伐。实施数字化转型，不能全面开花，更不会一蹴而就。在认知、认可、认清的前提下，弄清原委，明确目标、方向、路径，调试好各主体间的生产关系，制定可行的实施方案。

第二节 数字化平台模型：为沉睡资源安装“呼叫器”

新冠肺炎疫情之下，一些企业运用大数据、云计算、人工智能、工业互联网等弥补经营损失、积极复工复产、缓解裁员压力、精准控制库存、保障生产生活，提升了管理效能、作业效率，降低了运营成本，实现了逆势发展。

一些传统企业因消费下滑、用工短缺、供应链中断、订单萎缩，复工复产了又面临堵点和断点，有的企业实际上是保本或亏损经营问题。一些中小微企业因缺资金、缺订单、缺技术、缺人才、缺机制而面临生死存亡的重大考验。

现实之中，广大企业和经营者、管理者都在努力了解和认识数字化转型和数字平台建设，多数企业和经营者、管理者都在探索和适应它，一部分企业已进入数字化转型实践，有“缴了学费”买回了经验教训的，有在实践中风生水起的，更多的人则是边学边闯边干，在实践中逐步深入、逐步提升。

企业能不能活，谁说了算？不是政府和上级说了算，也不是老板或股东说了算，而是市场说了算，是平台说了算，是客户说了算。

过去，人们往往认为，企业是做产品和服务的，数字化平台是互联网公司做的事。数字化转型的实践告诉我们：数字化平台建设就是把企业研发、设计、生产、加工、经营、管理、销售、服务等一系列业务，基于平台进行数据（物权）驱动，从而形成新的价值（发展）。

实践证明，数字化平台的运营，使许多企业激活了沉睡资源，具体表现在巩固了老客户，拓展了新客户。所以，数字化转型不是选择，是生存发展的必然，不仅需要理论概括，更需要平台支撑。

数字化平台的内涵

数字，是人类用来表示数的符号或文字。

数字化是将许多复杂多变的信息转变为可以度量的数字、数据，再以这些数字、数据建立数字化模型，把它们转变为一系列二进制代码，引入计算机内部，进行统一处理。

数字化平台，就是指使用 0 和 1 两位数字编码，来表达和传输一切信息的一种综合性技术，即将电话、电报、数据、图像等各种信息都变成数字信号，利用某种载体，在同一种综合业务中进行传输，再通过接收器使其复原，可以无限地复原，而质量不会受到任何损害。

数字化时代是继工业时代和信息时代之后的一个新时代，其时代文明主要体现为速度、兼容、价值、协同、共享、共生等基本特征。

1. 信息时代，信息能以光速传播；数字化时代，信息可以“即时”或“瞬间”到达地球的另一端。数字化概念的核心是速度和时间，不再是资源和能力。

2. 在数字化时代，数字化已经深深融入各行各业、各个领域，甚至在影响人类的思想和行为。没有置身事外，各行各业先进企业已率先其他企业迈入数字化进程，各行各业人才先于普通人对数字化进行认识和应用。

3. 在数字化时代，不确定性是突出问题，只有一个是确定的，那就是顾客，企业必须立足于为顾客创造价值，为人民创造幸福。数字时代，个人和企业自身价值是存在的，但跳不出自身和企业价值的人往往难以成功或并不能拥有幸福的人生。

4. 在数字化时代，数字化融入产业价值，数字化资源将通过各种形式源源不断地渗透进产业链的每一个环节，形成数字价值的新组合，它不同于工业时代的生产要素组合，新组合使产业空间变得更大了，产业成本变得更低了，产业链效率变得更高了，让整个产业价值升高了。

5. 在数字化时代，数字化对企业的要求不再是生产变革和消费变革，而是协同变革。当今有很多企业不再是一个封闭体，而是一个开放的发展平台。强势企业构建强强联盟的生态体系，获得连接能力和协同优势。如果没有更强的联合和广泛的合作，你可能在这个时代中被淘汰。

6. 在数字化时代，面对产业迭代、优化、升级的现实在内部情况的诸多不适应，当你为顾客创造价值的时候，必须要问自己能和谁在一起才能创造新的更大价值呢？显而易见，那就是客户和同行，与客户结盟已有广泛探索，关键是与同行联手，变竞争逻辑为共生逻辑，把对手关系转变为合作共生关系，这样你才会有新的发展空间。

7. 在数字化时代，外部环境是不确定的，最重要的是你自己要确定，比如要学习华为，心里具有长远战略布局，这样才能面对今天遇到的巨大挑战。只有立足于推动社会进步、增强人类福祉，你才能可持续发展。

依托数字化开发新的业务模式

世界上先有信息化概念，在推进信息化进程中发现，数字化是信息化的基础。

从宏观上看，信息化是利用信息技术，开发信息资源，促进信息交流和知识共享，提高经济增长质量，推动经济社会发展转型的历史进程。

从微观上看，信息化是把企业业务、流程、渠道等重要资源通过计算机技术、网络技术、软件技术、互联网技术、智能感知技术等进行整合、重组和优化，达到提高管理效率、降低管理成本、增强企业竞争力的过程。

人们在推进信息化的进程中发现，数字化是信息化的深化。人们开始把信息化企业改成数字化企业，把信息经济改成数字经济。

从微观上看，以往许多企业实施信息化，主要是通过实施 ERP 等管理系统，对生产、销售、财务、人力资源、客户关系等实施信息化管理，从管理的角度切入，旨在提升效率、效益和监管考核能力，多数企业并未收到预期效果，人们在创新管理模式和方法中开始变革工具和方法。比如客户购买产品和服务使用情况，市场变化情况，员工效率、员工对企业满意度，工厂流水线运行情况，供应链运转情况等。

所以，数字化不仅可以支持业务，其本身也可以是业务——数字化业务。在实施数字化后，用户可以通过数字化平台，挖掘数据的价值，发现运营中可以改善的地方，甚至开发新的业务模式。这些新的业务模式、新的业务流程又可以通过信息化的手段固化下来，形成一个自我学习、自我改进的组织。

中国数字经济蓬勃发展，推动传统产业改造提升，为经济发展增添新动能。

中国信息通信研究发布的相关数据显示，2018 年我国数字经济总量达到 31.3 万亿元，占 GDP 比重超过三分之一，达到 34.8%，占比同比上升 1.9%，数字经济发展对 GDP 增长的贡献率达到 67.9%，同比上升 12.9%，超越部分发达国家水平，成为带动我国国民经济发展的核心力量。

数字经济以数字化的知识和信息为关键生产要素，通过数字技术与实体经济深度融合，不断提高传统产业数字化、智能化水平。

随着数字经济发展的不断深入，数字化发展进入动能转化新阶段，数字经济的发展重心由消费互联网向产业互联网转移。传统产业借力 5G、云计算、 AI、大数据、物联网等新兴数字技术，推动企业主体利用数字技术提升效率和优化配置，将产业上下游的企业各个体和数据连接起来，提升内部效率和对外服务能力，实现跨越式发展。

在 5G、云计算、AI 的引领下，行业越来越丰富、数据量越来越大，这就需要多元新架构的支撑，5G、云计算、AI 的融合创新发展已成为必然。“5G+ 云 +AI”技术融合将成为数字经济的重要引擎。

根据中国信通院预测，2030 年，中国 5G 带动的直接产出和间接产出将分别达到 6.3 万亿和 10.6 万亿元。在直接产出方面，从 2020 年 5G 正式商用算起，预计当年将带动约 4840 亿元的直接产出，2025 年、2030 年将分别增加到 3.3 万亿元、6.3 万亿元，十年间的年均复合增长率为 29%。在间接产出方面，2020 年、2025 年、2030 年，5G 将分别带动 1.2 万亿元、6.3 万亿元和 10.6 万亿元，年均复合增长率为 24%。

“5G+ 云 +AI”正深入到各个行业的生产全流程，以数字化的方式解决发展中遇到的问题，帮助企业实现规划、研发、生产、制造、销售以及对客户服务的全面智能化升级。

数字化物权交易模型

我们正处在一个全新的时代，数据呈现爆炸式增长，人类对计算的需求大大增加，并且希望随时随地获取，这将直接推动云计算成为数字经济时代的新型信息基础设施，并作为公共服务支撑下一波数字经济的发展，推动人类走入数字化时代。具体到物权数字化，从以下几个方面进行交易模型的设计。

第一步：买方与卖方通过第三方智能合约平台签署《智能合约》；

第二步：买方将款项一次性转入银行第三方监管账号；

第三步：项目方与平台确认手续完善后，项目方更改后台，并出具电子证明，平台更改信息发布；

第四步：手续流程完成后，平台通知银行第三方监管账户向卖方支付。

共有物权业主交易代码申请流程

（一）“共有物权业主”出售“共有物权”注册流程：

第一步：“共有物权业主”在平台实名申请交易账号（类似股票开户）上传真实信息，绑定身份证、银行卡账号、手机号码等信息；

第二步：平台审核后发放给共有物权业主“终身专属交易代码”。资料上传至“平台”项目专属频道或窗口；“共有物权业主”售卖数量和价格自行界定；“共有物权业主”也可以凭借“专属终身交易代码”购买其他人“共有物权”或其他项目“共有物权”。

（二）自然人购买“共有物权业主”所持物权注册流程：

第一步：自然人向平台实名申请交易账号（类似股票开户）上传真实信息，绑定身份证、银行卡账号、手机号码等信息；

第二步：物权数字化平台审核后，发放给自然人“专属终身交易代码”。

共有物权项目注册流程

第一步：项目方与平台达成合作协议；由平台对项目进行物权数字化顶层设计；

第二步：平台协助项目方填写、开通专属频道，上传销售资料和销售份额、价格等；向第三方“智能合约”平台提供销售协议。

第三节 数字化资源嫁接：将陌生人融入同一生态圈

物权数字化，在某种意义上，就是共享经济的具体应用，它的神奇之处，不仅在于它重新建立了一种商业模式，而且它可以重塑人与人之间的关系。比如，有越来越多的资源，借助平台的有机嫁接，让不同的人融入同一生态圈。

【案例 · 共享发展平台】

（一）交通工具共享

嘀嗒拼车：是提供顺路拼车搭乘的平台，上班族的上下班出行必备神器。

嘀嗒拼车的共享机制：按照预设路线（家和公司），车主可以搭载一位与自己顺路的乘客，基于上下班顺路拼车概念，价格会比出租车低50%左右，可有效缓解交通压力，同时也符合环保理念。

（二）房屋共享

小猪短租：P2P短租房，中国的Airbnb。

共享机制：在线登记提交自己的闲置房（可以细化到沙发、公寓、单间、整间等）并设置价格。用户通过平台搜索到你的房子便可预定交易入住 。小猪目前是国内最大的民宿短租预定平台，目前有移动端APP，可直接在手机上看房订房。

（三）服饰共享

托特衣箱：少买衣服多租衣服。

共享机制：公司本身提供多种精选品牌和新潮的礼服，倡导租衣服并且只需一小部分的价格就能租到。他们重点控制的是选品和干洗环节以保证质量。

（四） 劳动力雇佣平台

全优云：共享经济众包服务电商平台。

共享机制：全优云为共享经济众包服务需求企业及具有服务提供能力的个人搭建一站式服务的桥梁。降低了供给和需求两方的时间成本和金钱成本，大大地提升了资源对接和配置的效率。

以上列举的案例只是生活中的一部分，相信随着数字化技术在生活中的广泛应用，将有更多的共享在平台中实现，这是符合人类的基本需求，也是技术发展的基本方向。

人类为了摆脱困境，自然而然地聚集在一起，在生产生活中守望相助、共克时艰，提升了生存发展的能力和质量。人类从单打独斗走向合作共生，这是文明与智慧的象征，恩格斯把它定义为“聚合”。

社会主义制度下合作经济和员工持股制度，传承了马列主义共生思想，员工既是劳动者又是所有者，实行“利益共享，风险共担”；践行了习近平总书记构建人类命运共同体思想。

在信息化、数字化、智能化新时代，先进的生产力要求生产关系与之相适应，企业发展生态的变革，使企业不再是一个封闭体了，没有坚不可摧的围墙了，企业与客户的关系与同行或社会组织的关系也都发生了重大变化。

强势企业在互助共生的环境中寻求自身发展往往从自身出发或以自己的业务为核心，寻找上下游产业链的相关企业一起合作，资源共享，优势互补，迅速扩充产品线，共同构建起一个生态联盟，来对抗其他大企业和商业联盟。

有的弱势企业为了自身发展主动参与到强势企业生态联盟中去，一个企业甚至从不同角度参与到不同的生态联盟中去。国内知名企业阿里巴巴、腾讯、小米、乐视、华为等优势企业全都在探索这种合作共生的发展模式。

对此，本书第一章提到的陈春花教授，在公开场合中就提出：企业成功应对变化的逻辑是，从竞争逻辑向共生逻辑转变，企业必须跟更多人合作共生。共生的本质是价值共生，共生的衍生价值就是共享。

生态系统定向嫁接经济资源

在信息化、数字化、智能化新时代，人类在生产、交换、分配和消费等经济活动所组成的生态体系已经发生了深刻变化，涌现了产业生态圈、商业生态圈、服务生态圈及互联网生态圈、创新生态圈等新生态系统。

（一）产业生态圈：是指某种（些）产业在某个（些）地域范围内业已形成（或按规划将要形成）的以某些主导产业为核心的具有较强市场竞争力和产业可持续发展特征的地域产业多维网络体系，是一种新的产业发展模式。

（二）商业生态圈：指商业活动的利益各方按一定规则共同建立的一个旨在提升客户价值的平台，它把上下游产业链连成一个体系，进入平台的每一个企业从各自角色关注价值平台的整体特性，并对自身进行精确定位，确立自己的商业模式和运营策略，大家分工协作，关注横向协同发展，企业之间互利共赢，共同发展，从中分享利益。商业生态圈的发展理念是：互爱、互助、互惠，共享、共生、共赢。商业生态圈以共创共享模式取代竞争模式，以持续发展模式取代成长衰落模式。

（三）互联网生态圈：是以互联网技术为核心，以用户价值为导向，通过跨界纵向产业链整合，横向用户关系圈扩展，打破工业化时代留下的产业边界，颠覆传统商业模式，实现链圈式价值重构的生态体系。互联网生态圈是用互联网来完善企业的生态。企业内所有跟互联网有关的元素都属于互联网生态圈。

可以说，各行各业及各种类型企业，都在从不同角度探索合作共生的生态系统，出现了不同形式不同效果的生态圈。

上文说过，共生的本质是合作，共生的核心是共享，共生的目标是共赢。

打造共生生态圈（平台）不是目的，发展才是目的。打造共生生态圈（平台）不是打造一个传统意义的“大锅饭”，而是打造利益共同体、责任共同体、命运共同体，实现资源的有机嫁接。

资源嫁接也是企业的标准动作，什么类型的企业嫁接什么样的类型资源，什么样的产品嫁接什么样的市场资源。依托“顶层设计”的思路和“价值塑造”的目标，我们应准确确定“数字物权”嫁接资源的方向。而物权数字化第三方平台就是这个工作的担当。假以时日，如果我们在300个地级城市建立了第三方平台，2000多个县（市）建立了第三方工作站，就可以全国性线下销售“数字物权”，也可以通过第三方APP等在线上进行全国销售，同时对接各价值型资源。

第四节 数字化价值塑造：让有价值的资源得以增值

远程办公、在线教育、无接触配送、共享员工……疫情期间，数字经济的新业态、新模式、新平台得到了快速发展。不久前，国家发展改革委等 13 部门联合印发了《关于支持新业态新模式健康发展 激活消费市场 带动扩大就业的意见》，提出了一系列政策措施，旨在发展新业态、新模式、新平台，充分释放经济活力。

新业态新模式快速涌现，在助力疫情防控、保障人民生活、对冲行业压力、带动经济复苏、支撑稳定就业等方面发挥了不可替代的作用。新业态新模式催生了大量“新职业”，快递小哥、网约车司机、代驾员、职业主播等已成为越来越普遍的就业选择。

培育共享新业态 创造供给新方式

在国内发展新旧动能转换大背景下，过去以规模增速为标准、以低成本要素投入为驱动、以贸易出口为导向的发展方式已难以适应和支撑产业发展，倒逼产业必须向质量效益求突破。

从驱动要素看，人类社会发展的主要驱动要素已从劳动力、土地、能源等传统生产要素向以数据、信息和知识为代表的新型生产要素形态演进。新型生产要素具有无限供给、迭代快速、复用价值高的特点，带来极高的边际价值，延展出新的生产组织方式和发展模式，成为推动产业价值链向高端跃升、行业和技术结构转型升级的新的驱动力量。

从发展方式看，近年来我国工业经济规模基本面临数据高速增长态势普遍弱化，通过提升产能拓展市场的发展模式已到天花板，企业自身加强精益生产、加强成本管控、提升产品服务质量的同时，发展共享经济打造共享生产新动力、探索生产资料共享新模式、拓展共享生活新空间就显得尤为重要。

平台建设的特殊优势

到目前为止，我国经济社会生活中，出现的一系列新业态新模式新平台，为数字经济的逆势发展，展现了中国经济的强大活力和韧性。因此，与数字经济发展相伴相生的数字平台，必将随着数字经济的发展，显示出得天独厚的特殊优势。

（一）超大规模市场优势。我国有 14 亿人口，区域、城乡之间发展不平衡，偏远落后地区、农村地区还有大量的需求未能满足。受疫情冲击，国内进出口贸易受阻，更应充分利用和发挥国内超大规模市场优势。

（二）网民优势。目前中国网民规模达 9.04 亿，互联网普及率为 64.5%。大规模的网民市场，积累了丰富海量的数据，为人工智能、大数据、云计算、区块链等数字经济创新提供了丰富的应用场景。

（三）后发优势。总体上看，我国工业化基础相对薄弱，转型升级压力持续加大，发展新业态、新模式的需求强烈，有利于加快培育经济增长点形成新动能。

（四）政策优势。过去几年来，我国政府对数字经济推行鼓励创新、包容审慎监管，为新业态新模式发展创造了良好的外部环境。

（五）技术优势：我国在 5G、人工智能、量子计算、物联网、区块链、大数据、虚拟现实 / 增强现实 / 混合现实、超高清等优势信息技术领域持续形成突破，并从单点创新向交叉创新转变，促进构造多技术群相互支撑、齐头并进的链式创新，为加快促进产业化应用提供了支撑。

综合以上独特的技术优势，具体到物权数字化的平台建设上，我们可以依托国家数据共享和开放平台体系，结合人口、交通、通信、卫生健康等公共数据资源的开放共享体系，推动平台数据的有序流通、高效利用。法国的依云矿泉水价格为什么是娃哈哈的 10 倍？ LV 的塑料包比牛皮包贵几十倍，为什么？因为价值塑造。

【红豆杉价值塑造 · 案例】

通过顶层设计后，实现了价值塑造。每棵树 10% 共有物权定价 2000 元，相当于 60 年中每年花费一盒中华烟的钱，换来的是一个家庭或一个家族 60 年预防肿瘤的回报。价值塑造后，卖的不是共有物权红豆杉，而是家庭健康。

A. 红豆杉中含有世界头号抗癌药物“紫杉醇”，它的功效就是控制癌细胞的生长和发展，从而增强人体的抗癌能力，同时还能提高人体的循环和代谢功能，使堆积在人体内的病毒通过利尿、排便，清除到体外，达到预防癌症的作用，对已得癌症的患者特别是手术后的患者，可减少放疗化疗的副作用，起到辅助治疗的作用。

B. 红豆杉中含有人体所需的 90 多种有效成分，能提高人体的免疫、抗病毒能力，它不但对高血糖者有降血糖的作用，对高血压、高血脂、血黏度高、肾病、肝病、痛经等效果也非常显著，特别是能减少尿蛋白的流失，使人体自然功能恢复，免疫力增强，将各种疾病都消灭在萌芽之中。

C. 红豆杉中含有大量的鞣质，该类物质具有抑菌、消炎作用，对肾炎、肝炎、胃炎、肠炎、咽喉炎、妇科炎症、前列腺炎、痔疮、类风湿等有非常显著的治疗作用。

红豆杉果实——红豆杉果康健作用解读：红豆杉果富含紫杉醇蛋白质和钙、磷、铁等多种矿物质及多种维生素物质，是迄今为止找到的最佳的具有抗天然抗氧化（抗衰老）物质的植物。如果想泡酒的话，就将红豆杉果浸在白酒中后再饮酒，这酒有极佳的保健作用。

红豆杉树叶——红豆杉茶叶康健作用解读：红豆杉的叶子可以提炼超高价值的紫杉醇，也能用来泡水，能为人体补充丰富的微量元素，也能利尿消肿，更能疏通经络。

红豆杉的叶子还可以像制茶那样，把它加工成红豆杉茶来泡水喝。

红豆杉树干系列制品康健作用解读：用其盛装开水或泡茶喝不仅能补充多种人体所需的微量元素，更重要的是直接抑制肿瘤生长，增强机体免疫力，同时对失眠、便秘、胃炎、高血压、高血脂、动脉硬化、消化系统及多种妇科病有明显防治功能，降血压、降血脂尤为突出。

价值塑造的过程也是企业提升的过程，是企业核心竞争力增强的过程，是企业发展过程中不可或缺的标准动作。“数字物权”通过价值塑造才会有市场，才会有投资买卖。这也是物权数字化第三方平台协助企业的重要工作之一。

第四章 古今中外话物权

古今星汉灿烂，物权时空绵延。

从中国最早的地契、房契，到《汉谟拉比法典》对财和物的界定；从《中华人民共和国物权法》的出台背景，到《中华人民共和国民法典》的编纂过程，物权贯穿了社会发展的整个历程。

本章通过对中外古今物权法律的形成和欧美大陆的物权法系进行梳理，让大家了解物权法律的古今中外、前世今生。

第一节 民法典物权编追溯

在我国1905年清末修律之前，诸法合体，虽然不存在形式意义上的物权法，但实质意义上的物权法却是大量存在的，并且建立了具有中华法系特色的物权体系。1905年的《大清民律草案》第三编对物权作了具体规定，虽未实施，但对北洋政府、国民党政府时期的物权立法产生了直接的影响。新中国成立后，废除了国民党的六法全书，民事立法经历了艰难曲折的历史过程，《物权法》的通过更是一波三折。

物权法的历史演变

我国物权法的产生过程，可以分为几个非常显著的时期。

第一个时期就是1993年之前。物权法的核心是所有权制度。新中国成立以后，实行高度的计划经济体制，排斥个人所有权，国家所有权和集体所有权受到重视，因此，在相当长的时间里，我国是排斥西方的物权法律制度的。在新物权法出台以前，我国的法律中甚至没有“物权”这样的词汇。在新中国成立以后起草的几部民法典草案中，有一些所有权的规定，但其重点均在国家所有权和集体所有权上。

物权法作为民法的重要组成部分，是发展市场经济不可或缺的法律制度。市场经济需要进行财产交易，而进行财产交易的前提是有财产所有权，财产所有权是物权法的核心。因此，随着我国改革开放的深入，1992年建立社会主义市场经济体制目标的提出，物权法律制度必须建立起来。在这种情况下，物权法的起草提到立法机关的议事日程上，也就是必然的。

第二个时期是1993年到1999年。1993年以后，学界开始对物权法律制度进行较系统的研究。但当时，由于我国正起草统一合同法，因此物权法尚未成为学界研究的重心，立法机关所做的准备工作也很有限。1998年，中国民法起草工作小组成立，开始起草中华人民共和国民法典，物权法便被纳入到民法典起草的工作中。1999年3月，统一合同法颁布，整个民法学界的重心便移到物权法的研究上。

第三个时期是1999年至2005年。1999年到2004年，学界共起草了4部物权法学者建议稿。2005年6月26日第十届全国人大常委会第十六次会议第三次审议了物权法草案。7月10日，三审后的《物权法（草案）》公布，开始面向全国广泛征求意见，收到上万条各方面的意见和建议。在三审和四审期间，因引发“违宪”之争，《物权法（草案）》的审议搁浅。

第四个时期是2006年到2007年。在“违宪”之争平息之后，全国人大常委会又对物权法草案进行了数次审议，认为其精神值得肯定。这样，经过全国人大常委会七次审议以后，2007年3月提交给第十届全国人大第五次会议，3月16日通过，10月1日实施。新物权法共5编19章，247条。（选自荆楚网；作者：陈小燕）

民法典出台沿革

党的十八大以来，以习近平同志为核心的党中央推动党和国家事业发生了历史性变革、取得了历史性成就，中国特色社会主义进入新时代。在这一背景下，党的十八届四中全会作出编纂民法典的重大决定。2015 年 3 月，民法典编纂正式启动，由全国人大常委会法工委牵头五家单位共同参与民法典编纂工作。

“经过多年努力，我国逐步形成了比较完整的民事法律规范体系，民事司法实践积累了丰富经验，民法理论研究也达到较高水平，为编纂民法典奠定了较好的制度基础、实践基础和理论基础。”全国人大常委会法工委有关同志表示，近年来，人民群众和社会各方面对编纂民法典的呼声比较高。党的十八届四中全会作出编纂民法典的重大决策正当其时，具有重大而深远的意义。

编纂民法典是坚持和完善中国特色社会主义制度的现实需要，是推进全面依法治国、推进国家治理体系和治理能力现代化的重大举措，是增进人民福祉、维护最广大人民根本利益的必然要求。通过编纂民法典，健全民事法律秩序，就是要加强对民事主体合法权益的保护，更好地维护人民群众的切身利益，同时也是要构建民事领域的治理规则，提高国家治理能力。中国人民大学常务副校长、中国法学会民法学研究会会长王利明认为，国家治理体系和治理能力现代化的主要特征是实现法治，即全面依法治国。现代法治的核心在于“规范公权力，保障私利”，保障私利的任务就是由民法典来完成。随着民法典作用的充分发挥，其将成为实现人民群众美好幸福生活，提升国家治理体系和治理能力现代化水平的重要制度基础。

民法典编纂“两步走”蹄疾步稳：编纂民法典是一项复杂的系统工程。根据党中央的决策部署，全国人大常委会明确了“两步走”的编纂工作计划：第一步出台民法总则；第二步编纂民法典各分编，并将修改完善的各分编草案同民法总则合并为完整的民法典草案，由全国人大常委会提请全国人民代表大会审议。

2016 年 6 月，民法总则草案首次提请全国人大常委会审议，标志着民法典编纂工作正式进入立法程序。2017 年 3 月，十二届全国人大五次会议通过了民法总则，于当年 10 月 1 号正式实施，民法典的编纂迈出关键的第一步。2018 年 8 月，十三届全国人大常委会第五次会议对民法典各分编草案进行了初次审议，民法典编纂迈出了第二步。此后，全国人大常委会对各分编草案进行了拆分审议，各分编草案均已完成两次审议，其中，人格权编、婚姻家庭编、侵权责任编三个分编草案完成三次审议。2019 年 12 月，“完整版”民法典草案全文公布，依次为总则编、物权编、合同编、人格权编、婚姻家庭编、继承编、侵权责任编 7 编以及附则，共 84 章，1260 个条文，总计 10 万余字。这也是自新中国成立以来条文字数最多的一部法律草案。

民法典的编纂始终坚持科学立法、民主立法、依法立法的立法精神。从2016年6月民法总则草案提请全国人大常委会审议，到2019年12月民法典草案首次合体亮相，民法典草案共10次提请全国人大常委会进行审议。每次审议修改都聚焦立法中的难点热点问题，广泛听取各方面意见建议，充分保障公民建言献策、表达主张的民主参与权利。据悉，全国人大常委会每次审议后均通过中国人大网公开征求社会公众意见，总共有425600余人参与，提出的意见总数达到102万条，公众关注热度空前。

“有些公众的意见，我们在草案中予以采纳吸收，比如小区的治理问题、高利放贷的禁止性问题、个人信息保护的问题等等。”据全国人大常委会法工委有关负责人介绍，在民法典草案的编纂过程中，立法工作机构通过召开部门、专家学者座谈会，赴地方开展立法调研深入基层一线，通过中国人大网全文公开草案征求社会公众意见，成立民法典编纂工作协调小组定期召开专门会议，以及委托国家统计局社情民意调查中心开展专项调查等方式，广泛深入调研，听取意见建议，积极回应社会热点诉求，不断对草案进行完善。

具有中国特色、体现时代精神、反映人民意愿。一路走来，民法典的编纂蹄疾步稳，已经进入提请全国人代会审议的最后阶段。如果表决通过，我国的民法制度将进入全新的“民法典时代”，将进一步推动民事权利的全方位保护，为实现“两个一百年”奋斗目标、实现中华民族伟大复兴的中国梦提供更加坚实的法治保障。（选自2020年5月22日《中国纪检监察报》；作者：段相宇）

第二节 古代物权——地契房契

从地方政府在土地流转中的作用视角，利用历史回顾法和比较分析法，考察我国土地契约发展的历史，以期为当前农地流转中地方政府的作用定位提供思路和建议。研究发现土地契约制度发展历程大致可分为萌芽、定型和成熟三个时期，其作用主要体现在土地权属的确定、交易程序的规范、契税制度和交易后权利保障等方面。土地契约制度的发展具有延续性，也是一个不断完善的过程，即使局限于当时土地制度的弊端，但对于当前土地交易尤其是农地流转的相关制度建设仍具有一定的启示和借鉴作用。研究结论认为当前地方政府应当从契约订立、中介组织建立和民间契约吸纳等方面加强农地流转管理。

中国古代自阶级社会形成以来，在很长的一段时间内，实行土地国有制，也叫王有制，这就是说，全国土地都归国王一人所有。《诗经》上说："普天之下，莫非王土。"全国土地只能由国王来分封、赏赐、授予或收回。当然，在这样的制度下，私人是没有土地的所有权的，更不能把土地当作商品来买卖。

《礼记·王制》所谓"田里不鬻"，就是这种古老的规定。查商代甲骨文中，绝无土地买卖的记载，那么到什么时候国家取消这种禁令而土地可以买卖了呢？这件事，有人认为发生在西周，有人说是在春秋，有人提出在战国，还有人说是在秦代。

主张西周中叶已经出现土地买卖的学者，主要根据是1957年在陕西岐山县出土的一批西周铜器的铭文。其中《卫盨》的铭文说：（周懿王）三年三月，矩伯向裘卫取了价值贝80朋的瑾璋，答应给裘卫土地10田；矩伯后又取了赤琥两件以及其他物品，共计价贝20朋，于是矩伯答应再给裘卫土地3田。裘卫把这事报告给几个执政大臣，这些大臣就命令主管官把矩伯的田授给裘卫。《五年卫鼎》记述了周懿王五年，裘卫和邦君厉交易土地的事；《九年卫鼎》载周懿王九年，裘卫又以车马用器和矩伯的一块林地相交易。此外，西周恭王时的铜器《格伯簋》，也记格伯以良马四匹，换取了倗生的土地30田。这里的关键是，上列铜器铭文中的"贮"字的意义。主张西周已有土地买卖的学者认为，这个"贮"当读作"贾"，引申为买卖、价钱。这样，《五年卫鼎》中的"汝贮田不？""贮田五田"，《格伯簋》中的"贮三十田"，自然都是买卖田地了。但不少学者不同意这种解法，他们有的认为应读作"予"，意即给予；有的认为应读作"偿"，意即偿还，有的认为应读作"租"，意即租借。这样，上列铜器铭文所记的事，都成了土地与物品的互相兑换。

而且，在互相交换时，必须经过执政大臣的批准，主管部门的监督执行，这当然不能说是买卖行为。

到了春秋时期，有没有土地买卖的迹象呢？晋国的魏绛曾经向晋悼公建议：边疆的戎狄少数民族"贵货易土"，即重视财货，轻视土地，因而"土可贾焉"（《左传·襄公四年》)。朱绍侯主编的《中国古代史》据此认为，这“一语已露出了土地买卖的端倪，西周以来，‘田里不鬻’的格局被冲破了决口”。但不少学者仍然认为，这是中原国家用财货去向边疆戎狄部落换取土地，并非民间的土地买卖。直到战国初年，晋国的赵襄子在中牟县选拔了两个平民出任中大夫之官，于是当地农民都想攀登仕途，纷纷“弃其田耘，卖宅圃”(《韩非子·外储说左上》)。由此可知，当时的住宅及周围的菜圃可“卖”，但耕种的大田还只能“弃”而不能卖的。

长期以来许多学者认为，战国中期秦国的商鞅变法，从政策法令上规定了民间土地可以买卖。郭沫若主编的《中国史稿》、尚钺主编的《中国历史纲要》、王玉哲编著的《中国上古史纲》都持此说。他们的主要论据，就是汉代董仲舒说的“商鞅之法，……除井田，民得卖买”(见《汉书·食货志》)。但是近来又有一些学者提出，董仲舒的这个说法和《战国策》《史记》中论述的商鞅“劝民耕农”的改革措施不合，它与商鞅抑制商业的主张是相矛盾的。1975 年底在湖北云梦出土的《睡虎地秦墓竹简》，大部分是战国晚年秦国的法律文书，而且数量相当多。如果商鞅有允许土地买卖的法令，这批秦简中一定会有所反映，但现在却根本找不到这一方面的规定或事例。再则，从现存的战国后期的历史资料来看，土地买卖的现象仍然是凤毛麟角，十分罕见。战国晚年的荀卿在论述当时农田情况时还指出“百亩一守，事业穷，无所移之也”(《荀子·王霸篇》)。由此推定，商鞅“除井田、民得买卖”的说法，乃是一种误传。有的学者提出，真正允许土地在民间买卖，应该是在秦始皇时期。秦始皇三十一年(公元前 216 年)，下令“使黔首自实田”(《史记·秦始皇本纪·集解》引徐广语)。“黔首”是秦代对广大人民的称呼。所谓“自实田”，即废除历来由国家给人民“授田”的制度。秦始皇又表彰乌氏倮、寡妇清等大财主，汉代崔实作《政论》，并说他“尊奖并兼之人”(《通典·食货典》引)。这样，土地的买卖兼并自然就盛行起来。据说战国晚期，赵国的赵括曾用赵王所赐的金帛，“日视便利田宅可买者买之”(《史记·廉颇蔺相如列传》)。这是赵国贵族买进土地的个别情况。到秦始皇下令“使黔首自实田”，人民便可以自由买卖土地了。(选自《西北农林科技大学学报》；作者：邹伟　马威　孙洁)

第三节 中国近代物权法

这里的中国近代物权法，是指从1905年清末修律始至1949年中华人民共和国成立之前的物权立法，大致包括三次大规模的立法过程。

1905年清末开始大规模的修律活动，1911年颁布《大清民律草案》。该草案以《德国民法典》和《日本民法典》为蓝本，设五编体例，其中第三编为“物权”，共七章，物权体系由所有权、他物权、占有三部分构成。其中，他物权分为用益物权（包括地上权、永佃权、地役权）和担保物权（包括抵押权、土地债务、不动产质权及动产质权），占有作为事实法律关系被置于编末。《大清民律草案》虽然因为辛亥革命的爆发而未来得及实施，但它开创了中国法制史上近代物权立法的先河，对北洋政府和国民党政府的物权立法有着直接的影响。另外，这一时期编纂的《破产法》等草案中也有许多关于物权的规定。

1921年，北洋政府在《大清民律草案》的基础上进行民法典编纂活动。鉴于《大清民律草案》是仿德国、日本物权法例，对本国固有法源未作研究，而且偏重个人利益，随着社会情势的变迁，北洋政府在检讨清末民律修订得失的基础上又起草了第二次民律草案，并于1925年完成。该草案的物权编共九章，310条。物权体系仍由所有权、他物权和占有三部分构成，与《大清民律草案》相比较变化不大。但与该草案有所不同的是：一是未设“担保物权”的章名，而是将抵押权、质权各列为独立的一章；二是删去了用益物权中的“土地债务”，因为这是德国特有土地制度在物权法中的反映，不符合中国的实际，无采用的必要；三是考虑到中国的传统习惯，增加了“典权”制度。这次立法直接影响到国民党政府的物权立法。当然，这次民律草案仍然没能够颁布施行，仅于1926年通令暂行参酌采用总则编及债编，物权编仍然不在其内，只是各级法院将该草案作为法理参考引用。

1929年，中华民国政府又开始编纂“民法典”，于1930年陆续生效。该“民法典”仍以《德国民法典》和《日本民法典》为蓝本并参考了《瑞士民法典》的一些做法，同时考虑到了中国的传统习惯。该“法典”在第三编规定了物权法，共10章，210条，规定了比较完整的物权体系，其内容包括所有权、地上权、永佃权、地役权、抵押权、质权、典权、留置权及占有。与前两次民律草案相比，这一次物权立法的特色主要在于:

其一，本次立法遵循了物权与债权严格区分的法理。

其二，对于质权，本次立法只承认动产质权和权利质权，不认可不动产质权。

其三，本次立法规定的物权类型不仅包括传统民法上的一些共同类型，也包括当时特有的物权类型，如将典权作为担保物权加以规定。

其四，本次立法承认留置权具有物权效力。该“民法典”随着新中国的成立而不在内地施行，但在我国台湾地区一直施行。这一时期，除了“民法典”的物权编外，当时的一些民事特别法和一些行政法规中也规定了大量的物权法规范。比如 1931 年施行的《海商法》中规定了船舶所有权、优先权和抵押权，《土地法》以及《土地登记法》中规定了关于土地物权的一些内容。

1988 年，台湾地区“立法局”组成“民法研究修正委员会物权编研究修正小组”，对该编进行了大幅修订，于 1998 年完成了“民法物权编部分条文修正草案暨民法物权编施行法修正草案”。

第四节 美国"物权法定"的时代意义

从美国司法实践中的一系列案例看，美国法是奉行"物权法定"的，一般不允许当事人创设新的财产权种类。也有学者对美国法中实行物权法定原则的合理性给予了种种解释，但都难以自圆其说。美国法中之所以存在"物权法定"原则，更多的是由于美国财产法中众多的财产权种类，以及特殊的财产权结构而造成的。

物权法定原则 (Numems Clausus)，指物权的种类及其内容必须由制定法予以创设、修改，或废除，禁止当事人或法院随意设立与制定法不同的物权种类。该原则被奉为大陆法系物权法的必然原则，为各国立法所公认。

然而，属于普通法系的美国财产法中是否也存在物权法定原则呢？对于此问题，学者多持回避态度，不置可否。但亦有一些美国学者明确提出，英美法虽然未在法律规则或法学理论上明确提出物权法定原则，但在财产法的实际运作中，物权法定原则是英美财产法中暗含的一个基础规则，人们总是默默地遵守那些既有的财产权种类，而不寻求突破。实践中，在英美财产法教科书中，在讲到"地产权的种类"或"所有权 (ownership) 的类型"时，在"可受法律保护的土地权益"的标题下总是写道，"我们将讨论那些为法院和立法机关所承认的各种土地权益中所蕴含的基本规则"。有的英美法财产法教科书中更直接写道，"普通法所承认的地产权的种类是有限的"，或"地 产权的种类是被固定化的"，或"地产权种类的固定化原则"。这些都暗示着，在美国法中，土地权 益的种类是固定的，不容许随意创设或修改。而且，物权法定原则不仅仅适用于地产权，还适用于其他财产权领域，如未来利益、租赁关系、地役权、收益权，甚至知识产权。在现代美国社会，一般有关财产权的变化都源于国会的制定法，美国法院一般均不承认当事人自行创设的新型财产权。

由于英国法和美国法的密切关系，在论述时，许多问题需引用英国法的相关规定。在现有的几部有关英美财产法的中文著作中，对此问题均无涉及。

鉴于物权法定原则在我国目前物权法起草过程中的重要地位，本文将介绍英美法中有关此原则的表现、理由、争论，并加以评述。囿于资料以及水平的限制，对此问题的看法恐还十分粗浅。然而本着提出问题，抛砖引玉的态度，特撰写此文，以期能引起法学同人对此问题的重视，深化我国物权法定问题的研究。

【典型案例介绍】

英美法中贯彻物权法定原则最具代表意义的典型案例是英国的 KeppeU v. Bailey (1834) 案。本案中，当事人之间约定，一方可以从对方的采石场中获得某种矿石，并经过某条特定的铁路运送到己方，并约定这一协议对当事人的继承人以及受让人均有效。

大法官法院 (Court of Chancery) 认为，这种约定虽对于合同双方当事人是有效的，但其与那些既存的可以对抗继受者的地役权内容不符，所以不能承认其具有财产权的法律效力。

主审法官Brougham大法官认为：“在双方当事人之间，就不动产或动产为任何约定都是可以的，不会有任何不良后果。但如果允许人们随意在不动产或租赁上创设新的权利类型，并且对继任者亦有效，这将是十分有害的，并将引起混乱。任何一块土地、建筑将会出现各种各样的利用方式，这将使认识这块不动产上的权利内容以及负担成为不可能的事情。我们不能允许凭所有人一时的爱好与奇想而设计财产权的内容。”

还有一个经常讨论的典型例子是，如果当事人约定“在战争期间有效的租赁”，这是否有效呢？美国法中的租赁只有四种：1. 定期租赁；2. 不定期租赁；3. 任意租赁；4. 逾期租赁。

由于“定期租赁”需要有明确的结束时间，而战争是不确定的，所以，法院一般会在“不定期租赁”(如果双方约定了定期支付租金)或“任意租赁”之间选择一种来代替当事人之间的约定，而不会承认“在战争期间有效的租赁”的法律效力。显然，这两种租赁的内涵与当事人所期望的那种“与战争期间共始终”的租赁都还是有相当区别的。

另一个经常讨论的典型例子是，一个丈未立遗嘱规定，将遗产授予妻子，如果其妻子死亡时未立有遗嘱，则按终生所有权办理，由丈夫的继承人继承；如果妻子希望生前或死后处分此财产，则将该财产作为完全所有权，由妻子自由处分。如此，丈夫在财产上创设了一种既非终生所有权，亦非完全所有权的新型的财产权。法院会承认它的效力吗？ 一般而言，法院不会对这种财产加以判断。

这里需要说明的是，学者虽认为英美法中存在物权法定原则，但他们承认的物权种类的来源与大陆法有所不同。大陆法中的物权法定原则共求所有的物权种类(来源于制定法的明文规定，当事人以及法院在此以外不得创设。但英美法中不存在一个统一的民法典或物权法，其所现存的各种财产权是在漫长的普通法进化过程中逐渐演化而成的。但时至今日，这些财产权类型以及内容相对稳定，鲜有变化。所以，英美法中，物权法定原则实质是指对于那些既存的 (status quo) 财产权种类，当事人以及法院必须严格遵守，只有制定法才能对其予以修改、废止或创新。至于这些既存的财产权是如何形成的，作为一个既成的事实，就不再深入研究了。

也有少数判例将其解释为定期租赁。 但这些案例是将定期租赁解释为：租赁一定要结束，但并非一定要明确结束的确切日期。如此，一个一直持续到现在这场战争结束时的租赁亦是定期租赁。虽然这种解释能够较好地符合当事人的意愿，但我们可以看出，法院还是贯彻了物权法定原则。此权予以承认。法院或者认为解释为终生所有权更符合当事人意愿，故认定为终生所有权；或者从“模糊不清时，应以完全所有权论”的规则出发，认定为完全所有权。但不管怎样，法院都是将这种财产权变更为一种既存的财产权类型，而不会承认当事人创设的效力。

还有一个著名的案例是 Johnson v. Whitcm 案。Royal Whiton 立下遗嘱规定，授予一块土地给她的孙女，但在 Sarah 死后，这块土地只能由 Sarah 父亲一系的继承人予以继承。这一遗嘱的内容与马萨诸塞州有关"无遗嘱继承"的规定相违背，该州规定，来自家庭一方的遗产应当可以由另一方予以继承。Royal Whiton 为 Sarah 所创设的财产权既不同于完全自由的完全所有权，也不同于限定直系继承人继承的"限制继承所有权"，被法院认定为是一种新的地产权利，故不被承认。最终，法院让 Sarah 获得了不受限制的完全所有权，Royal Whiton 的意愿被否决了。

另一个经常讨论的例子是，当事人可否约定"终生有效的租赁"(lease for life)。在美国法中，存在终生所有权，亦存在租赁权，但租赁只能是"不定期租赁""任意租赁""定期租赁""逾期租赁"四种情况，然而以上各种财产权没有一种是以当事人获得终生租赁权为内容的。所以，一般而言，法院不会承认这种约定的效力，而是将其变更为终生所有权，或者变更为任意租赁。在最近纽约发生的一个案例 (Gamer，473N.E. 2d223) 中，虽然法官对于固守物权法定原则大加批判，认为将来应当顺从当事人的意愿，承认这种新型的租赁关系，但最终还是将当事人的约定，变更为一种终生所有权，而没有直接承认其效力。

"物权法定"合理性的假说

关于美国法中为什么要贯彻物权法定原则，主要有两种观点：一为防止财产的"细化"(an- tiftagmentation) 或"泛化"(anticommons) 理论；二为审查费用 (measurement cost) 理论。但这两种理论的解释均存在一定的缺陷，我们分别评介如下:

防止财产权的"细化"或"泛化"理论的主要观点认为，财产的可流转性是财产的最重要的特征，是财产权的核心。因为，如果存在着财产流转方面的限制，则社会资源将会因为无法商业性流转而被浪费，其价值不能被充分发挥，财产权人也将失去创新的动力。所以，财产法的一个功效就在于杜绝阻碍财产流转情况的发生。而若财产上存在多个权利人的权益，则对财产进行有效利用或流转时，必然牵扯到许多当事人的利益，由于交易成本、策略行为，以及当事人认识上的偏见，要想获得所有权益人的一致同意是很困难的，如此，结果必然危害财产的利用和流转。所以，必须控制财产权的种类，不能允许在财产之上随意创设各种新型的财产权类型，以保证财产的有效利用和流转。

第一，物权法定原则实质上并不能减少财产上所存在的利益关系人的数目。在美国法中，和大陆法一样，允许财产的共有，一个地产权或租赁权可以由若干权利人享有。而且，美国法中，租赁可以无限制地转租。这些制度的存在，使财产上的权利人的数量可以大量存在，但美国法对此却未加以干涉。此外，我们上面所观察到各有关物权法定的典型案例中，法院均没有否决各当事人对财产的利用，只是将财产权的性质予以了变更，实际上，财产上的利害关系人的数量并不会因此减少。换言之，物权法定的功效只是限制财产权的种类，并不能限制财产权人的数量。所以说，限制财产权的种类，并进而减少财产上的利害关系人的数量以保证财产的自由流转性，并不能圆满解释物权法定的原因。

所以，防止财产的"细化"或"泛化"，在理论上虽有一定道理，但存在着一系列难以自圆其说的地方。

第二，当事人若是自愿地在财产上设置多种利用方式，一般情况下，法律是不宜干涉的。财产上设置过多的财产利用方式必然会影响到财产的利用和流转，并最终影响财产的价值，但如果这是出于当事人自愿，实际上，其在设立时必然会考虑到所可能引起的价值损失，并通过设定时的价格予以补偿。即如，甲在其财产上设定一个财产权给乙，可能给自身财产以后的利用或流转带来的损失是 10 元，则其一定会是在乙给付 10 元或以上代价时才会为乙设定此项财产权。如此，在财产上设定这一新的财产权对甲又有什么害处呢？即便说，财产权人在自己财产上设置过多的财产利用方式，因为预见性的不足，作茧自缚，以致后来在财产的利用和流转过程中因为既存的财产权形式的阻碍而不能实现更多财产应有的利用价值。但这也只是对自身财产的不合理使用，当事人不经济地使用自己的财产并不能构成法律干涉的正当理由。更何况，我们的法律，我们的立法者能够比当事人更好地预期财产的利用价值，并为他们作出抉择吗？

审查费用理论认为，物权法定并非为了防止财产上出现过多的财产利用方式，以致损害财产权人的财产利用，而是为了防止设立新型的财产利用方式而给其他社会主体造成市场交易时审查费用的增加。比如 100 个人每人均有一块手表，现在 A 授予 B 对其手表每周一的使用权（这是一种新的，与既有财产权不相同的财产利用方式）。以后，A 出卖此手表时，虽然价格肯定要受损，但其可以从 B 那里得到事先的补偿。然而，由于 A 创设了这种新的财产利用方式，导致其他人在与其余的 99 人交易时必须增加对手表性质的审查，以确定所购买的手表不存在周一使用权。假如 A 授予 B 此项财产权的收益是 10 元，而审查手表是否存在周一使用权的费用是 1 元 / 次，100 人次即 100 元。则 A 的净收益是 9 元，而社会总收益是负 90 元。除此之外，负有不得侵犯他人手表财产权义务的当事人亦因此要多支出审查费用。这样看来，创设新型财产权，对于其他市场参与人，以及整个社会交易成本都是不合理的。相反，如果不存在当事人凭自己一时意愿而设置的这一"手表周一使用权"，则当事人也就无须花费审查费用考察手表的权利内容以及负担，社会成本亦因此可以节约。基于以上理由，物权法定的价值由此而生。

该理论虽有一定的道理，但实际上，由于物权法中公示公信原则的贯彻，当事人创设新型财产利用关系并不会增加其他社会主体的社会审查费用。

当然，如果一味强调减少社会主体市场交易时的审查成本，最好的办法就是只允许一种财产权形式，即绝对所有权存在。但是，否定了物之利用的多种样，也必将损害财产权人对财产利用价值的实现。所以，该理论认为，物权法定所承认的物权种类应当是社会审查成本与当事人对财产利用价值实现上的平衡。在价值平衡点上，对物权种类予以固定，此后，不应再允许当事人或法院的随意创设。若再创设新的财产权类型，则可能引起社会审查成本的增加，以致大于随财产利用方式增多而增加的社会财富，造成社会整体效益的不经济。

实际上并不会因为财产上存在多种财产利用方式，或者说新型的财产利用方式，而增加审查费用。

在动产交易中，美国法与大陆法一样贯彻了动产占有的公示公信原则，以当事人占有动产的权利表现推定占有人的权利。“我们不仅将事实上的占有人视为法律上的占有人，还将其视为所有人，其占有可以对抗任何不享有优先于其占有权益的人”。

公示必有公信。社会成员只要依据其所交易的动产的外部公示形式来进行交易，交易结果就受到法律保护。上例中，不管当事人所交易的手表是否存在租赁权或周一使用权，只要出卖人是以所有人方式占有的，买受人即可因此获得所有权。在这一过程中，买受人当然需要进行一番审查，但这种审查只是确定对方当事人在以何种方式占有该动产，至于可能有多少种利用该动产的财产权形式，对审查的繁简并不构成影响，亦不影响审查成本。所以，在动产交易中，由于贯彻占有公示公信，社会成员的审查成本是固定的，并不因新型财产权的出现而增加。在不动产交易中，结果是一样的。由于美国法贯彻了不动产登记公示公信原则，社会成员在进行交易时实际上只需审查不动产登记簿中所登记的权利类型是什么，依此进行交易，即具有公信力，可获得相应的权利。如此，其交易时的审查费用相对亦是固定的，即审查不动产登记簿所需的费用。至于社会上是否存在新型的财产权类型，对其交易时的审查成本并无影响。所以，有学者认为，根本不用限制物权的种类，因为公示可以解决一切问题。登记可以为将来的购买人提供足够的信息。土地是永续的，且不可移动，记载不仅可以公示土地的实物信息，而且可以公示其他法律负担，如地役权、未来利益等。而且，在普通法中，记载的信息是有公信力的。购买人只要查阅登记簿即可了解权利的全貌。所以，法院应当同对合同一样尊重当事人的意愿，而不能随意否定当事人创设新型财产权的意愿。

以上对动产以及不动产交易的实际过程进行的分析可以证明，以其他市场交易主体的审查费用理论解释物权法定的合理性实难成立。

制定法对财产权种类变更的影响

按照物权法定原则，不仅当事人不得随意创设或变更财产权，而且法院亦不能创设、变更或废止财产权。相应地，只有制定法可以完成这一工作。考察美国近代以来主要的财产权变化情况，可以发现，美国近代以来主要的财产权类型的创设或变更亦均是由制定法完成的。比如说，亡妻遗产权、亡夫遗产权，以及夫妻财产共有的废止，均是由制定法完成的。

合伙租赁权 (tenancy in partnership) 作为一种共有形态亦是被法律所取消的。建筑物区分所有权 (condominiums) 作为一种新型的房屋所有形式亦是由于 1961 年《国家住房条例》的颁布而产生的。而相应地，美国近代财产法中，很少出现由法院所创设的新的财产权种类，或者说由法院宣告废止某种财产权类型。

上述现象若出现在大陆法系，则不足为奇。因为在大陆法系中，立法权只能由立法机关享有，法院是没有立法权的，所以，剥夺其创设或废止财产权的资格亦不足为怪。

美国有 11 个州实行托伦斯登记法，以登记作为不动产权利移转的前提。其他的州虽不以登记作为不动产交易的成立要件，但是，这些州均规定，不登记的不动产交易是不能对抗其后的不动产登记的。所以，一般而言，这些州的当事人亦都自觉自愿地去登记。

但是，在英美法系中，法院的判例是被当作一种法律渊源存在的，具有与制定法相同的地位，甚至更高的地位。实际上，学者们认为，也正是囿于英美法传统中强调法院作为立法权主体的存在，所以，英美法中无法公开赞同物权法定原则，从而否定法院创设、变更、废止财产权的权力。那么，美国法近代以来又因何舍弃判例法而总是通过制定法来完成财产权的废止、创设呢？学者们认为，主要因为制定法比判例法存在以下诸多优势：

第一，制定法比判例法更容易为人们所理解。制定法由一部法律文件规定所有的问题，结构清晰、条理分明。而判例法是对个案作出的判决，法律的精神混杂于案件的事实之中，不用说一般的百姓，就是专业人士理解其内容亦有很大难度。

第二，制定法的适用范围较判例法更广泛。国会通过的法律，全国有效，州通过的法律，本州有效。而各法院所通过的判例只在本法院辖区内有效，并且判例是就个案作出的判决，适用对象亦受限制。

第三，制定法所包括的内容比判例法更加全面。一种财产权的创设、修改或废止必然牵涉到诸多问题，制定法可以针对这些问题在一部法律文件中予以全面的规定。而判例法是针对个案所作出的，对于诉讼请求所不涉及的内容，法院判决亦不会涉及。所以，指望判例法能够对一个法律问题予以全面的规定需要数年乃至于数十年的时间。

第四，制定法比判例法更具有稳定性、可预见性。制定法是由立法机关通过一系列程序所制定出来的，是慎重的，一般不会轻易改变。而判例法是由法官就个案所作出的判决，不同法官可能有不同的理解，相应地，亦有不同的判例。这种不稳定性、不可预见性，对当事人显然是不利的。

第五，制定法一般没有溯及力，而判例法一般要对案件当事人即时发生效力。制定法一般没 有溯及力，维护了法律的安定性。而判例法是对在审案件作出的判决，对案件当事人即刻发生法律效力，在某种程度上具有溯及力，破坏了法律的安定性。

第六，制定法在变更财产权人利益时可以同时规定补偿问题，而判例法则无此功效。在涉及财产利益的重新分配时，必须对受损人予以补偿，这是美国宪法上保障公民财产权的要求。制定法变更财产权种类时，可以在制定法中一并规定补偿问题，但判例法则无此功效。典型的例子是，亡夫遗产权以及亡妻遗产权被制定法废止时，该法同时规定了夫妻强制继承份额(forced spousal share statute)，它使生存的一方在对方去世以后，有权获得一定份额财产的完全所有权。这种做法实际上比以前的亡夫遗产权、亡妻遗产权对生存的一方更为有利。

“物权法定”的制度根源

美国法在遵守物权法定原则，禁止当事人以及法院创设新型财产权的同时，也可以发现一些个别的案例，法院承认了当事人的权利要求，创设了一些新的财产权种类。

如禁止盗用他人新闻权(doctrine of misappropriation)的出现，即是判案的结果。联邦最高法院认为，虽然新闻没有版权，亦不是商业秘密，而只是对消息的整理，但是，权利人有权禁止他人随意使用。虽然法院作出判决时认为，这并非创设了一种新的知识产权类型，而只是禁止他人的不正当使用行为。

但是，事实上，它已经突破了知识产权领域的物权法定原则——即只有国会立法才能规定知识产权的种类。时至今日，禁止盗用他人新闻权已经作为一种独立的知识产权种类在普通法中被普遍承认了。

再如形象权(right of publicity)，这种新型的权利在美国至少有17个州最初是通过法院判例予以承认的，其中有12个州直到现在仍是通过判例法来保护当事人的形象权。

突破物权法定原则最典型的例子是衡平法上地役权的创设。当然，衡平法上地役权的创设最初是由英国法院完成的，但美国普通法完全沿袭了此制度。在英国法上，传统的普通法上的消极地役权被严格限定在通风、采光等有限的几种类型，不得突破。但随着城市化的发展，为了满足居民区规划管理的需要，必须在土地上设置一些新型的限制，禁止土地权人的一些行为。这种需要显然不能为传统的普通法上的消极地役权所包括，所以，英国大法官法院于1848年在Tulk V. Moxhay一案中创设了一种新型的在他人土地上的权利——衡平法上的地役权。值得注意的是，还是大法官法院，在此以前的1834年，在KeppeU v. Bailey一案中坚决否决了一种与既有的普通法上地役权内容不相符的地役权种类，并强调了财产权类型不得随意创设。

我们介绍了若干所谓美国法中贯彻物权法定原则的案例，以及学者们证明物权法定正当性的理由，我们也分析了支持物权法定原则理由的种种缺陷。同时，我们也看到一些财产法中突破物权法定原则的事例。那么，物权法定原则在美国法中究竟是怎样的一个地位呢？其对财产权的种类、内容究竟起一种怎样的作用呢？

笔者认为，美国法虽然将财产权种类固定在既存的几种财产权类型之中，除制定法创设以外，新的财产权种类很少出现，其实际结果类似物权法定原则，但其有特定的法律制度背景。

美国法中存在着各式各样的财产权类型，基本上可以满足财产权人的各式各样的财产利用的需要，实践中，财产权人一般无须创造新的财产利用方式。有专家在介绍美国法中的财产权种类时说，其存在各种即时利益、未来利益，财产在时间上、空间上、主体上可以做各种分割，种类繁多、层出不穷，是大陆法系中财产权种类所望尘莫及的。

许多财产利用方式在大陆法系只能由当事人之间的合同保护，在美国法中，却都是一种独立的财产权种类。如英国学者所说："至少在这一方面，我们的财产法比其他任何国家的同类制度都更丰富、更实际，同时也更具有普遍性和逻辑性。"

实际上，美国实务中更多的是抱怨理论上存在过多的财产权种类，建议立法机关应当对其予以精简。既然已经有种类众多的各式财产权来满足财产权人的各式需要，那么，当事人又何必再创设新的财产权类型呢？实际上，我们前面所讨论的各种案例，当事人完全可以借助已有的财产权种类实现自己的主观愿望。如关于"战争期间存续的租赁"。

当事人可以创设一个"附条件的定期租赁"(term of years determinable) 来实现这一目标。

他可以规定一个"50 年期租赁，但如果战争在此之前结束，租赁亦结束"。如此，他只是创设了一个确定期限的定期租赁，只不过又在法律允许范围内附加了一点条件。再如关于"丈夫遗赠给妻子的是完全所有权还是终生所有权"的案子，实际上，丈夫可以将是否设立取代转让人的取代权的指定权授予妻子，通过组合运用取代转让人的取代权和指定权 (powers of appointment) 来实现当事人的意愿。再如，在 Johnson v. Whitcm 案中，Royal Whiton 完全可以通过将遗产的终生所有权授予 Sarah，同时再将继受权给予 Sarah 父亲的继承人来实现自己的意愿，如此，就完全可以遵守"物权法定"。就连建筑物区分所有权，实际上也可以在美国法既有的财产权框架内实现，如当初美国住房所有人协会就曾经通过不动产合约和衡平法上的地役权来定义它。

从上面的例子中可以看出，由于美国财产权种类的丰富性，财产权人一般的财产利用需求均能以此而满足，根本无须通过创设新的财产权类型来加以实现。关键在于，当事人是否能够科学地运用这些既有的财产权类型。也正因为如此，有学者批评物权法定原则："对于那些希望订立有关未来权益、地役权、合约等内容复杂的财产权的当事人来说，如果得不到很好的律师的帮助，当事人设立的财产权就有可能被法院强行变更为某种已有的财产类型，这样，当事人的主观目的就全部被打乱了。相反，如果得到很好的律师的帮助，就可以轻松地达到自己的目的，同时又遵守既有的财产权类型，而不违反物权法定原则。这种结果实际上造成了一种因法律知识的多少而产生的歧视、不平等。"

完善财产权体系

美国法中地役权制度完善了财产权体系。通过相关文章所列举的美国财产的种类，我们发现，这些财产权种类大多是关于对财产所享有的绝对支配权，可以类比为大陆法中的所有权（当然，此所有权并非绝对，可能附加有期限或者附加条件）。而对于财产的部分利用的权利类型则不多，或者说，类似大陆法中的他物权的权利类型则不多。

类似的制度只有普通法上的收益权和地役权。

收益权以取得他人土地上的果实为目的，权利内容明确、简单。普通法上的地役权分为积极地役权与消极地役权两种。积极地役权也称为地役权，是指权利人有权为了需役地的便利而直接利用供役地，或者说有权在供役地上进行积极行为的地役权。例如，取水地役权、通行地役权。授权需役地人有权在供役地上的积极行为，在其种类和数量上是不受限制的。消极地役权是限制供役地人为一定行为的权利，但如前所述，种类限制在通风、采光等有限的几种。如此，我们发现，传统的英美普通法中，对他人财产加以利用的方式是不全面的，对于他人财产施以积极作为的权利需要是可以满足的，但对于他人财产施以消极限制的权利需要囿于种类的限制，是不能完全满足社会实际需求的。这时， 英国大法官法院创设的衡平法上的地役权制度产生了，其是指地役权人限制义务人及其土地的继承人在其自己的土地上作一定的用途的权利。

这种衡平法上的地役权即是允许权利人对供役地施以消极的限制，而且，具体内容全部为诸当事人约定，法律没有限制。如此，我们可以看到，美国财产法中对于他人财产予以利用的权利种类得到了丰富，不管是积极的利用，还是消极的限制，或适用普通法上地役权，或适用衡平法上地役权，终究有适合的权利模型满足当事人财产利用的需要。更值得一提的是，《美国财产法重述(2000 年)》更是强调了地役权广泛的适用范围。

第五节 德国物权法沿革与功能

对现代西方法学者来说，财产关系、所有权法律制度及市场组织体间所存在的相互作用是不言自明的事。处在变革中的现代社会必须选择与其相适应的经济模式、社会模式与所有权模式。人们通常视联邦德国的经济制度为典型的资本主义商品交换制度，但此制度以及与此相适应的所有权制度在联邦德国的形成，则是经历了数世纪发展的结果。故本文先考察其历史形成过程，然后从技术或更确切地说从民法理论角度着重探讨现代物权制度的作用。

从封建财产制到市场化物权法

直至 18 世纪，甚至到 19 世纪，德国社会呈现为封建社会形态。（注：Marc Bloch，《封建社会》1982 年版。）封建社会秩序的现实以及罗马法在德国的继受，导致了分割所有权及与此相适应的观念的形成，而这些观念在 19 世纪广为流传。

中世纪的德国社会并不是由罗马法上的所有权观念支配，而是由采邑制度与封建领主土地所有权制度所支配。领主是土地的所谓上级所有人，集私法意义上的物权性权能与公法意义上的主权于一身。领主是（下级）司法审判权拥有者，在其土地上是准绝对管理者，且如同所有人一样对其土地予以支配。这种领主制与所有权制度是中世纪政治关系的产物，且一直持续至 18 世纪。然而在 15、16 世纪随着罗马法在德意志帝国的继受，法学研究开始试图通过自罗马法中提取的清晰的法学概念来描述已存在的法律现实。显然，不加修改地接受罗马法上的所有权概念，是与社会现实不相吻合的。罗马法上的所有权是一项对物的完全性的物权，且是绝对的，包含了支配权与占有权。与此相对，他物权则与所有权有着本质的差别，是由所有人转让部分所有权权能而形成的，故为在他人物之上所享有的权利。在邻国意大利，其中世纪的立法者就已对国法大全中罗马法的所有权做了修改，他们也面临如何确定领主与受采邑地人的法律地位的问题。意大利法学家们发展了分割所有权理论。区分两种所有权形式，即上级所有权（dominium directum）与用益或下级所有权（dominium utile）。这种区分确实有助于德国法学家对中世纪各种各样的占有权的思考：如果某人的占有权非自他人处派生而来，则他就是上级所有人（dominus directus）；而采邑地受取人、教会产业拥有人或永佃权人等则均有权获得下级所有权（dominium utile）。

1794 年普鲁士普通土地法即取此观念。该法除完全所有权外，又以特殊形式规定有上级所有权与下级或用益所有权。完全所有权主要为贵族所拥有，（注：普鲁士贵族的完全所有权在很大范围上是因 1717 年的采邑修改敕令而产生，在该敕令中普鲁士国王放弃对最初的骑士封地的所有权，参见 Dany《土地所有权与自由：1794 年至 1850 年普鲁士农业宪法的自由化》1970 年版，第 66 页。）只是很少一部分才归属于有特权的农民。（注：此处指无任何骑士封地的农民。这类人在普鲁士为数不多，最重要的就是所谓 koelmer 农民， 他们自德意志骑士团时期以来享有最好的占有权；另除佃农之外还有对骑士封地进行占有的自由农。）享有完全所有权的贵族所有人可将其所有权权能分离；或将物的实体的所有权移转给某一上级所有人，而自己保留用益所有权；或相反，在保留对物的实体的所有权的前提下，将用益所有权转让给下级所有人。这种分割所有权制度不仅存在于贵族土地中，也适用于骑士封地的农民土地关系。上级所有人对土地的利用权被排除，且其支配权能也大受限制；相应地，领主的附庸对土地和用益所有权也受很大的限制。封建所有权制度的特征，在很大程度上体现为：特定的土地作为占有的客体归属于特定的等级，其转让与继承也只能在各自的等级内部进行。所有的一切均服务于等级的维持，而经济自由则极受限制。如果非贵族因遗嘱而成为贵族土地的占有人，则其负有在半年之内将该土地交付于有占有资格的贵族之义务。故在封建时期，土地权利为其核心问题，它不仅决定着个人的具体收入，而且个人的社会地位也决定于其在土地上享有的权利的多少。于土地上所享有的权利越少，则其收入越少，社会地位越低；享有土地权利越少，就更需劳作。

以勃兰登堡邦的一个中等村庄为例，该村的人被区分为：

1. 上级所有权人，即领主，其多半不住在村里，且仅为土地的上级所有人。

2. 下级所有权人，这些人或世袭或终生地享有用益所有权。

3. 第三类的用益权人，直接自上级所有人或自第一级的下级所有权人以世袭租赁权或短期租赁权方式获得使用权。

4. 完全受限制的土地租赁权人，这些人为数不少。

5. 位于最底层的则是那些无任何土地权利的人。

然而，思想启蒙者们很早就在理论上认识到所有权一方面与自由，另一方面又与政治影响力之间存在着紧密的联系。美国的权利法案宣言甚至宣称，获取所有权是人的一项基本权利，符合自然法的要求。故法国大革命的意义不仅仅在于以暴力推翻了封建制度，而更在于其赋予市民以自由获取所有权的权利。很显然，当时的社会制度是与新的所有权观念不相协调的，这甚至需要像法国那样用暴力来推翻封建所有权制度。

私人所有权保障具体化

在德意志最大的邦国普鲁士，土地权利制度改革走的是另一种方式。

1807年10月9日的敕令废除等级占有的限制，下级所有人获得了更多的支配自由，同时尽可能地取消对农民占有进行保护的规定。但分割所有权以及为上级的所有人服役义务依然未动。1811年9月14日的邦文化敕令与调节敕令规定在特定的期限内，下级所有人可通过向上级所有人交出他一直使用着的所有权的某一部分而获得完全所有权。由于解放战争及该邦部分贵族的反对，该规定未能付诸实施。但因其影响的强大，普鲁士又于1816年5月29日发布了一项较温和的声明，依该声明，只有那些拥有一块能供养一家人生活的土地的农民阶层才能获得完全的所有权，且此调节不再有期限限制。直到1848年革命以后，分割所有权制度才在很大程度上被1850年3月2日的调节与替代法所废除，原有的税捐义务亦部分地被实物负担所替。

所以，至《德国民法典》第903条自立法上确定市民所有权理论前的这一个世纪，尤其是其前半个世纪，实际上是新旧社会阶级的利益相互冲突与调和的时期。贵族的政治与经济力量，如已指出，均维系于土地。市民阶级则基于其经济上的重要性或其职业活动而要求有更多的参与权。而第三等级则是现代经济与管理活动中愈加显得重要的力量。另外，在普鲁士贵族与市民等级间还存在着一个自诩为改革者的“现代从业贵族”。为解决这种冲突，人们寻求种种法律方法。为满足自由中产阶级的政治自由与参与权的要求，刑法作了改革，依犯罪行为的违法程度明确规定各种不同的政治犯罪，从而确保除此之外的政治参与空间。（注：赖纳·施罗德，《19世纪上半叶的德国刑事立法》，载Michaelstolleis主编，《欧洲法律史研究，Sten Gagner70诞辰文集》，慕尼黑1991年版，第403 - 420页。）经济上的自由则是通过制定特别法及民法而形成，如推行职业自由、建立关税联盟、制定统一信用法、支付法及商法等。而罗马法开放性体系为适应新的经济问题提供了自由度与弹性。

在19世纪上半叶进行政治自由运动之前，实际上就已建立了经济自由体制，故政治自由与经济自由的发展并非同步。由于在德国没有一部宪法来规定基本权利，这样规范市场化社会的私法以及其特别法就不得不担负起保护基本权利的重任，另外刑法亦具有部分的保护基本权利的功能。其结果则是在1830年至1848年间德国陷入政治困境，因为经济势力越来越强的中产阶级要求得到立法上的承认，要求在这个由贵族所支配的社会中享有某些政治发言权，而这恰恰是统治贵族一直拒绝的。故1848年的革命可看成是未能共同发展的两种自由权利冲突的结果。

这种发展的结果是《德国民法典》第903条规定的产生。该条仅规定所有权是所有人的排他性权利，而未规定有任何行使上的限制或所应负的义务。（注：Hattenhauer指出，由于受到公法上的多方面限制，私法上的所有权观念还从来未真正地实现过。）此后所有权被视为是物上概括性的物权，不能以上下级所有关系进行分割。伴随所有权概念改变而来的又有另外两项变化：依亚当·斯密的经济自由理论，人人均得进入市场；个人（佃农）对土地的依附关系被取消。故此，人人均能自由进入市场、人人均能获得所有权及人人自由就构成市场经济社会的基本前提条件。人人均能取得并享有所有权，并以此为基础而建立其信用，进而能在市场流转中利用自己及他人的资金，从而拓展个人的活动范围。

所有权分割制度实际存在了很长时期，只是在18世纪末随美国权利宣言的问世及法国大革命的爆发而始陷危机。[注：法学家蒂堡（Thibaut）在1798年的一篇论文里，认为罗马法上的所有权应该是可以某种方式课以负担的完整性的物权，克服了前人对罗马法的错误理解，从而抛弃了分割所有权的观念。]在欧洲许多国家都已开始废除分割所有权制度，同时大大取消了对支配权的限制。当然，值得一提的是，当时已对土地进行丈量，登记造册，并建立起土地抵押登记簿，以便社会公众都能了解该土地上已成立的担保负担，而这些恰恰正是所有权制度改革成功所必须的前提条件。

德国的所有权模式自那时起就继续向前发展。随着工业时代的第一次大危机即1873年的经济危机，自由市场模式因国家干预主义的崛起及对市场经济的社会功能的强调而有新的发展。虽然魏玛帝国宪法第153条及后来的德意志联邦共和国基本法第14条均明文规定保障私人所有权，但同时越来越强调一种社会义务。私法上将这种发展称作“私权的具体化”。

具体言之，所有人应担负起保护交易安全的义务，并应遵循来自公法上的各种限制，同时通过扩大对消费者的保护而对市场交易的自由予以限制。这样国家所有权得到加强，以便尤其是在生活供给方面确保国家的权益。但联邦宪法法院对此已明确解释，联邦基本法并不是经济宪法。新的发展趋势则受到联邦、各州及各城镇越来越严重的财政紧缺与欧盟内部市场观念的影响，这导致国家所有权的比重减少。尽管如此，自由市场模式仍是当下的发展方向。

担保物权具有独特功效

德国物权法的功能，不仅在于法律上确认物对于主体的归属地位，在现代社会更体现在为经济流通领域利用其优先性与排他性而提供的担保作用。实际上企业随其成立就面临着获取信用的困难，即消除债权人（信用授与人）的不信任，在自己（债务人）陷入经济困境时，则通过担保债权人（信用授与人）的偿还请求权而能使债权人获得债权清偿。（注：Christoph Paulus，《债权担保法的基本问题》，载《法律学习》，1995年，第185页；Peter Buelow，《债权担保法导论》，载《法学教育》，1995年，第198、199页。）因此需借助于信用担保权的情形多体现在债务人无支付能力或者说债务人“逃逸”的时候。这也说明了地产即使在今天仍然是最重要的担保方式的原因，因为要逃债的债务人是带不走不动产的。

债权担保行为在法律地位上是辅助行为、从属行为，以债权主行为为条件，于债权不能受清偿时才发挥其担保作用。故债权担保的意义在于增强信用，仅于债务人陷于破产或不愿支付时才能实现。德国私法上的信用担保的首要功能在于，赋予债权人在破产程序中有优于其他破产债权人的法律上的优先权，也就是说，优先权人在次序上优于其他普通债权人，并（多数）能获得全部的清偿。所有权亦属优先权之列。故此债权人的担保利益体现在就债务人某项特定财产预先保留优先受到清偿的权利。就债权担保的效力来看，债务人的经济活动空间并不因此而受太多的限制，债务人可以通过债务的履行而免除其担保负担。附有担保的债权地位的增强并不会给债权人带来额外的利益。债权担保在其成立与存续上均依存于被担保债权，债权人在行使担保权时当然应遵循权利不得滥用或善良风俗的原则。

【不动产担保】

如有实物担保，即以有价值的客体与土地作为担保的标的，则债权人一般不会选择人的担保方式。（注：Fritz Baur/Rolf Stoemer，《物权法教程》，慕尼黑，1992年第16版，第36页。）而相比较而言，债权人首先会考虑采用土地担保的方式。虽然土地也存在价值的波动，但当事人在设立担保时多已考虑到了可预见的或通常的价值的减少。由于担保的客体对债权人具有重要的意义，故依德国法土地担保权的客体包括了土地、作为土地重要成分的建筑（德国民法第 93 条）、从物（德国民法第 97 条）以及租金债权（德国民法第 1121 条以下）。土地担保对债务人来说，其优点在于债务人仍保持对供担保的土地的占有及保有其收益，并能以此收益来清偿债务及其利息；而在债权人方面，则免其对担保物的管理义务以及相应的确保物的安全的义务。

土地担保权的“原型”是抵押权。抵押权为一项不以占有的移转为要件的土地上的物权性负担，以担保以金钱给付为目的的债权（德国民法第 1113 条第 1 款）。抵押权的成立及存续原则上均从属于被担保债权。金钱债权的债权人可以抵押权人的身份在债务人资不抵债时自抵押物中优先受清偿，并有权请求对抵押土地实行强制执行，而土地所有人则负有容忍义务。抵押权的从属性特征，即抵押权于成立、存续及消灭上均以被担保债权为前提，在一定程度上限制了抵押权在信用贷与实践中的作用。现在抵押权已越来越多地被土地债务所取代，在今天 80% 以上的土地担保是土地债务（又被称为土地债务担保）。

不同于抵押权，土地债务并不从属于已成立的债权。土地债务与被担保债权间的担保关系的建立，基于债权人与土地所有人间单独订立的担保合同。土地债务适用于两方面：其一，适用于贷款额不定的债权担保，故此形式尤为银行贷款交易所采用。其二，可适用于对多数债权人进行多次担保。

土地担保权满足了债务人长期资金的需求，也迎合了债权人长期放贷的愿望。为此，大多对终止权的行使进行相应的限制，例如习惯上抵押权的设定一般附有 5 年、10 年或 20 年排除终止权的约定。

【动产担保】

虽然让与担保在德国民法典中未有规定，但在动产担保范围中其常被视为一种典型的担保方式，并可参照动产质权的规定。

实际上从经济角度看，担保设立之目的，即债权的确保，亦能够通过让与担保的方式达到，因为依此方式债务人虽然丧失所有权，但仍保有占有以及完全的使用权。担保受让人虽有所有权，但无占有，且只能依担保协议中所规定的担保目的变卖担保物。

在通常情况下，对被担保人来说，担保的意义在于，在他人所有物上获得能够对抗其他未附有物权担保的债权人的优先权；相反，如债权人以所有人的身份出现，则其就不能在所有权之上再附加其他利益（即所谓“超额法律权利”）。

基于此，法律政策上对让与担保制度常持怀疑态度：不同于立法上所规定的担保种类，让与担保在外部无公示方法可予以认识，这样会掩盖当事人间的财产关系，并会造成债务人信用可靠的假象。但在实践中让与担保却获得重要的意义，因为在动产上设立的质权由于要求直接占有的移转并排除出质人对物的继续用益而不合经济的目的。基于这种机制的理由，那些以占有为必要的有价值的客体（如工厂的机器设备），只能采取让与担保的方式来提供担保。

还有一种主要为供应商所采用的担保方式是所有权保留协议，即所有权移转效力的发生以买卖价金须全部受清偿为延缓条件。

不同于不动产物权，动产所有权的移转是可以附条件的。动产所有权只是在最后一笔买卖价金支付的时候才移转于买受人，在此之前买受人仅能以取得所有权的期待权人资格而受全面保护，如可对抗保留所有权的出卖人的再出卖行为。这种担保方式对当事人双方均有好处。

在买受人不履行债务时，出卖人可以取回标的物；而买受人则能在不必立即支付买卖价金的情况下获得对标的物的使用。而通过使用，尤其是通过对标的物的再转卖或再加工，买受人往往才有能力来偿还价金债务。由于具有其他担保方式，尤其是前面已提及的质权所不可比拟的这些优点，所有权保留的担保方式在交易生活中发挥着重要的作用。

【融资租赁】

综前所述可见，债权担保的最初概念体现为，买受人取得标的物，而买卖价金的支付则通过成立一项土地担保权或所有权保留协议而被担保，因此须就债权担保的成立分别达成协议。如在租赁之中糅进担保的思想，则就构成使用转让与债权担保相结合的现代模式。

出租人（债权人）以租赁方式将承租人急需的标的物（不动产如厂房，动产如汽车）交付于承租人使用支配，承租人方面不用支付买卖价金，而代之以分期支付的租金，由此可增强承租人的自有资本。初看之下，融资租赁合同只是简单的租赁合同或担保合同。（注：应注意的是，瑕疵担保请求权通常被排除，标的物意外灭失的风险以及修理费用均由承租人来承担。）担负融资义务的出租人同时又是购买人，通常保有租赁标的物的所有权。

承租人是使用权人，对标的物无所有权，也不享有附延缓条件的所有权。故在融资租赁中，虽然从经济的角度观察，承租人分期支付租金，实际上是在清偿出租人已支付的买卖价金，但仍不存在取得所有权的期待权。承租人仅享有于租期届满后以转化为账面价值的方式取得租赁标的物。

融资租赁的优点在于，租赁财产在出租人的资产负债表中，以购置费用或生产成本形式体现于资产栏目中，且按通常使用年限予以折旧；而在承租人方面，租金则以开支纳入盈亏核算中，而不是将整个租金债务记入资产负债表的负债栏中。

（特注：本章所述相关内容，选自不同学术刊物或典籍。部分未标注来源，如涉及著作权问题，请原著作者联系本书编写组。谢谢！）

中篇　大时代赋能物权数字化

《中华人民共和国民法典物权编》的颁布、“数字产业化、产业数字化”国家战略的提出、“经济内循环为主”国家战略的实施、5G时代的到来、区块链底层技术的应用、智能合约平台的诞生……

时代的发展、科技的进步赋能物权数字化。

第一章 数字经济赋能物权数字化

我们已经进入数字变革时代，人工智能、物联网、大数据、云计算和5G等深度融合，企业通过对数据资产的赋能，企业算力的提升，让传统经济走向新的辉煌。数据会变成全新的生产要素，对于传统的生产要素会起到赋能的作用，会产生对传统经济的乘数倍增的效应。新的劳动力可以看成智能的机器人，新的土地，实际上是数字孪生会多出一块新的生产要素出来。新资本是金融科技，新技术是人工智能，新的思想就是区块链，数据将重构生产要素体系，新经济将会高速增长。

当下全球经济发展遇到瓶颈，贸易摩擦愈演愈烈，以美国为首的一些西方国家对我国企业采取了各种限制措施。例如，美国联邦通信委员会（FCC）对华为和中兴的设备发文禁用——禁止华为和中兴的设备出现在FCC的通用服务基金（USF）资助项目中，该文已于2019年11月22日刊发并生效。虽然我国经济仍然保持了较好的发展态势，但面对这些复杂的情况，迫切需要我国经济发展能够实现转型，走高质量内涵式发展的道路。

包括物联网、大数据、云计算、人工智能和5G等在内的一系列新技术开启了一个全新的科技发展时代，为全球和中国的经济发展注入了新的活力。近几年，快速发展的区块链技术更是其中的后起之秀，为实体产业带来了大量有效赋能的成功经验，并将为我国社会经济的融合发展带来全新的机遇。中共中央政治局第十八次集体学习以区块链技术为主题，充分表明了党中央对新技术发展的重视。

因此，如何领悟区块链思想的精髓，把握区块链产业赋能的方向，顺应时代的大潮，对于我国的很多企业家来讲，确实是一个新的挑战。了解和掌握区块链产业应用的发展脉络和背景知识，加快企业创新和产业模式的升级换代，是新时代企业家们的当务之急。

第一节 数字经济浪潮汹涌澎湃

一、“数字经济”背景下经济社会发展的新趋势

所谓“数字经济”，是指大数据、人工智能、移动互联网、云计算、区块链等一系列数字经济技术组成的“数字综合体”，“数字经济”背景下的人类经济社会发展呈现出新的趋势。

（一）云计算

云计算可以被理解成一个系统硬件，一个具有巨大的计算能力、网络通信能力和存储能力的数据处理中心 (Internet Data Center，简称 IDC)。数据处理中心本质上是大量服务器的集合，数据处理中心的功能、规模是以服务器的数量来衡量的。

比如，2015 年北京市有 2000 多万部手机、2000 多万部座机、七八百万台各种各样上网的笔记本电脑和台式电脑，以及七八百万台家庭的电视机机顶盒。中国移动、中国电信等电信公司处理所有北京市的上述信息的后台服务系统和数据处理中心拥有的服务器计 25 万台。上海差不多也是 20 多万台。谷歌处理全世界的互联网大数据且需要进行智能化处理，谷歌有 150 万台服务器分布在全世界七八个地方，现在正在建设的服务器有 100 万台。

云计算有三个特点。第一，在数据信息的存储能力方面，服务器中能存储大量数据。第二，在计算能力方面，每个服务器实质上是一台计算机。与 20 世纪六七十年代世界最大的计算机相比，当代计算机的运算能力更强、占用空间更小。第三，在通信能力方面，服务器连接着千家万户的手机、笔记本电脑等移动终端，是互联网、物联网的通信枢纽，是网络通信能力的具体体现。

由此可见，数据处理中心、云计算的硬件功能，具有超大规模化的通信能力、计算能力、存储能力，赋予其虚拟化、灵活性、伸缩性的特点。服务商以 IDC 为硬件，以私有云、公共云作为客户服务的接口，向客户提供数据服务。就像居民通过水龙头管道向自来水厂买水一样，各类客户以按需购买的方式，利用 IDC 资源购买所需的计算量、存储量、通信量，并按量结算费用。资源闲置时也可供其他客户使用，这样就能够有效、全面、有弹性地利用云计算架构中的资源，既能同时为千家万户服务，又能使大量服务器不发生闲置。

（二）大数据

大数据之大，有静态之大、动态之大和运算之后叠加之大。数据量之大有三个要点。第一是数据量大，例如大英博物馆的藏书能全部以数字化的形式存储。第二是实时动态变量大。每一秒钟、每一分钟、每一小时、每一天，数据都在产生变化。全球 70 亿人有六七十亿部手机，这些手机每天都在打电话，每天都在计算，每天都在付款，每天都

在搜索。所有的动态数据每天不断叠加、不断丰富、不断增长。“量变会引起质变”，就像累积 60 张静态照片可以形成一秒钟的实时电影，大量静态数据的存放也会不断更新、累积，形成新的信息。第三是数据叠加处理后的变量之大。人们根据自身的主观需求，对动态的、静态的数据进行处理分析、综合挖掘，在挖掘计算的过程中，又会产生复核计算以后的新数据。这种计算数据也是数据库不断累计的数据。

总之，所谓大数据之大，一是静态数据，二是动态数据，三是经过人类大脑和计算机处理、计算后产生的数据，这三者共同构成大数据的数据来源。

大数据若要转化为有用的信息、知识，则需要消除各种随机性和不确定性。数据在计算机中只是一串英语字母、字符或者阿拉伯数字，可能是混乱的、无序的。数据应用一般有三个步骤：数据—信息，信息—知识，知识—智慧。

第一步，数据变信息。任何结构化、半结构化或非结构化的数据本身是无用的、杂乱无章的，但数据经过分析去除随机性干扰以后，就变成了有指向的信息。数据变信息的处理过程用的工具有滤波器、关键词，滤波以后提炼出相关的信息。第二步，信息中包含的规律，需要归纳总结成知识。知识改变命运，但知识不简单地等于信息。如果不能从信息中提取知识，每天在手机、电脑上看再多的信息也没用。第三步，有知识后要运用，善于应用知识解决问题才是智慧。综合信息得出规律是将信息转化为知识的过程。有的人掌握了知识，对已发生的事讲得头头是道，但是一到实干就傻眼，这是没智慧的表现。所谓智能，实际上就是在信息中抓取决策的意图、决策的背景等相关信息，最后在“临门一脚”时能够做出决策。信息和知识是辅助决策系统，它们帮助人做出决策，人根据机器做出的决策实施，这就是智能化的过程。

所谓大数据蕴含着人工智能，就在于把杂乱无章的数据提取为信息，把信息归纳出知识，通过知识的综合做出判断，这就是大数据智能化所包含的三个环节。

（三）人工智能

第一，人工智能如何让数据产生智慧？大数据之所以能够智能化，能够决策，能够辅助决策，是因为在人工智能或计算机操作过程中有四个步骤：一是采集、抓取、推送，二是传输，三是存储，四是分析、处理、检索和挖掘。第一步，在大数据中不断地过滤出有一定目的意义的信息，也就是采集、抓取、推送。第二步、第三步是传输和存储，内涵不言自明。大数据之大，不是在抽屉里静态的闲置大数据，而是在云里存储、动态传输的大数据。第四步是分析、处理、检索和挖掘，关键技术在于算法。算法是辅助人类在非常繁杂、非常巨大的海量数据空间中，快速找到目标、路径和方法的工具。

第二，人工智能依靠大数据在分析、处理、检索和挖掘中产生智能的关键在于大数据、算法以及高速度的计算处理能力。没有数据和大数据的长期积累、重复验证，有智能管理也没有用；有了算法和大数据，没有高速度的计算能力也没有用。算法是人工智能的灵魂，它变得“有灵气”需要用大数据不断地“喂养”，不断地重复和训练。在这个意义上，大数据如果没有算法，就没有灵魂，就没有大数据处理的真正意义。

但是如果算法没有大数据来“喂养”，即使数学家想出好的算法，智能也未必有效。以柯洁与阿尔法围棋的人机大战为例，阿尔法围棋中的算法是来源于人类各种各样的棋谱、高明棋手的下棋步骤。人工智能工程师将这些数据全部放入谷歌的算法中运行，运行了几万次、几十万次。因为有网络深度学习的模块，每运行一次就聪明一点。这个过程是一个不断反复、不断学习的过程。

总而言之，人工智能、大数据和这些要素有关，转化为真正的人工智能的时候，一靠大数据，二靠算法，三还要靠高速度工具使用的发展，本质上是一个计算能力不断提高的过程。

在农业社会，中国人曾用自己的聪明智慧发明了算盘。算盘一秒钟两三个珠子拨动，每秒计算两三下。到了工业社会初期，电被广泛运用。20 世纪 20 年代，以继电器作为基本器件的计算机问世。继电器计算机振动频率非常高，每秒振动几十次，比算盘快 10—20 倍。到了 20 世纪 40 年代，第二次世界大战期间，电子管问世。电子管计算机每秒可计算几万次，是继电器计算机的 1000 倍，运算速度非常快。到了 20 世纪 60 年代，半导体问世，以三极管、二极管为元器件的电脑，一秒钟能运算几十万次到几百万次。到了 20 世纪 80 年代，半导体芯片问世，集成电路计算机的运算速度达到每秒几千万次甚至几亿次。中国的超算在 10 年前达到了亿次，2015 年前后到了 10 亿亿次，最新推出的一个超算系统已经超过 100 亿亿次。但是超级计算机不是一个芯片、一个电脑的运算速度，而是几千个电脑、几千个服务器组合而成的一个矩阵和一个算法。超级计算机能够做到一秒钟 10 亿亿次、100 亿亿次，但单个芯片难以达到每秒运算 10 亿亿次。

我们为什么非常重视一个芯片每秒能计算 10 亿亿次呢？在 2012 年出版的《奇点临近》一书中提到，二三十年后，人造机器的计算速度将超过人脑。作者提出，人脑的运算速度是每秒计算 10 亿亿次。当计算机到了每秒计算 10 亿亿次以上时，其运算速度将超过人脑，拐点就会到来。大家讨论人工智能最终能不能超过人类智能，人是不是会被人工智能圈养，各有各的说法。从科学的角度讲，人工智能的计算能力不断增强，是人对工具使用的智慧不断发展的结果。强大的计算能力、大数据、算法连在一起，超越了几千小时、几万小时、几十万小时，人无法等待的时间，使得大智慧逐步发展。

第三，云计算、大数据、人工智能的软件植入在云计算厂商提供的数据处理中心硬件中，对客户形成三种在线服务。云计算的云是一个硬件，是一个具有通信能力、计算能力、存储能力的基础设施。云中除了存放大数据之外，同时提供各种各样的算法作为一种服务软件处理。大数据公司往往在搜集、组织管理了大量数据的基础上，使用人工智能算法后为客户提供有效的数据服务，形成一个大数据的服务平台。所谓的人工智能公司，往往是依靠大数据平台支撑提供算法服务，算法软件也是一种服务。它们共同形成了“数字经济”的三大功能：第一个是 IaaS，是基础设施作为使用的服务；第二个是 PaaS，是大数据的平台作为使用的服务；第三个是 SaaS，算法软件也是一种服务。这三个词组代表了“数字经济”三兄弟，三种功能不同的软件。

当然，“数字经济”也离不开互联网、移动互联网和物联网。一句话解释就是，互联网的时代是 PC（个人电脑）时代，移动互联网的时代是手机加笔记本电脑的时代，物联网时代就是万物互联的时代。

（四）区块链

区块链本质上是一个去中心化的分布式存储数据库，它打破了中心化机构授信，通过数据协议、加密算法、共识机制，点对点地传输到这个区块中的所有其他节点，从而构建一种去中心化、不可篡改、安全可验证的数据库，建立一种新的信任体系，这种信任体系表现为五个特征。一是开放性。区块链技术基础是开源的，除了交易各方的私有信息被加密外，区块链数据对所有人开放，任何人都可以通过公开接口查询区块链上的数据和开发相关应用，整个系统信息高度透明。二是防篡改性。任何人要改变区块链里面的信息，必须要攻击或篡改 51% 链上节点的数据库才能把数据更改掉，难度非常大。三是匿名性。由于区块链各节点之间的数据交换必须遵循固定的、预知的算法，因此区块链上节点之间不需要彼此认知，也不需要实名认证，而只基于地址、算法的正确性进行彼此识别和数据交换。四是去中心化。正因为区块链里所有节点都在记账，无须有一个中心再去记账，所以它可以不需要中心。五是可追溯性。区块链是一个分散数据库，每个节点数据（或行为）都被其他人记录，所以区块链上的每个人的数据（或行为）都可以被追踪和还原。

按照目前的应用场景，区块链可以分成三大类。

一是公有链。主要指全世界任何人都可以读取、发送信息（或交易）且信息（或交易）都能获得有效确认的，也可以参与其中的“共识过程的区块链”。

二是私有链，也称专有链。它是一条非公开的链，通常情况下，未经授权不得加入（成为节点）。而且，私有链中各个节点的写入权限皆被严格控制，读取权限则可视需求有选择性地对外开放。

三是联盟链。联盟链是指由多个机构共同参与管理的区块链，每个组织或机构管理一个或多个节点，其数据只允许系统内不同的机构进行读写和发送。

就当下而言，区块链涉及四大技术领域。

一是分布式账本技术。人类社会发明的记账技术先后有四种。早在原始社会时，人类发明了“结绳记账”，农业社会时发明了“记流水账”，工业社会时发明了“复式记账”。复式记账的平衡表使账目一目了然，适应了工业社会的企业管理，但它避免不了经理人与会计可能从原始数据源头造假。分布式账本是一种在网络成员之间共享、复制和同步的数据库。分布式账本一起记录参与者间的数据行为（如交易、资产交换行为等），这种技术所内含的防篡改、可追溯特性从源头上杜绝了造假的可能，而共享机制降低了“因调解不同账本”所产生的时间和成本。

二是非对称加密技术。存储在区块链上的交易信息是公开的，但每个账户的身份信息是高度加密的。单个账户只有在拥有者授权的情况下才能访问到，从而保证数据的安全和个人隐私。

三是共识机制技术。开发者必须首先考虑用怎样的技术可以使多人对一种规则达成共识，同时还要考虑通过多少个特殊节点的确认，才能在很短的时间内实现对数据行为的验证，从而完成一笔交易。一般而言，区块链技术需要若干利益不相干的节点对一笔交易进行确认，如果确认就认为达成共识，认为全网对此也能达成共识，这样才算完成一笔交易。

四是智能合约技术。基于大量可信的、不可篡改的数据，可以自动化地执行一些预先定义好的规则和条款，比如彼此间定期、定息、定额的借贷行为。

区块链技术属于信息技术、记账技术。从应用视角来看，基于区块链能够解决信息不对称问题，实现多个主体之间的协作信任与一致行动，无论是公有链、私有链，还是联盟链，其首要目标都是确保信息数据的安全、有效、无法篡改。目前，区块链技术在社会中的应用场景主要有以下几个方面。

一是金融。金融已经数字化了，所以这是区块链应用最为得心应手的领域。目前，在国际汇兑、信用证、股权登记和证券交易所等领域已经开始尝试使用区块链技术，区块链在金融领域有着巨大的潜在应用价值。人们的探索是，将区块链技术应用在金融领域是否可以“省去中介环节”，实现点对点对接，在降低交易成本的同时，更加快速地完成交易。例如，利用区块链分布式架构和信任机制，可以简化金融机构电汇流程，尤其是涉及多个金融机构间的复杂交易。

二是供应链和物流。区块链在物联网以及物流单据管理领域也有得天独厚的优势，企业通过区块链可以降低物流单据管理成本，可以监控和追溯物品的生产、仓储、运送、到达等全过程，提高物流链管理的效率。另外，区块链在供应链管理领域也被认为具有丰富的应用场景，比如上下游之间的直接交易可以加大透明度，提高信任和效率，如果区块链中包含供应链金融，那将大大提高金融的效率，同时降低金融机构和企业的信用成本。

三是公共服务。区块链在公共服务、能源、交通等与民众生活息息相关的信息领域也有较为丰富的应用场景。比如，目前由于信任缺失，中心管理者有时无法确定民众反映的需要解决的问题是个性问题还是共性问题，但使用区块链技术之后，这个问题可能瞬间就可以找到正确答案。

四是认证和公证。区块链具有不可篡改的特性，可以为经济社会发展中的“存证”难题提供解决方案，为实现社会征信提供全新思路，存在很大的市场空间。比如，最近，腾讯推出了“区块链电子发票”，成为区块链技术应用的“爆款”。

五是公益和慈善。区块链上分布存储的数据的不可篡改性，天然适合用于社会公益场景。公益流程中的相关信息，如捐赠项目、募集明细、资金流向、受助人反馈等信息，均可以存放在一个特定的区块链上，透明、公开，并通过公示达成社会监督的目的。

六是数字版权开发。通过区块链技术可以对作品进行鉴权，证明文字、视频、音频等作品的存在，保证权属的真实性和唯一性。作品在区块链上被确权后，后续交易都会进行实时的分布式记录，实现数字版权的全生命周期管理，也可为侵权行为的司法取证提供技术保障。

七是保险。在保险方面，保险机构负责资金归集、投资、理赔等过程，往往管理和运营成本较高，但区块链技术有可能提高效率、降低成本；尤其是在理赔方面，通过区块链实现“智能合约”，则无须投保人申请，也无须保险公司批准，只要投保人行为触发符合规定的理赔条件，即可实现当即自动赔付。

八是信息和数据共享。目前，全国各级政府公共信息资源平台在大力整合，目的是使各个信息系统之间的信息有效共享，节约存储空间和提升使用效率。在实现技术上，如果能够利用区块链分布式的特点，既可以打通监管部门间的“数据壁垒”，破除“数据孤岛”，实现信息和数据共享，还能提升公众调取政府公开资源的效率，减少资金浪费。

总体而言，区块链通过创造信任来创造价值，使离散程度高、管理链条长、涉及环节多的多方主体能够有效合作，从而提高协同效率、降低沟通成本。

二、“数字经济”的颠覆性作用

“数字经济”主要包含大数据、人工智能、移动互联网、云计算、区块链等技术。关于这几者之间的关系，如果将“数字经济”平台用人体来类比，互联网、移动互联网以及物联网就像人类的神经系统，大数据就像人体内的五脏六腑、皮肤以及器官，云计算相当于人体的脊梁。没有网络，五脏六腑与脊梁就无法相互协同；没有云计算，五脏六腑就无法挂架，成了孤魂野鬼；没有大数据，云计算就是行尸走肉、空心骷髅。有了神经系统、脊梁、五脏六腑、皮肤和器官之后，加上相当于灵魂的人工智能——人的大脑和神经末梢系统，基础的“数字经济”平台就成形了。而区块链技术既具有人体中几万年遗传的不可篡改、可追溯的基因特性，又具有人体基因的去中心、分布式特性。就像更先进的“基因改造技术”，从基础层面大幅度提升大脑反应速度、骨骼健壮程度、四肢操控灵活性。“数字经济”平台在区块链技术的帮助下，基础功能和应用将得到颠覆性改造，从而对经济社会产生更强大的推动力。

为什么“数字经济”基础平台会有如此强大的颠覆性？研究表明，“数字经济”基础平台实际存在“五全特征”：全空域、全流程、全场景、全解析和全价值。所谓“全空域”是指：打破区域和空间障碍，从天上到地上、从地上到水下、从国内到国际可以泛在地连成一体。所谓“全流程”是指：关系到人类所有生产、生活流程中的每一个点，每天 24 小时不停地积累信息。所谓“全场景”是指：跨越行业界别，把人类所有生活、工作中的行为场景全部打通。所谓“全解析”是指：通过人工智能的搜集、分析和判断，预测人类所有行为信息，产生异于传统的全新认知、全新行为和全新价值。所谓“全价值”是指：打破单个价值体系的封闭性，穿透所有价值体系，并整合与创建出前所未有的、巨大的价值链。现代信息化的产业链是通过数据存储、数据计算、数据通信跟全世界发生各种各样的联系，正是这种“五全”特征的基因，当它们跟产业链结合时形成了产业链的信息、全流程的信息、全价值链的信息、全场景的信息，成为十分具有价值的数据资源。可以说，任何一个传统产业链与这五大信息科技结合，就会立即形成新的经济组织方式，从而对传统产业构成颠覆性的冲击。

总之，大数据、云计算、人工智能下的现代互联网体系，具有颠覆性作用。现在的互联网数字平台，下一步在 5G（第五代移动通信技术）时代还会进一步形成万物互联体系，其终端连接数比现在人类的手机、平板、笔记本电脑的连接数将超过上百倍、上千倍。人类的互联网产业也因此将从 toC（面向用户）型的消费类互联网发展为 toB（面向企业）型的产业类互联网。而在产业互联网时代，这种颠覆性功能将更为突出。我们常常说的颠覆性产业，主要就是指具有以上五全信息的网络数据平台产业，这五全的信息在与工业制造相结合时，就形成工业制造 4.0；与物流行业相结合，就形成智能物流体系；与城市管理相结合，就形成智慧城市；与金融结合，就形成金融科技或科技金融。在与金融相结合的时候，无论是金融业务展开的价值链也好，产业链也好，把这五全信息掌握在手里再开展金融服务，金融安全度将比没有五全信息的人工配置的金融服务系统安全信息要高，坏账率要低，各方面的系统性风险的平衡要更好，这是一个基本原理，这也就是我们为什么要非常睿智地、前瞻性地看到科技金融、数据金融平台具有重大的里程碑意义的经济前景。

三、数字经济发展

1. 数字新业态

数字经济推动新模式、新业态的不断发展，集中起来主要表现为平台经济、共享经济、生态经济和社群经济等，其共性体现了经济服务化的大趋势。

第一是平台经济。平台是数字经济的基本载体，它包括以供应链为主导的企业平台和以产业为主导的行业平台，通过整合资源与能力进行全方服务。

第二是共享经济。从独占到共享是资源革命，其服务方式主要有生活共享、生产共享和知识共享等。

第三是生态经济。产业生态组织是产业发展的新方向，企业在产业生态体系中实现共生共创共担共享，成为自主发展的新型组织。

第四是社群经济。社群是具有共同价值观人群的自由联合体，网红和微商成为社群的主体，充分发挥社群的组织作用将创造出全新的价值。所有新模式、新业态都要成为数字经济能力的中心。

2. 数字红利

数字经济是先进生产力，具有巨大的数字红利。根据联合国专家的数字模型，当一个国家、地区、城市的数字经济水平超过 75%，在不增加投资的情况下，其 GDP 将是原来的 3.5 倍。根据智能制造示范企业的实践，实施企业全面数字经济，三年后价值创造能力将提高 3—5 倍。

传统经济中广泛存在“四不”现象，即不连接、不匹配、不协同、不及时，致使价值大大流失。数字经济由于网络协同和数据智能，使系统获得最优解，从而达到“精准、高效、即时、预判”的优化状态，从而大大提升了经济效率，这便是数字红利的机制所在。

3. 数字经济“三化”

数字经济包括数字产业化、产业数字化、货币数字化。首先是数字产业化，发展数字产业主要有数字硬件业、数字软件业及数字服务业。其次是产业数字化，所有产业包括农业、工业、服务业都要数字化。实施“产业区块链”和“人工智能 +”，数字技术与实体产业相融合，将重组产业组织，重构产业生态，大幅度提升价值创造能力。最后是货币数字化，货币数字化有两大类，即货币电子化和“数字货币”，发展“数字货币”势在必行。整个金融产业都要率先实现数字化。

4. 数字新技术

新的数字技术层出不穷，已形成体系。现有数字技术主要由五大新技术组成，包括大数据技术、云计算技术、物联网技术（特别是结合 5G）、区块链技术及人工智能技术。

其中，大数据为数字资源，云计算为数字平台，物联网为数字传输，区块链为数字信任，人工智能为数字智能，五大新技术相互融合实现万物互联、在线和智能。数字技术是新的数字基础设施。同时，数字经济需要数字安全技术，共同保障数字经济的持续发展。

第二节 物权数字化呼之欲出

一、物权数字化定义

物权数字化这个概念，与最近流行的“数字物权”容易发生混淆。数字物权，指的是以数字化形式存在的、具有独立价值和可以独占性的数字物品，享有直接支配和排他的权利，包括所有权、用益物权和担保物权。数字物权，最初指的仅仅是以 QQ 为代表的各类账号、各种游戏装备和点券，但是随着互联网的高速发展，数字财产包含的范围变得越来越宽泛，不仅包括游戏账号、武器装备、经验值、宠物、金币等，也包括社交账号、音乐、电影、应用程序和在线订购服务等。

物权数字化，则主要指实体物理世界有体物的物权进行数字化处理，使其在虚拟的数字世界中具有对应物，从而实现方便快捷的处置和交易。

现阶段看，数字物权和物权数字化完全是风马牛不相及的两个概念，但如果随着整个社会经济的数字化的不断普及和深入，两者会逐渐相互融合，成为同一事物的不同方面。比如，随着虚拟现实技术的逐渐成熟，人们可能在拥有实体房产的同时，也会在虚拟世界中拥有数字化房产，两者可能具有对应关系，也同样具备资产属性。

二、物权的定义，物权数字化的重要意义。

物权数字化意义重大，不仅关系到国计民生，而且与每个人的切身利益息息相关。首先，我们要先搞清楚物权的前世今生。物权是一个法律上的概念，是指权利人依法对特定的物享有直接支配和排他的权利，包括所有权和他物权。顾名思义，所有权就是对自己占有物的权力，他物权是在他人所有物上设定或享有的权利，包括用益物权和担保物权。

法律界公认，“物权”的概念在立法形式上的起源，是 1811 年的《奥地利民法典》，该法第 307 条规定：“物权，是属于个人财产上的权力，可以对抗任何人。”但是，《奥地利民法典》依然未抽象出现代意义上的物权概念，物权的概念依然包括有体物和债权等无体物，直到 1900 年 1 月 1 日实施的《德国民法典》，在法典中设立了“物权”编，对物权制度作了系统、完整的规定，物权这一概念才得到目前学理上公认的意义，独立的物权体系才得到完整的确立。

物权具有如下基本特征.

1. 物权的核心性。物权关系是最基本的民事法律关系，是所有其他民事法律关系的出发点和归属。在宪法、民法、刑法中，都会涉及所有权、物权制度，所以所有权具有核心性，是整个经济制度和社会制度的基础。

2. 物权的支配性。物权是权利人直接支配物且无须借助他人行为就能行使自己权利或实现自己权利的一种民事权利。

3. 物权独立性。物权是直接支配特定的、独立的物的权利，是不依赖于义务人义务的履行而实现的权利。

4. 物权的利益性。物权是一种人与人之间因物的占有、使用、收益、处分而发生的利益关系，这种利益得到了国家强制力的保护，所以物权是一种受法律保护的合法利益。

5. 物权的弹力性。作为物权权能的占有、使用、收益、处分权能与最终的支配权及抽象的所有权是可以进行分离的。例如：农村承包经营权即是将所有权与所有权的权能相分离，让集体享有所有权，让农民享有占有、使用、收益、处分的权利，解决了农民生产积极性的问题。

6. 物权的排他性。其客体必须是个别的、单独的、客观的存在，且物权具有排他性、独立性。

7. 物权是对世权。即世界上除了物权人以外的任何第三人都承担了一种法律上的义务，即必须尊重物权人对其物直接支配并排除他人非法干涉的权利。

8. 物权是绝对权。物权人可以绝对地按照自己的意愿，在不违反法律和他人合法权益的前提下来支配自己所有的物。形式的物权概念诞生于 19 世纪，并不是说在此之前人们没有“物权”的概念。

实质的物权概念源远流长，伴随着私有制的诞生而诞生，也可以说是人类文明诞生的重要标志之一。物权的本质，是人们基于物的所有权进行生产活动以及利益分配的规则。人类的经济活动，是其他一切社会活动的基础。经济活动主要包括两个方面，即价值创造和利益分配，而且这两个方面形成相互推动的正反馈循环，推动生产力的不断进步以及人类社会的不断发展。价值创造不可能仅通过人的劳动凭空完成，必然会使用生产资料，并作用于特定目的物之上，因此价值创造的前提，是对相应有体物的所有权。价值创造之后，需要对获得的利益回报进行分配，既然特定有体物是价值创造过程中必不可少的条件，那么对于这些有体物拥有所有权的人也要参与利益分配，这样才会有动力维护以及改进这些有体物，以推动更好的价值创造，并期待获得更多的利益回报。

围绕物权的概念，形成了价值创造和利益分配相互推动的正反馈循环，推动人类社会不断向前发展。如此就可以理解，为什么物权在法律体系中占据核心地位，其原因在于，物权本身在人类经济活动中扮演着核心角色。物权只是推动价值创造和利益分配正反馈循环的手段，这一正反馈循环才是目的。也就是说，为了推动这一正反馈循环更好地运转，需要对物权进行与时俱进的改进。反观物权的发展历史，也印证了上述观点。

物权的背后是利益，利益是人类一切活动以及斗争的总根源。物权概念的诞生以及每一次重大演进，无不伴随着人类社会的重大革命。人类的价值创造，归根结底是土地、资本和劳动相结合的过程，这三者在价值创造和利益分配中次第占据核心地位，依次对应着农业社会、工业社会以及信息社会。

最初人们对物权的理解，就是对目标物的直接占有，并以此获得相应处分和收益的权利，这与农业社会价值创造的基本特征相适应。在农业社会中，最主要的生产活动是农业耕作，最重要的生产资料是土地。土地不会发生空间上的转移，也不会灭失，一切生产活动都附着于土地之上，离开了土地农业生产也就无从谈起。因此在农业时代，土地的所有者在价值创造和利益分配中具有核心支配地位，一切利益的争夺，最终也会体现在对土地所有权的争夺上。

随着人类逐步从农业社会过渡到工业社会，人们逐渐发现，仅仅是对物的直接占有，并不能很好地实现价值创造，物品需要有效流动，才能最大限度地发挥其价值，于是，所有权和经营权出现分离，担保物权和用益物权就出现了。我们也可以理解，为什么立法形式上的物权概念出现在十九世纪的德国。早期的物权概念十分简单，对物的占有是可以清晰界定的，无须制定专门的法律加以规定。到了工业革命之后，物权形式变得复杂，权属和收益界定变得模糊起来。作为具有迫切发展目标的后发工业国，德国各种新旧矛盾冲突十分尖锐，在这种情况下，立法规定符合资本主义生产方式的物权概念，有利于理顺利益分配关系，推动生产力的进一步发展。

在工商业生产中，价值创造的过程比农业生产要复杂得多，其中涉及多种目标物的流动、支配和处分，其中单独任何一个目标物的物权，都不能像农业生产中的土地所有权那样，对于价值创造以及随后的利益分配具有绝对的话语权，但是人们可以把包括土地在内的所有目标物转换成一定数额的货币，通过货币资本一揽子掌握所有相关目标物的物权，进而支配价值创造和利益分配。因此，货币取代土地，占据了工业社会中最核心的角色。

货币资本化，实现了以货币为纽带的物权流转，也意味着人类历史上的第一类物权数字化，或称初级物权数字化。东西方在这里存在显著差异。中世纪的欧洲，土地仍然只能根据爵位继承，不能通过买卖流转；而在中国，早在战国后期土地就可以通过买卖流转，但由于生产方式依然停留在农业时代，绝大部分价值创造依然附着在土地之上，物权概念过于超前，导致土地兼并矛盾尖锐，社会甚至因此周期性崩溃解体。从这里可以得到关于物权数字化的几点启示：

1. 物权数字化，使得目标物的流动变得更加方便和频繁，适应日趋复杂的价值创造过程；

2. 物权数字化的进程，需要与当前的价值创造特征相适应，超前或滞后都会起到反效果。

随着人类社会进入后工业化时代以至信息时代，价值创造的特点又发生了显著变化。阿里巴巴集团的 CEO 张勇说：“社会经济和生活全面走向数字化的大趋势，是在不确定性中的高度确定性。”物权数字化也是适应价值创造数字化这一确定性发展趋势的必然。由于生产力的提升以及物质财富的积累，资本从稀缺逐渐转向过剩，可以通过商品交换获得的各种有形物在价值创造中的地位也不断下降，价值创造越来越依赖人富有创造性的智力活动，人类劳动（主要指脑力劳动）逐渐从过去的从属地位上升到主导地位。

华为创始人任正非说："过去是资本雇用劳动，资本在价值创造要素中占有支配地位。而知识经济时代是知识雇用资本。知识产权和技术诀窍的价值和支配力超过了资本，资本只有依附于知识，才能保值和增值。"在知识经济环境下，有形物的存在本身，并不能带来多少价值，甚至由于生产过剩，它反而可能成为一种资源的浪费，再加上持有有形物往往需要付出一定的成本，它甚至可能不再是一种资产，而变成了负债。只有基于创造性知识的认知，对有形物进行创造性的拆解、流动和重新组合，创造出能够满足不断涌现出的新需求的供给，才能够实现价值创造。这就要求对物权进行进一步的数字化改造，实现适合数字化生产方式的价值创造和利益分配，必将会对整个国民经济的发展和每个人的切身利益造成深刻影响。

第三节 区块链赋能物权数字化

一、区块链概述

“信任、信用，是一切金融交易最基本的前提和基础，一旦失去人和人之间的基本信任，很有可能不会发生任何金融交易信任”看似简单，却是人类社会普遍认可的，甚至可以说，是在物质资本与人力资本之外，被认为是能够用于决定一个国家经济增长和社会进步的主要社会资本。近年来，我国场外交易市场结构层次不够明晰的现状，相应暴露出信息披露制度标准和要求层次不明的问题，现行的场外交易市场信息披露制度规则还暴露出立法层级较低和混乱零散的缺陷，我国目前场外市场信息披露的自律监管不够规范，信息披露规则混乱零散、信息披露行为监管不力是大部分场外交易市场的共同问题。与此同时，区块链因其非中心化、透明的匿名性、记录的不可逆性，以及缜密的计算逻辑，能够帮助人们在互相协作中建立起信任。

1993 年，罗伯特·帕特南 (Robert Putnam) 在其研究中指出，社交网络这样的热门研究, 是依据人与人之间的信任、规范建立的, 在社交网络基础上构成相应的社会资本, 将有较大可能对协调和合作起到加速促进的作用，通过互惠互利，助力提升人力资本的投资效益和物质资本，从此之后，社会资本的概念开始正式涵盖信任，且呈现自我增强的特性，即一个人的信用会随着时间增长而增长的累积特性。如若我们不对其加以应用，反而有一定可能使其呈现相对减少的特性。1999 年，3 位长期从事社会资本理论研究的学者 Luigi Guiso，Paola Sapienza 和 Luigi Zingales 通过运用现代经济学实证方法对意大利宏观数据进行研究和检验，并总结出了信任与金融发展的关系，即从一个人，或一组受托人提取履约特性的行为，进行评估时，发现信任可以是主观上对该研究结论认可的一种可能性水平，也可以代表受试的人本身，若其所做出的一切事均有利于他人，或者其所具备的无害行为的概率非常之高，我们可以得出此人值得合作的结论。

信任的形式主要包括 4 种 : 社交信任、声誉信任、市场信任和中心化信任。与之相对应的金融交易则可以归纳为 : 民间借贷 (基于社交)、商业信用交易 (基于声誉)、资本市场交易 (基于市场) 和银行借贷 (基于中心化行为)。

中心化信任，这个词相对信任而言比较陌生，但却可以说是全世界最常见，也是规模最大的一种金融的信任形式，它一般是以高度可信的大银行作为中心机构，同时，中心化信任在政府机构等权威性交易中，以及国际相关信用中能充当主要的信任形式。银行凭借其较为完善的法律制度，各国不同但有效的监管体系，逐渐完善形成的行业规范，以及最核心的国家担保制度，多年积累，成为高度可信的机构。但是，银行的实际功能可能更主动倾向于能为企业相应提供信贷的资金，而不只是能够满足普罗大众的些许理财需求。此外，银行传统职责最重要的仍然是对用户的储蓄资金安全提供保障，以及对国家乃至世界金融体系的稳定进行维护，因此，难以避免地将大部分的储蓄资金使用于较低风险行业的投资，常见的还有同业拆借和购买国债等，那些信用不足的群体和高风险的创新型小企业几乎不能体验信贷服务。

在市场信任中，其表现形式多为投资人对上市公司未来价值的信任预期，但由于市场大幅的震荡，即使单个企业运行稳定且前景良好，可能仅仅因为上市公司股价受到整体市场行情的波动影响，也会在这样大震荡的环境下失去信任。因此，市场信任实质上是对市场的信任，而非对某家企业的信任。声誉信任可以理解为在长期经营的过程中，企业逐步积累了良好的商业声誉，然而此违约行为也可以对其造成极为巨大的损失。商品的赊购、分期付款和票据等，这些商业信用能得以高效率完成，充分说明声誉信任的确能增加企业互相之间合作的可能性，增加商品的流动性，但这种信任更多地存在于工商行业，具有相对较为严格的指向性，也就是说，声誉信用通常是上游企业提供的，而往往对下游企业难以形成相应支持。社交信任一般以成本较高的民间借贷为主，较为主要的形式是通过人与人的社交网络产生连接，呈现出一种中介性质基于社交信任的弊端。

场外交易的范围往往集中于同一个社交网络内部，配资及利率等均由双方商议决定，不受监管，没有规范可循，交易风险完全由社交信任度的高低决定。

在中心化信任、市场信任、声誉信任，以及社交信任都未能满足场外交易参与者及监管要求的情况下，信任出现了第五种形式，即我们常说的直接信任。直接信任是指，双方并不经过中介或社交，而以信息技术作为基础建立起直接信任，将金融资源直接在供需两端进行配置。直接信任在历史上任何时期都是存在的，但仅限于非常小的规模。最开始是在计算机领域中出现这个概念，继而得以被提出，并逐渐得到社会更广泛的使用。计算机术语中有“对等网络”的概念，Peer-to-Peer(简称 P2P)中，各个节点相互之间通过直接的连接来交换数据与服务，从而使交易不断具备更为开放与稳定等的特性，但由此也会带来巨大的网络安全隐患，例如如何防止线上欺诈交易，如何保证基于对等的网络交易可信度等。总的来说，区块链技术解决了拜占庭将军问题——它提供了一种无须信任单个节点，还能创建信任的方法。

大约十年前，比特币背后的未知人士 Satoshi Nakamoto 描述了区块链技术，分布式对等连接结构，可用于解决在事务顺序的维护问题和事务所产生的一系列相关问题的双重支出问题（Nakamoto，2008）比特币能将交易定制化，并将其分组到一个名为“块共享时间戳”的大小受限的结构中去。网络的节点负责将块相互连接，并按时间顺序排列，每个块包含前一个块的哈希值用于创建区块链 (Crosbyetal，2016)，这样设计出的区块链结构具有设法包含所有交易以及可审计注册表的强大能力。

区块链引入自应用程序和事务，因为传统业务流程的严重破坏需要集中式的架构或可信赖的第三方来验证它们，以便保障程序以相同级别的分散方式运行。区块链架构和设计的固有特性提供了透明度、稳健性、可审计性和安全性等属性 (Greenspan，2015a;Christidis 和 Devetsikiotis，2016)。区块链可以被视为分布式的，且被组织为有序块的数据库，其中提交的块是不可变的。区块链技术使其参与者能够建立共享和公开展示的关系。通过该技术的固有特征，也可以促进信任，确保数据的完整性，直接存储在数据库技术上；通过公钥、密码学和其进行的事实，保证了交互透明的性质，每个用户都能够根据预定义的规则验证广播的交易。另一个有助于建立信任的因素是交易的不可改变性，它能促进所谓的共识机制的形成。如果对区域链进行更改，区块链会产生不同的解决方案，并提示例如误用以及其相对应的操作。信任和权力的下放和区块链技术的发展都是密切相关的。一方面，用于建立信任的机制，因此需要创建数据透明、完整性和数据不变性的分散式网络，此网络可以在没有值得信赖的第三方情况下进行可靠的交易。另一方面，权力下放提供了平均值用户参与网络的平台，建立了共识的基础机制，因此使得受信任的第三方不再是必要条件。可以看出在银行业中，理想的银行可以在同一区块链下进行合作，推动客户交易。这样清晰的透明度使得区块链有助于交易审计。公司投资这项技术，因为他们看到了将架构分散化并最大限度地降低交易成本的潜力，此外，它们本身更安全，更透明，在某些情况下更快。

加密货币的数量说明了区块链的重要性，目前的数量已超过 1900，并且还在增长 (Coin Market Cap，2017)。由于加密货币应用程序的异构性，这种增长速度很快就会产生互操作性问题 (Tschorsch 和 Scheuermann，2016;Haferkorn 和 QuintanaDiaz，2015)。此外，区块链被用在除加密货币以外的其他领域，并且形势正在迅速扩张，智能合约 (SC) 发挥着核心作用。S 的定义在 1994 年被 Szabo 定义为："执行合同条款的计算机化交易协议" (Szabo，1994)，协议允许我们翻译合同条款为可嵌入代码 (Szabo，1997)，从而最大限度地减少了外部的参与和风险。

除了分散化之外，基于区块链的系统的优势还包括缺乏 (潜在) 失效的中心点，以及提供完整、透明且本质上有效的历史事务日志。这些特征促进了具有成本效益的微交易 (Beck 等，2016)，降低了撰写合同的复杂性 (Davidson 等，2016) 并实现了柠檬市场中的信息共享 (Notheisen，2017)。在这个范围内，区块链允许通过提供过去的、公开的且不可伪造的交易记录来解决冲突，因此，区块链技术变得越来越重要 (hao，2016)。

尽管有这些优点，区块链也带来了各种限制和问题。首先，分散共识的产生建立在历史数据的公开可用性和相关交易方的假名披露的基础上。由于这种开放的概念，隐私保护成为一项特殊的挑战。其次，在智能合约的背景下，他们不能触发自己，而是需要明确的干预 (Glaser，2017)，特定时间点的自我执行或特定事件的后续行动需要由另一个非人或人工用户发起。第三，作为自治事务数据库系统，区块链仅依赖于预定义规则的正确性，因此确保它们安全、可靠和准确至关重要 (Ahangama 和 Poo，2016)。由于块和链的不可变特性，更改这些规则需要部署新的区块链软件或智能合约。总而言之，区块链技术仍处于起步阶段，因此会遇到各种技术问题，例如可扩展性、延迟、查询问题 (Beck 等，2016;Glaser，2017)，以及协商一致算法所导致的开销成本增加的问题 (O' Dwyer 和 Malone，2014)。从非技术角度来看，理解区块链协议的实现并评估它们对潜在用户的适用性仍然对研究人员、从业者和用户有一定的挑战 (Glaserand

Bezzenberger，2015)。

区块链目前在各个领域都有应用，例如，在健康领域，区块链在解决当前健康护理系统中存在的互操作性问题方面具有巨大的潜力它可以作为利益交换的标准，即医疗保健实体，医学研究员等以安全的方式分享电子健康记录(EHR)。

食品行业的研究考虑了食品安全的重要性，并提出利用RFID和区块链技术开发农业食品供应链可追溯性的质量检测系统，区块链采用的是可靠有效的方法确保信息的共享和发布。此外，术语“智能制造”工业4.0时代也在被广泛讨论。关于供应链管理，预计工业4.0将实现权力下放和自我监管的环境。迄今为止，所谓的云计算的扩展——雾计算或边缘计算，已被利用来开发基于比特币的公平支付系统。多雾路段计算系统可以被视为一种大规模，无处不在的分散的系统，可以处理任何计算任务。

在金融领域，区块链已被广泛应用于金融交易，这就是所谓的加密货币。如今，加密货币已经出现了为其定做的软件系统，第一个块或起源块包含第一笔交易。第一个块的散列被转发给使用的节点并为第二个块生成一个哈希值。以类似的方式，第三个块创建一个包含前两个的哈希值用于跟踪区块链中的所有块回到起源区。加密货币有自己的货币(代币)，增加节点是将新块引入区块链的过程，每个节点使用区块链来验证硬币是否合法或是否还没有用完。在交易记录之前进入区块链中的参与者如果数量较多则达成协议增加节点的过程是一种资源密集型任务，因此使攻击者难以验证无效交易。

考虑到现有中国金融行业信用体系的尚不健全，场外交易不能按照设定好的模式发展，场外交易参与者逐渐放弃设定的模式，各式各样的模式在行业内出现，包括C2C，场内加场外等交易模式，导致交易风险高，问题交易事件频发，对场外交易机构参与人的声誉造成了严重的破坏，直接交易和间接交易的模式差异主要取决于是否有信用中介。2016年之后，行业的规范随着互联网金融协会的成立，金融监管的结构改革，以及行业规范性政策的出台逐渐形成了一个统一、正规的模式，场外交易逐渐向直接交易模式回归，但政策法律风险、信用风险、交易风险、流动性风险和监管风险仍然存在。

目前基于区块链的研究方向主要是提高交易的匿名性‘201’，随着我行场外交易市场自我管理机制的不断突破，市场经历反复清理整顿、关停交易甚至市场取缔，与美国资本市场的自我演化似乎有惊人的历史巧合，或许有相同的报告和非报告公司、纵向分块等行业发展趋势。按照区块链的业界主流观点，区块链技术至少有三个阶段：场外交易(1.0)、合约(2.0)和社会治理(3.0)。区块链技术的引入可以协助建立与场外交易市场特点相适应的信息披露机制，对前述问题的解决提供了应用层面的技术支撑，因此研究设计基于区块链的场外交易模型和系统来实现可信任的场外交易具有较为实际的意义。

二、区块链定义及特征

区块链（blockchain）是一种基于密码学的技术，它是由多方共同维护的，使用加密技术来确保传输和访问的安全性，从而可以实现一致的数据存储，其具备难以篡改性，并能防止拒绝的特点。它也被称为分布式存储技术 (distributed ledger technology)。

在一个典型的区块链系统中，每个参与者共享信息并且同意区块链是根据预先约定的规则的一组受信任的分布式数据库。它通过不需要信任积累的分散信用建立范例，并共同维护一个可靠的数据库，以形成几乎不可能改变的分布式共享分类账户。

区块链有五个主要特征：去中心化，去信任，时间戳，非对称加密和智能合约。

1. 去中心化（权力下放）：由于区块链依赖于系统的维护和每个节点信息传输的真实性，基于分布式存储数据，数据传输不再依赖于某个中心节点，而是 P2P 的直接传输。该技术允许参与系统的任意数量的节点计算并记录系统中交换的所有信息一段时间，通过加密算法到块，并生成块的指纹用于连（链）接下一个数据块和校验。在网络整体中，基于共识的开源协议，每一个节点之间都可以自由安全地进行数据传输。对于网络整体而言事务记录都是公共的，并且每个节点都可以得到备份。

2. 去信任：在传统的互联网模型中，信息匹配和信任积累是通过可信中心节点进行的，因此无法实现价值传递的分散化。权力下放必须没有信用认可。从信任的角度来看，区块链基本上通过数学方法解决了信任问题。所有规则都以算法程序的形式预先表达。参与者只需要信任通用算法即可建立相互信任、创造信誉、建立信任并达成共识。

3. 时间戳：通过打包在特定时间段内生成的所有信息（包括数据和代码）生成块。每个下一个块的顶部包含前一个块的索引信息，该信息是端到端连接的——形成链。因此，块（完整历史）和链完整验证添加时间戳（可以追溯到完整历史），其将所有历史数据存储在系统中，并为每个数据提供检索和搜索功能。并且可以使用区块链结构来跟踪源并逐个验证它。

4. 非对称加密：区块链是通过数学共识机制的非对称加密算法，即在加密和解密过程中使用“密钥对”，“密钥对”中的两个密钥具有不对称特征。一个是在使用其中一个密钥加密后，只能解锁另一个密钥。其次，在发布其中一个密钥之后，另一个密钥不能基于公钥计算另一个密钥。非对称加密使任何参与者更容易达成共识，最大限度地减少价值交换中的摩擦边界，并在透明数据保护个人隐私后实现匿名。

5. 智能合约：因为区块链可以实现点对点的价值转移，可编程性的引入将使相应的编程脚本能够嵌入双方，通过这个智能合约来处理一些不可预见的交易模式，确保该技术在连续使用中继续有效。基于区块链的任何价值交换活动都可以通过智能编程，即使用方向和各种约束来进行硬控制，从而消除法律或合同软约束的成本。

三、区块链产业化发展的发令枪

区块链是一种由多方共同维护，使用密码学技术保障传输和访问安全，能够实现数据一致存储、难以篡改、防止抵赖的分布式记账技术。20 世纪 70 年代以来，随着密码学技术、分布式网络、共识算法以及硬件存储计算能力的飞速发展，通过技术手段实现多主体间建立共识的条件日趋成熟，为解决多主体环境下的中介机构信任风险、降低交易成本、提升协同效率提供了全新的解决思路。

1. 对经济社会发展的全面推动

结合未来中国的经济发展方向，区块链将在多方面发挥巨大的作用。

(1) 推动产业模式升级

区块链技术与其他前沿科技一道，结合政、产、学、研、投等各方面的资源协同攻关核心技术，在虚拟技术与实体经济深度融合中打造出信息共享、公平公正的新营商生态环境。新环境将实现各行业之间的有效信息沟通，促进生产要素的高效流转，加快新旧动能的转变，推动供给侧有效改革。

(2) 推动产业绿色发展

在进入经济新常态的今天，科学和绿色的经济发展模式将成为主流，环境与生态保护将成为关键指标。在产业发展的过程中应用区块链技术，让国家的政策导向和精准帮扶能够高效有力，提升治理水平；让企业的发展方向符合国家产业政策的导向，满足监管政策的要求；让生产过程透明可追溯，构建更有效的产业链协同和生态共建；让绿色生态环境和绿色食品成为社会的事实标准，从而在根本上让人民群众享受经济发展的成果，让大家的生活有更多的获得感。

(3) 推动技术创新协同

区块链技术的发展将推动信息互联向价值互联快速进化，实现信息流、业务流、人才流、物流、资金流的全面融合。近年来，大数据、物联网、人工智能、云计算、量子通信、最新移动通信、虚拟现实等新技术都有了快速的突破。如何形成可持续的技术发展闭环让这些新技术能够互相协同，形成有效的商业模式，区块链技术当仁不让地成为其中的关键环节。

(4) 推动社会治理改革

区块链技术可以广泛应用于民生、经济、社会治理等多个领域。应用区块链技术，可以提高政府办事效率，减少人民群众碰到的“办事难、办事慢”的情况；可以实现政务公开，让老百姓能够深入参与到政府的决策当中；可以与金融结合，提高金融服务效率，减少金融风险；可以充分发挥其难以篡改、分布式存储的特点，推动司法内容存证、社会信用建设、知识产权保护等方面的发展。

因此，加快区块链技术创新，深化区块链技术与实体产业融合，对于产业模式升级、社会治理水平的提高都有十分重要的意义。

2. 全球格局与中国区块链定位

随着全球第四次产业革命的不断推进，对区块链技术产业化的需求日趋明显。回溯近现代历史，18 世纪的第一次产业革命推动人类社会进入了蒸汽时代，19 世纪的第二次产业革命使人类社会跨入了电气时代，20 世纪中后期的第三次产业革命使全球进入信息时代，实现信息互联。

如今世界正处在第四次产业革命当中，其标志为通过融合大数据、物联网、人工智能、云计算、量子通信、最新移动通信、虚拟现实和区块链等关键技术，构建实体与虚拟网络互联互通的新一代产业体系。历史早已证明，每一次新的产业革命都会带来国际政治格局的重新洗牌。

由于历史原因，我国在前几次产业革命中没有跟上世界的步伐。但是，自改革开放以来，我国的综合国力不断增强。特别是在 21 世纪的今天，由于多个产业方向的关键技术已在全球范围内达到了前沿水平，我国已经具备了未来加速发展区块链技术、全面推动产业互联的可能。

3. 中国区块链发展前景广阔

随着区块链技术的不断成熟与发展，全球区块链市场已经初具规模。综合分析上述国际顶尖企业的区块链技术观点，并进一步参照多方数据进行研判，我们可以进一步明确目前中国区块链的实际基础及其在全球的相对优势。

据《中国电子报》2019 年 11 月的报道，2018 年的全球区块链市场规模已达 122.6 亿元，其中规模最大的是美国 (36%)。虽然目前中国的市场规模与美国有一定差距，但保持着十分强劲的增长势头。

从区块链投资规模来看，中美之间的差距已显著缩小。根据 CBInsights 公司 2019 年 7 月的研究报告，2014—2019 年，全球区块链投资额的 30% 在美国，排名第一；其次为中国，占总额的 15%。而在全球区块链专利数量方面，中国已经反超美国。截至 2018 年，在已提交的区块链相关专利中，41% 来自中国，排名第一；其次是美国，占 32%。总体来说，在全球区块链竞赛中，中国市场有非常大的成长空间，中国自主的区块链技术与相关行业企业也在迅猛发展。

4. 新时代企业家的历史机遇

区块链作为核心技术自主创新的重要突破口，必然要和各行各业深度融合、协同发展，成为政府、企业家、民众共同关注和参与的新方向。

新时代的企业家需要直面历史大趋势，迎接挑战，实现转型升级。区块技术链技术以其独特的优势，不但为企业家带来了难得的发展机遇，更为他们提供了很好的抓手和突破利器。在过去的 20 多年中，互联网全面融入社会生产、生活和经济发展，引领世界发生了巨大变革，充分显示了新技术对传统产业带来的颠覆性影响，以及伴随出现的猛烈的跨界打击和降维打击。新兴区块链技术的迅猛发展获得了大量社会资源的支持，是否会像当年互联网创新一样给传统产业带来改变和颠覆，这是每一位企业家都需要深思的地方。

由于技术的历史局限，互联网世界的公平性、价值性、安全性等基础问题，长期以来都未得到圆满解决，甚至由此派生出许多危害公共治安、社会、伦理、国家安全的问题，造成了很大的社会影响。因此，在互联网世界内部也需要一场深刻的技术变革，这比过去任何时候都显得更加必要和迫切。

区块链的技术特性恰好能顺应这种需求。从本质上讲，区块链就是新一代的高效治理架构，其核心是基于多种技术组合而建立的激励约束机制。它通过集成分布式数据存储、点对点传输、共识机制、加密算法等技术，对计算模式进行颠覆式创新，大幅提高了“作恶”门槛。此外，区块链的价值发掘机制推动“信息互联网”向“价值互联网”“信任互联网”变迁，从而充分挖掘各产业内部的积极力量，进而实现更加良性的治理架构，有效赋能国家治理体系和治理能力现代化建设。因此，区块链技术确有可能引起一场全球性的技术革新和产业变革。

与其他技术一样，区块链同样有其自身发展的客观规律。受内外因素的综合影响，区块链技术也需要不断更新迭代，使性能更成熟、稳定。区块链技术需要在与其他技术逐渐融合、与上层建筑反复磨合之后，才能实现广泛应用。此外，发展区块链也将面临监管上的挑战。从近些年对各种炒作行为的打击到对各种安全合规性的要求，有效地实施监管必定是前沿技术走向大规模应用所必然面临的过程。

全球科技创新正处于空前密集活跃的时期，目前世界主要国家都把信息技术作为谋求竞争新优势的战略方向。围绕信息技术制高点的国际竞争已日趋复杂化、白热化，甚至与贸易争端、外交博弈、军事角力相交织。区块链等前沿信息技术的发展情况与未来的国际竞争格局密切相关，如果不能快速发展区块链技术，就有可能陷入长期落后的危险。

显然，我国将会走在全球区块链发展的前列，新时代的企业家也将会直面产业区块链的到来。产业区块链应用即将在国家大力扶持、社会普遍关注的情况下，在各行各业逐步深度融合并开始大面积落地，我国企业家们应当抓住区块链技术发展的重要机遇，勇立潮头，锐意进取，把握先机，真正占据自身产业发展的领先地位，并更上一层楼！

5. 权益和服务的价值流转

权益和服务也是非常典型的区块链应用场景。一方面，权益和服务这样的虚拟产品急需有效的背书及内容铺定，其价值的高低很大程度上和一系列的前置约束条件紧密相关，而这些条件都需要真实可信的定义和适用范围。另一方面，权益和服务对应的都是高流通的场景，必须依赖一系列的市场交易和确认行为来维持价值。价值崩塌带来的很可能是市场的萎缩和消失。

因此，依托区块链技术构建的垂直行业的虚拟产品、权益、服务交易市场，未来将会有很大的发展空间。

第四节 数字经济创造价值

一、数字孪生

知识经济时代，整个社会的价值创造体系都需要进行彻底重塑。工业革命以来的两百年，人类价值创造的主题可以归结为“生产力革命”，其核心就是忽略个体的个性化需求，定义符合大众群体的标准化需求，然后对供给侧的价值创造过程拆分为一个个细分环节，再对每个环节进行标准化，从而实现整体效率不断提升。随着生产力发展到今天的水平，这种被定义出来的标准化需求已经处于严重供过于求的状态。

用户通过互联网结成了用户网络，变得越发主动和强势，以往 B 端与 C 端的强弱关系逆转，而用户需求则如同在大海中游弋，越发地碎片化、多元化和多维化。对于企业而言，需要物联网、大数据、云计算人工智能成为企业的眼睛和大脑，产业互联网成为企业的神经网络，区块链成为企业的循环系统，公司的界限趋于模糊，内外结合生态化发展，通过生态化实现经济的升维加速进化，实现网络化分工协同，网络化要素流动和网络化价值创造。这就意味着，工业时代的刚性供应链变成柔性的供应网络，整个供应网络将围绕用户的需求进行快速调整和迭代，形成面向用户需求的柔性定制。

在工业时代的刚性供应链中，价值创造的主体是公司，每个公司独立安排生产，不同公司之间基于货币交换形成价值链上下游的松散协作关系。在未来的柔性供应网络中，价值创造将是以数字智能为驱动，个人、公司、平台在社会化协作中完成的。所有的生产资料和工作流程都将数字化后上云，形成与物理世界对应的数字孪生世界。

在数字孪生世界中，通过数字智能和网络协同的方式实时生成价值链，在该价值链中完成供给的创造，然后再通过数字化手段反作用于物理世界，将其实际生产出来并配送到用户手中。基于工业时代价值创造的基本特征，以资本为核心，个体利益最大化为实现手段的资本主义生产方式具有其合理性，能够最大限度地推动生产力的发展。到了信息时代，资本主义的核心逻辑与价值创造的特点出现了严重抵触，以人为核心，以社会化协作为实现手段的社会主义生产方式必将取代资本主义。物权数字化，正是实现社会主义生产方式的必要手段。

二、物权数字化优势

如上所述，物权数字化，能够带来经济活动的一系列深刻变革。这里简单列举两条，供抛砖引玉。在未来高效透明交易的数字化价值创造过程中，传统的物权概念，无论在时间和空间上的颗粒度都显得过于粗糙，必须对其进行革命性变革，时间和空间上变得更为精细和灵活，与数字化的价值创造过程相适应。以房产交易为例，现有的房屋产权是登记制，房屋交易需要开具工作收入、银行流水、社保、缴税等一系列证明文件，平均用时 182 天。实现物权数字化之后，很多流程都可以通过数字化和自动化实现合约智能化：房地产服务、金融服务便变成了秒级别的服务，人们可以像如今线上购物一样买卖房屋。

物权数字化之后，如今围绕物权的各种欺诈和博弈行为将不复存在，现在的谈判型世界将会转变成预估型世界，前者中会有尔虞我诈，也会夹杂个人偏见，但后者中只有真实透明、言必行行必果。经济脱虚向实，前文提到，工业时代实现物权流转，是通过资本货币化实现的。将物权转换为一定数额的货币，通过货币的调配，来实现有形物与劳动的有机组合，从而创造出价值。

在价值创造和利益分配的循环中，货币成为量化一切价值的手段，货币资本的增值于是成为价值创造不断提升的标志，成为人们追逐的核心目标。但是这一初级的物权数字化具有重大缺陷：当物权被量化为一定的货币之后，货币运动就与实际价值创造过程相分离，货币完全可以通过独立的运动过程实现增值，而脱离实际的价值创造，这就是我们所说的虚拟经济与实体经济相分离。由于货币运动比实体经济循环更加简便、迅速，在虚拟经济活动中，资本增值效率要更加高效，在以资本增值为核心这一指挥棒的导向之下，必然整个经济活动都会呈现脱实向虚的趋势。但是，货币归根结底只是价值符号，是不可能独立存在的，必须依附于实际的价值才能起作用，经济脱实向虚导致整个经济体系走向衰败，最终成为企业衰败和国家衰落的罪魁祸首。而我们所称的物权数字化，是基于物联网和区块链技术，将物实体与其数字产权建立实时动态的对应关系，物权价值的增值，不可能脱离实际的价值创造而独立存在，因此它就成为助推实体经济高效发展，抑制经济脱实向虚的有力保障。

更进一步，物权数字化也将会成为解决当今世界货币通胀与通缩交替出现这一顽疾的有力手段之一。理论上说，货币供应总量应当与经济活动中所需的货币通量相适应，才能更好地促进经济发展。但是从实际操作上看，由于实际经济活动是无法事先量化的，因此中央银行只能通过一些就业率和 CPI 等间接指标来调整货币供应，于是不可避免出现上述顽疾。当物权数字化全面铺开之后，可以实时统计经济活动中涉及的价值总量，于是也就可以对所需的货币进行精确调整。由于货币本身也实现了数字化，因此可以对货币进行实时赋权，比如特定数量的货币在特定时间段内只能用于特定的生产经营活动，从而避免了货币供应无节制地涌向特定领域（比如房地产），造成经济的剧烈波动。

海南经济特区物权数字化网络科技公司创建的物权数字化交易平台是国内第一个将“物权”进行“数字化”，并以“数字经济”属性进行“物权”交易的创新型平台。依据《中华人民共和国物权法》《中华人民共和国民法典物权编》，结合“数字产业化，产业数字化”大时代背景，推出“物权数字化交易平台”。

“物权数字化交易平台”非金融属性，突出中介经纪属性。将打破几千年来“整买整卖”和“整租整赁”的传统思维定式，将改变“生活、商业、交易”等传统格局和传统模式，跨越时空限制，化繁为简。

“物权数字化交易平台”将“物权、数字化、智能合约”进行了跨界组合。形成了新的“交易逻辑”和“交换方式”，是康养地产、旅游地产、地权、林权、草权、湖权等不动产交易的一场革命。

三、物权数字化实施路径

物权数字化，则主要指实体物理世界有体物的物权进行数字化处理，使其在虚拟的数字世界中具有对应物，从而实现方便快捷的处置和交易。

物权数字化意义重大，不仅关系到国计民生，而且与每个人的切身利益息息相关。

物权数字化，使得目标物的流动变得更加方便和频繁，适应日趋复杂的价值创造过程。

物权数字化优势：

1. 产权明晰，区块链证书管理。

2. 手续办理简便，无须频繁房产过户。

3. 交易方便，双方确认即可，有区块链证书验证。

4. 可划分为多个单元，交易金额小额化。

5. 可及时享受物权收益。

传统销售一套房，需要几百万的资金，通过物权数字化销售只需要几万元就可以达到区块链管理数字化共同持有。

通过区块链数字化持有房屋的份额，达到购房人共享收益。需要转让时，转让持有房屋公司的股权份额即可。转让时根据股权转让时所交的所得税，就可以达到完税受益的兑现。

对房产投资来说，把房产区块数字化，成为现代房产投资最优方式，是现代社会的投资首选。

资产的数字化的载体是 Token，Token 实现了物理世界向数字世界的映射，呈现形式上，一方面将传统的资产进行数字化，我们可以看到各种各样的资产在很直接地进行加密。另一方面是之前我们还没有实现价值的数据要素，可以在 Token 的世界进行确权和定价。

物权 Token 与传统法币的区别：

第一，可以分成无限小的颗粒，形成一个数字化的衡量。

第二，Token 的持有者，只要掌握私钥，就可以随意进行价值的自由转移，这方便了价值在网络世界的流动。

第三，作为一个循环使用的价值载体，可以优化整个线上的激励，刺激整个生态生长、转化。

物权 Token 升值空间:

第一，物权标的物的丰厚利润支撑。

第二，类比互联网来估算比特币的网络价值，主要依据是梅特卡夫提出的，网络价值与网络用户数的平方成正比的关系。以比特币的用户数、链上交易数量、链上交易价值等指标作为变量，来构建统计模型。

第三，达维多定律：第一个项目自动占有类似生态 50% 以上的自由市场。

目前数字经济蓬勃发展，中国正在全力推行以 5G、大数据、人工智能、区块链、物联网等数字科技相融合的新基建发展，我们相信在不远的将来，伴随着《民法典》的实施，物权数字化将走进我们每个人的生活。

第二章 《民法典》赋能物权数字化

第一节《民法典物权编》导读

编纂《民法典》是党的十八届四中全会提出的重大立法任务，是以习近平同志为核心的党中央作出的重大法治建设部署。《民法典》的编纂采取“两步走”的工作思路进行：第一步，制定民法总则，作为《民法典》的总则编；第二步，编纂《民法典》各分编。基于我国现实和社会背景，“以人民为中心，切实回应人民法制需求”，《民法典》各分编分别对产权保护、公平交易、人格权保护、婚姻家庭和继承、侵权救济等制度进行了全面补充完善，“与民法总则编一并形成了具有中国特色、体现时代特点、反映人民意愿，体例科学、结构严谨、规范合理、内容协调一致的《民法典》”[1]。

《民法典物权编》调整因物的归属和利用产生的民事关系。它秉持物尽其用的观念，全面规定了所有权、用益物权、担保物权及占有制度，“通过明确物的归属秩序、丰富物的利用方式、达到维护交易安全，促进财富流转的目标”[2]。

相较于《物权法》，《民法典物权编》有不变的方面，也有变化的方面。一方面，《民法典物权编》的编纂是基于较为完备的民事法律规范体系展开的。《民法典物权编》以《物权法》和《民法通则》的规定为基础，同时吸纳了《农村土地承包法》《城市房地产管理法》《担保法》《城镇国有土地使用权出让和转让暂行条例》《不动产登记暂行条例》等法律、行政法规和《最高人民法院关于审理建筑物区分所有权纠纷案件具体应用法律若干问题的解释》《最高人民法院关于审理物业服务纠纷案件具体应用法律若干问题的解释》《最高人民法院关于适用〈中华人民共和国物权法〉若干问题的解释(一)》等司法解释的经验。[3]另一方面，《民法典物权编》的规定充分考量了我国现实和社会背景，体现了“中国之间、时代之间、共识之变”[4]。相较于《物权法》，《民法典物权编》增设、修改并完善了部分制度，其中亮点颇多。

因此，本章将从宏观上总结概括《民法典物权编》与《物权法》的不同之处，并基于此分析其中亮点；从微观上，通过解读《民法典物权编》中关于共有物权的规定，分析物权数字化的法理依据和发展趋势。

---

[1] 张鸣起：《民法典分编的编纂》，载《中国法学》2020 年第 3 期，第 5–28 页。

[2] 高圣平：《民法典物权编的发展与展望》，载《中国人民大学学报》2020 年第 4 期，第 19–29 页。

[3] 朱广新：《民法典物权编编纂的历史与体系思考》，载《吉林大学社会科学学报》2019 年第 1 期，第 30–38 页、第 219–220 页。

[4] 王轶：《民法典之“变”》，载《东方法学》2020 年第 4 期，第 40–48 页。

第二节《民法典物权编》亮点

《民法典物权编》亮点颇多，笔者将其归纳为以下九个方面。

第一，修改物权变动与物权保护的规则。其一，删除了受遗赠物权变动的生效时间是继承开始时这一规定。《民法典物权编》第二百三十条规定了因继承取得遗产物权的时间，即："因继承取得物权的，自继承开始时发生效力。"对比《物权法》第二十九条"因继承或者受遗赠取得物权的，自继承或者受遗赠开始时发生效力"的规定，《民法典物权编》删除了因受遗赠，物权发生变动时间的内容。《民法典》第一千一百二十四条第二款规定："受遗赠人应当在知道受遗赠后六十日内，作出接受或者放弃受遗赠的表示；到期没有表示的，视为放弃受遗赠。"继承开始时，受遗赠人并不立刻取得物权，在其作出接受或者放弃受遗赠的表示之前，受遗赠人只对遗赠享有债权；在其作出接受遗赠的表示之后，才取得物权。其二，《民法典物权编》第二百三十七条规定"权利人可以依法请……恢复原状"，第二百三十八条规定"权利人可以依法请求损害赔偿"，与《物权法》第三十六条、第三十七条相比，均增加了"依法"二字。恢复原状和损害赔偿作为侵权责任请求权，虽然分别被规定于《民法典物权编》中，但是这两种请求权的法律依据并非来源于物权编。[5]

第二，修改所有权的一般规则。其一，完善不动产的征收规则。与《物权法》相比，《民法典物权编》第二百四十三条对不动产征收的规定更为完善。（1）在征收集体所有的土地的情况下，增加了"及时"支付土地补偿费的规定，以避免长期拖欠土地补偿费的情况发生。（2）将"农村村民住宅"的补偿费用纳入征收集体所有的土地的补偿范围内，更全面地保护民众权益。其二，将"疫情防控需要"纳入依法征用组织、个人不动产或者动产的紧急需要的情形中，这结合了防控新冠肺炎疫情实践所总结的经验，也满足了长期疫情防控的需要。其三，增加了"无居民海岛属于国家所有，国务院代表国家行使无居民海岛所有权"的规定。其四，增加了"集体成员有权查阅、复制"集体成员对集体财产的相关资料。其五，增加了"不动产权利人不得违反国家规定弃置固体废物，排放大气污染物、水污染物、土壤污染物、噪声、光辐射、电磁辐射等有害物质"的规定，这是绿色原则在相邻关系中的体现。其六，增加了添附作为所有权取得方式的规定。[6]

第三，修改建筑物区分所有权规则。在日常生活中，由于小区面积较大、业主众多，且《物权法》设定的共同决定事项的通过规则门槛过高，导致业主常常面临召集业主开会难、通过决议难的困境。[7]因此，《民法典物权编》对建筑物区分所有权的规定作出大量修改，以保护业主权益，笔者认为，最关键的有以下四点。其一，降低了共同决定事项的门槛。"业主共同决定事项，应当由专有部分面积占比三分之二以上的业主且人数占比三分之二以上的业主参与表决"，重大事项"应当经参与表决专有部分面积四分之三以上的业主且参与表决人数四分之三以上的业主同意"，一般事项"应当经参与表决专有部分面积过半数的业主且参与表决人数过半数的业主同意”。其二，强调业主将住宅改变为经营性用房时，应当经有利害关系的业主一致同意。其三，增加了“利用业主的共有部分产生的收入，在扣除合理成本之后，属于业主共有”的规定，一方面鼓励充分利用共有部分，另一方面保护业主的权益。其四，规定物业服务企业或者其他管理人应当“及时答复业主对物业服务情况提出的询问”且“应当执行政府依法实施的应急处置措施和其他管理措施，积极配合开展相关工作”，明确了物业服务企业或者其他管理人服务业主、配合政府的义务。

第四，修改共有规则。本章第三节将详细论述《民法典物权编》中有关共有的规则。

第五，修改用益物权的一般规则。“用益物权”是指权利人享有的对他人所有的不动产在一定的范围内加以使用、收益的定限物权。《民法典》规定的用益物权包括土地承包经营权、建设用地使用权、宅基地使用权、居住权和地役权；此外，在特别法上，我国亦规定了海域使用权、探矿权、采矿权、取水权、养殖权和捕捞权，而在特别法上规定的用益物权处于公私法交界的地带，与行政管理有关，在此不作过多阐述。用益物权具有以下特征：其一，用益物权属于他物权。他物权是与所有权相对应的概念，即所有人以外的其他人享有的物权、对他人之物享有的物权。用益物权和担保物权同属他物权，但二者存在许多不同之处。对于权利类型而言，用益物权包含土地承包经营权、建设用地使用权、宅基地使用权、居住权和地役权等，担保物权包含抵押权、质权、留置权等；对于权利内容而言，用益物权指向物的实体权，担保物权指向物的价值权；对于权利客体而言，用益物权的客体仅有不动产，担保物权的客体包含不动产、动产和权利；对于法律属性而言，用益物权以独立性为原则，以从属性为例外，担保物权具有从属性；对于权利实现而言，用益物权经设立即实现，担保物权的设立与权利实现相分离。其二，用益物权是以占有、使用、收益、处分为内容的定限物权。定限物权是与完全物权相对应的概念，即它不似完全物权一般包含占有、使用、收益、处分的全部权利，而只能包含其中一部分权利。用益物权是针对物的使用价值的支配权，因此它包含占有、使用、收益的权利，而不包含处分的权利。其三，用益物权是以不动产为客体的物权。因为我国对土地等自然资源实行公有制，私人无法取得它们的所有权，所以有必要在不动产上设定用益物权。

用益物权牵涉到三农问题、住房问题等有关国计民生的事项，因此，《民法典》亦对其特别关注，并进行了一系列修改。对于用益物权的一般规则而言，其一，明确了用益物权应遵守绿色原则，《民法典物权编》第三百二十六条规定：“用益物权人行使权利，应当遵守法律有关保护和合理开发利用资源、保护生态环境的规定。所有权人不得干涉用益物权人行使权利。”其与《物权法》第一百二十条相比，增加了“（用益物权人行使权利，应当遵守）保护生态环境的规定”，这是绿色原则在用益物权部分的体现。在用益物权部分，《民法典物权编》不仅对用益物权的一般规则进行了修改，也对土地承包经营权、建设用地使用权的规则进行了修改，新增了居住权制度，这三项将在第六、七、八点详述，还对地役权进行了小范围的修改。对于地役权，《民法典物权编》第三百七十八条规定："土地所有权人享有地役权或者负担地役权的，设立土地承包经营权、宅基地使用权等用益物权时，该用益物权人继续享有或者负担已经设立的地役权。"相较于《物权法》第一百六十二条，继续享有或负担已经设立的地役权的主体范围扩大，不仅包括土地承包经营权人和宅基地使用权人，还包括其他类型的用益物权人。《民法典物权编》第三百七十九条明确了只有已设立用益物权的土地设立地役权才须经用益物权人同意，而非其他权利。此外，《民法典物权编》对宅基地使用权并未作出修改。

第六，修改土地承包经营权的规则，体现和巩固了我国新一轮土地制度改革的成果。其一，基于"三权分置"的基本思想，将"以招标、拍卖、公开协商等方式取得的土地承包经营权"修改为"土地经营权"，且土地承包经营权人可以自主决定依法采取出租、入股或者其他方式向他人流转土地经营权。其二，删除禁止"耕地……集体所有的土地使用权"抵押的规定，允许土地承包经营权和土地经营权进入融资担保领域。"土地承包经营权抵押权的实现主要不采取变价的方式，而采取收益实行的方式，通过土地经营权的流转收益清偿债务，坚守了'无论承包地如何流转，都不能使农民失去承包地'的政策底线。"[8] 对于土地经营权，"实现抵押权后，未经法定程序，不得改变土地所有权的性质和土地用途"[9]。其三，在"二轮"承包之后，承包农户仍可继续延包。

第七，修改建设用地使用权的规则，回应民众呼声，关切现实需求。虽然《物权法》第一百四十九条第一款规定了住宅建设用地使用权期间届满自动续期，但是没有明确自动续期之时是否续费这一问题。《民法典物权编》第三百五十九条对此作出了回应，即："续期费用的缴纳或者减免，依照法律、行政法规的规定办理。"待未来法律、行政法规出台具体规定后，便可做好衔接。

第八，新增居住权制度。居住权是指居住权人按照合同约定，对他人的住宅享有占有、使用以满足生活居住的需要的用益物权。设立居住权，当事人应当采用书面形式订立居住权合同。《民法典》出台前，司法实践中已经存在居住权的案件，但是却无相应的法律规范，因此只能通过适用公序良俗条款、将居住权解释为所有权或共同共有权、将居住权解释为债权、将享有居住权作为执行异议的依据、将明知存在居住权仍购买房屋的买受人认定为恶意等方法保护居住权人。[10]《民法典物权法》第三百六十六条至第三百七十一条规定了居住权，对现实有诸多裨益。首先，居住权与购房居住、租房居住共同满足社会对住宅的需求，使"居者有其屋"。其次，居住权作为物权，登记后得以对抗第三人，更加稳定、长久。

有关居住权的规定可以概括为以下四个方面。其一，居住权原则上应当无偿设立，但是当事人亦可另行约定。其二，居住权自登记时设立。其三，居住权不得转让、继承。设立居住权的住宅不得出租，但是当事人另有约定的除外。其四，居住权期限届满或者居住权人死亡的，居住权消灭。对于居住权是否得以转让、继承，设立居住权的住宅是否可以出租的问题，学界曾有争论，最终《民法典物权编》对此采取否定态度。“住房保障旨在满足低收入群体的居住需求。经济适用房等制度之所以饱受争议，就在于其超出了保障居住需求这一意旨，为特定人员低价取得房屋所有权留下了通道，由此可能让其获得暴利，也为权力寻租提供了空间。”[11] 居住权不能转让、继承，设立居住权的住宅不可出租，便杜绝了此种问题，未来或可作为社会福利的住房保障的制度基石。

第九，《民法典物权编》对担保物权规则的完善与商事规范有诸多联系，有利于改善我国的营商环境。首先，《民法典物权编》对担保物权的一般规则作出修改，新增担保物权统一的优先受偿顺序。根据《民法典物权编》第四百一十四条第二款和第四百一十五条，担保物权应当按照以下顺序受偿：已经登记的担保物权按照登记的时间先后确定清偿顺序，已经登记的担保物权先于未登记的受偿，未登记的担保物权按照债权比例清偿。其二，与《物权法》不同，《民法典物权编》第四百零一条和第四百二十八条对流质条款的态度并非一概否定，而是规定担保物权人可以依法就担保财产优先受偿。其次，《民法典物权编》对抵押权规则作出修改。其一，新增超级优先权的规定。《民法典物权编》第四百一十六条规定：“动产抵押担保的主债权是抵押物的价款，标的物交付后十日内办理抵押登记的，该抵押权人优先于抵押物买受人的其他担保物权人受偿，但是留置权人除外。”这有利于鼓励信用消费，优化动产担保体系。其二，修改了抵押物转让规则，与《物权法》不同，《民法典物权编》第四百零六条承认抵押财产的自由转让，而不必经过抵押权人同意，也不必将转让所得的价款向抵押权人提前清偿债务或者提存。最后，《民法典物权编》对质权规则作出修改。《民法典物权编》第四百四十条将未来的应收账款纳入质押范围，这符合我国金融领域的实践。[12]

---

[5] 杨立新，李怡雯：《民法典物权编对物权规则的修改与具体适用》，载《法律适用》2020 年第 11 期，第 3-40 页。

[6] 杨立新，李怡雯：《民法典物权编对物权规则的修改与具体适用》，载《法律适用》2020 年第 11 期，第 3-40 页。

[7] 尹飞：《物尽其用：〈民法典〉物权编亮点解析》，载《人民论坛》2020 年第 18 期，第 54-57 页。

[8] 高圣平：《民法典物权编的发展与展望》，载《中国人民大学学报》2020 年第 4 期，第 19-29 页。

[9] 高圣平：《民法典物权编的发展与展望》，载《中国人民大学学报》2020 年第 4 期，第 19-29 页。

[10] 曾大鹏：《居住权的司法困境、功能嬗变与立法重构》，载《法学》2019 年第 12 期，第 51-65 页。

[11] 尹飞：《物尽其用：〈民法典〉物权编亮点解析》，载《人民论坛》2020 年第 18 期，第 54-57 页。

[12] 彭诚信：《〈民法典〉物权编的进步、局限与未来》，载《法制与社会发展》2020 年第 4 期，第 91-106 页。

第三节 共有物权条款解读

一、共有物权条款的新变化

共有物权条款的立法沿革。

1987年开始实施的《民法通则》第七十八条对共有作出了一般性的规定，具体而言，它确认了共有可以作为财产的所有形式，区分了按份共有和共同共有两种共有形式，规定了共有人的优先购买权。

2007年开始实施的《物权法》第八章专章规定了共有，构建起了共有的规则体系。与《民法通则》相比，《物权法》完善了有关共有概念、共有形式、优先购买权的规则，新增了有关共有物管理、共有物处分或者重大修缮、共有物管理费用负担、共有财产分割、因共有财产产生的债权债务关系、共有关系不明对共有关系性质推定、按份共有人份额不明的确定原则、用益物权和担保物权的准共有的规则。此后，为了正确审理有关共有的物权纠纷案件，2016年开始实施的《最高人民法院关于适用〈中华人民共和国物权法〉若干问题的解释（一）》第九条至第十四条进一步细化了优先购买权的规则。

2020年通过、2021年即将施行的《民法典》，在物权编第八章专章规定了共有。从整体上看，它沿袭了《物权法》关于共有的规则体系，吸纳了《最高人民法院关于适用〈中华人民共和国物权法〉若干问题的解释（一）》的经验，同时进行了一定程度上的创新。虽然《民法典物权编》的共有规则体系相较于《物权法》的共有规则体系，整体上并未发生巨大变动，但是具体规则存在以下三点有实质意义的修改。

第一，共有主体范围的扩大。《民法典》第二百九十七条规定了共有概念和共有形式，即："不动产或者动产可以由两个以上组织、个人共有。共有包括按份共有和共同共有。"它来源于《物权法》第九十三条，但是，《物权法》第九十三条对共有的定义为："不动产或者动产可以由两个以上单位、个人共有"，《民法典》将"单位"修改为"组织"，扩大了共有主体的范围，体现了《民法典》对保护物权平等保护。

第二，纳入了共有物变更性质或者用途时的规则。《民法典》第三百零一条规定："处分共有的不动产或者动产以及对共有的不动产或者动产作重大修缮、变更性质或者用途的，应当经占份额三分之二以上的按份共有人或者全体共同共有人同意，但是共有人之间另有约定的除外。"它来源于《物权法》第九十七条，而后者仅规定了共有物的处分和重大修缮时的规则，未涉及《民法典》第三百零一条纳入的共有物变更性质或者用途时的规则。

第三，新增优先购买权的具体形式规则。《民法典》第三百零六条规定了优先购买权的具体行使规则："按份共有人转让其享有的共有的不动产或者动产份额的，应当将转让条件及时通知其他共有人。其他共有人应当在合理期限内行使优先购买权。两个以上其他共有人主张行使优先购买权的，协商确定各自的购买比例；协商不成的，按照转让时各自的共有份额比例行使优先购买权。”《物权法》仅规定了优先购买权，但并未规定优先购买权的行使规则。《最高人民法院关于适用〈中华人民共和国物权法〉若干问题的解释（一）》的规定在一定程度上填补了这一空白，但是仍有一些问题在理论上与实务中产生了很大的争议。《民法典》第三百零六条结合近年来理论与实务所凝结的共识，明确了优先购买权的具体行使规则。

除上述三点外，《民法典》对其他有关共有的规则中的部分条文进行了语言文字上的修改。

二、共有物权的规则体系

以所有权主体为单数或复数为标准，财产的所有形式可以分为单独所有和共有两种。单独所有是指一个主体单独享有对某项财产的所有权，共有是指两个或两个以上的主体共同享有某项财产的所有权。共有是社会经济生活中大量存在的财产形式，例如，夫妻共同财产便可能涉及共有法律关系。

《民法典》第二百九十七条至第三百一十条规定了共有。其中，我国确认了按份共有和共同共有两种共有形式，二者有相同之处，可以适用关于共有的一般性规范，也有不同之处，需要遵循各自的具体化规则。在按份共有和共同共有的二分体系上，我国《民法典》确立了有关共有人的权利与义务、共有的所有权、共有物管理、共有物分割、因共有物产生的债权债务等规则。这些规则共同构成了《民法典》关于共有的规范群。

三、共有的含义

《民法典》第二百九十七条规定了共有概念和共有形式：“不动产或者动产可以由两个以上组织、个人共有。共有包括按份共有和共同共有。”共有是指两个以上民事主体对同一个物享有所有权。基于所有权的排他性，共有关系中只能存在一个由多人共同享有的所有权，而非存在多个所有权。

根据《民法典》第二百九十七条的规定，可以将共有的含义总结为以下三方面。第一，在主体方面，同一不动产或动产可由两个以上权利主体共同所有。权利主体可包括“组织”和“个人”。第二，在内容方面，共有人对共有物享有权利、承担义务。但是，享有权利的范围、承担义务的限度根据共有类型的不同、共有人之间的约定而不同。每个共有人都对共有物享有物权，这就意味着每个共有人占有、使用、收益、处分共有物的权利不受他人干涉。但是共有人的物权也受到共有关系本身的限制，在行使权利时，必须由全体共有人协商处理。第三，在客体方面，共有的客体是特定的。不论是按份共有，还是共同共有，每个共有人的权利都及于整个共有财产。

《民法典》第二百九十七条至第三百一十条所规定的共有适用于物权。除共有物权外，亦存在债权共有、知识产权共有、股权共有等，但这些共有关系应当根据相关法律研究。

四、按份共有

1. 按份共有的含义

《民法典》第二百九十八条规定了按份共有的含义："按份共有人对共有的不动产或者动产按照其份额享有所有权。"根据《民法典》第二百九十八条，按份共有是指两个或两个以上的共有人按照各自的份额对共有财产享有权利和承担义务的一种共有关系。按份共有除了满足上述关于共有的含义外，最关键的便在于按份共有人按照份额享有所有权。份额不同，按份共有人所享有的权利和承担的义务也不同，换言之，按份共有人所享有的权利根据其份额确定，承担的义务也根据份额确定。

但是，按照份额享有所有权不能狭隘地理解为分别所有，即每个按份共有人的权利只局限于其份额所对应的某一部分财产上。因为按照份额享有所有权的"份额"是抽象意义上的份额，而不是在实在意义上对物分割产生的份额，所以不能与共有物的各个部分一一对应。只有当共有人根据《民法典》第三百零三条和第三百零四条的规定分割共有物后，才会转化为实在意义上的份额。

2. 按份共有份额的确定方式

《民法典》第三百零九条规定了按份共有确定份额的方式："按份共有人对共有的不动产或者动产享有的份额，没有约定或者约定不明确的，按照出资额确定；不能确定出资额的，视为等额享有。"确定按份共有的份额时，应当有顺序地适用以下三种方法：第一，若按份共有人曾就各自对共有物所享有的份额作出约定，则其可以按照约定享有相应份额；第二，若按份共有人未就各自对共有物所享有的份额作出约定，或约定不明确，则应当按照出资额确定其享有的份额；第三，若不能确定出资额，则视为各个按份共有人等额享有。

关于出资额是仅仅包括共有关系成立时的原始出资额还是也包括共有关系成立后的后续出资额这一问题，《民法典》第三百零九条并未明确规定，但是既然其没有排除后续出资额，应当被理解为在共有关系存续期间内的一切出资额，即包括原始出资额和后续出资额。

3. 按份共有人的权利与义务

第一，按份共有人对共有财产享有占有、使用、收益的权利。按份共有人享有共有财产的所有权，即对共有财产占有、使用、收益、处分的权利。一方面，按份共有人应当按照其份额对共有财产享有权利。以收益的权利为例，按份共有人享有的份额越多，其享有的收益权利便越大，最终分得的收益占比越大。另一方面，与收益的权利不同，占有和使用的权利很难量化，因此，按份共有人应当对如何利用共有财产进行协商，按份共有人应当根据协商的结果占有和使用共有财产，不应超出自身权利范围。否则，便可能侵犯其他按份共有人的权利，最终承担不当得利返还、损害赔偿等后果。

第二，按份共有人有权按照约定管理或共同管理共有财产的权利。《民法典》第三百条对共有人管理共有物作出规定："共有人按照约定管理共有的不动产或者动产；没有约定或者约定不明确的，各共有人都有管理的权利和义务。"本条所规定的管理，是指"对共有物的保存、适用、简单改良与修缮等行为"[13]，而处分、重大修缮、改变性质或者用途不属于管理。按份共有人对共有物的管理方式分为两种，即协议管理和共同管理，协议管理应当优先于共同管理。相应地，按份共有人亦应当承担按照协议管理或共同管理共有财产的义务。管理共有财产作为一种义务，包含多项内容。例如，共有人有义务为了全体共有人的利益应当对共有物进行简单修缮，共有人应当在使用时应尽注意义务以避免共有物的损毁。

《民法典》第三百零二条对共有物的管理费用以及其他负担作出规定："共有人对共有物的管理费用以及其他负担，有约定的，按照其约定；没有约定或者约定不明确的，按份共有人按照其份额负担，共同共有人共同负担。"共有物的管理费用，是指"因共有物的保存、改良或利用行为所产生的费用"[14]。其他负担，是指"税费、保险费、共有物致害他人所应支付的损害赔偿金等各类公法上或私法上的负担"。按份共有人负担共有物的管理费用以及其他负担，应当有顺序地适用以下两种方法：第一，按份共有人对此有约定的，按照约定负担；第二，按份共有人对此没有约定或约定不明确的，按照其份额负担。对于按份共有人负担共有物的管理费用以及其他负担超出其按约定或按份额应当负担的范围时，应当根据《民法典》第三百零七条向其他按份共有人进行追偿。

第三，按份共有人享有物权请求权。按份共有人对共有物享有所有权，因此可以适用物权请求权。当其物权受到侵害时，可以适用《民法典》第二百三十五条规定的返还原物请求权或第二百三十六条规定的排除妨害请求权和消除危险请求权对其物权进行保护。

第四，按份共有人有权处分其共有份额。当按份共有人处分其共有份额时，其他按份共有人享有优先购买权。《民法典》第三百零五条规定："按份共有人可以转让其享有的共有的不动产或者动产份额。其他共有人在同等条件下享有优先购买的权利。"

第五，全体共有人有权处分共有财产，可以对共有物进行重大修缮、变更用途或性质。

《民法典》第三百零一条对共有物的处分、重大修缮、变更性质或用途作出规定："处分共有的不动产或者动产以及对共有的不动产或者动产作重大修缮、变更性质或者用途的，应当经占份额三分之二以上的按份共有人或者全体共同共有人同意，但是共有人之间另有约定的除外。”对于共有物的处分、重大修缮、变更性质或用途，应首先遵循共有人的约定，若共有人之间没有约定，则应当经占份额三分之二以上的按份共有人同意。同一共有物的处分、重大修缮、变更性质或用途与共有人存在重大利害关系，例如，共有物的处分可能导致物权的移转或在共有物上设置他物权，共有物的重大修缮可能需要共有人承担数额较大的修缮费用、可能会导致改变共有物的结构、可能对共有人利用共有物造成不便，变更性质或用途可能会增加或降低共有物的效益、可能改变共有物的利用方式等。因此《民法典》对此采取了审慎的态度，按份共有中采多数决，共同共有中采一致同意决。[15]之所以在按份共有中采多数决而非一致同意决，这是基于对按份共有和共同共有的区别和共有财产效益发挥的考量。

4. 共有类型的推定

《民法典》第三百零八条规定了共有类型的推定：“共有人对共有的不动产或者动产没有约定为按份共有或者共同共有，或者约定不明确的，除共有人具有家庭关系等外，视为按份共有。”确定共有类型应当有顺序地适用以下三种方法：第一，共有人对共有类型作出约定的，按照其约定；第二，共有人没有约定或约定不明确，但共有人具有家庭关系的，应当推定为共同共有；第三，共有人没有约定或约定不明确，且不具有家庭关系的，应当推定为按份共有。换言之，根据本条规定，应当将按份共有作为一般类型，而将共同共有作为特殊类型。这主要基于三点原因：第一，按份共有对共有物的利用更加有效、对共有物的分割更加方便、对共有物的管理更加灵活、对共有物的处分更加便利，因此，推定为按份共有能更大限度地使共有物发挥效益。第二，共同共有对其成立的基础关系要求较高，例如，共同共有关系往往基于家庭关系。第三，共同共有承担的责任更重，例如，按份共有人按照其份额负担共有物的管理费用和其他负担，而共同共有人应当共同负担，因此应当限缩认定为共同共有的情况。

五、共同共有

1. 共同共有的含义

《民法典》第二百九十九条规定了共同共有：“共同共有人对共有的不动产或者动产共同享有所有权。”根据《民法典》第二百九十九条，共同共有是指两个以上的民事主体根据某种共同关系而对某项财产不分份额地共同享有权利并承担义务。共同共有与按份共有最大的区别有以下两点：第一，共同共有是根据某种共同关系而产生的，以共同关系的存在为前提。最常见的产生共同共有的共同关系是夫妻关系、家庭关系、共同继承的关系。虽然在社会经济生活中，夫妻关系、家庭关系为最常见的共同关系，但并不意味着共同共有不能因约定而产生。一旦这种共同关系丧失，共同共有的前提便不复存在，共同共有人便可以主张对共有物的分割。第二，共同共有不分份额，所有共同共有人平等地享有权利、承担义务。需要注意的是，虽然共同共有不分份额，但是当共同共有关系结束时亦可确定各共同共有人的份额。

2. 共同共有人的权利与义务

与按份共有人相似，共同共有人也对共有财产享有占有、使用、收益的权利，享有按照约定管理或共同管理共有财产的权利，享有物权请求权，享有全体共有人处分共有财产、对共有物进行重大修缮、变更用途或性质的权利。但是，共同共有也与按份共有存在不同之处。第一，由于共同共有人并不按照份额享有权利、承担义务，而是共同享有权利、承担义务，因此《民法典》没有规定共同共有人处分其共有份额的权利和优先购买权。第二，共有人对共有物进行处分、重大修缮、变更用途或性质，且对此没有约定时，需经全体共同共有人同意方能做出最后决定，这考虑到了共同共有关系的特殊性，有利于维护共同共有关系、保护共同共有人的权益。

相应地，共同共有人也共同对共有财产承担义务。根据《民法典》第三百零二条的规定，没有约定或约定不明确时，共同共有人共同负担共有物的管理费用以及其他负担，所谓“共同负担”是指不按照份额的负担。

六、共有法律关系的内外部效力

《民法典》第三百零七条对因共有物产生的债权债务如何享有和负担这一问题作出规定：“因共有的不动产或者动产产生的债权债务，在对外关系上，共有人享有连带债权、承担连带债务，但是法律另有规定或者第三人知道共有人不具有连带债权债务关系的除外；在共有人内部关系上，除共有人另有约定外，按份共有人按照份额享有债权、承担债务，共同共有人共同享有债权、承担债务。偿还债务超过自己应当承担份额的按份共有人，有权向其他共有人追偿。”因共有物产生的债权债务包含合同之债、不当得利之债、无因管理之债和侵权之债，其中合同之债和侵权之债更为常见。由于共有关系存在于共有人之间，属于内部的关系，而共有人之外的第三人很有可能并不知悉共有人之间的内部关系，因此，因共有物产生的债权债务应分为内外两个方面分别处理、区别对待。

1. 外部效力

在对外关系上，共有人享有连带债权、承担连带债务，但是法律另有规定或者第三人知道共有人不具有连带债权债务关系的除外。对外关系指共有人与第三人之间的关系。在对外关系中，不论是按份共有还是共同共有，因共有物产生的债均属于连带之债。

《民法典》第五百一十八条对连带之债作出规定："债权人为二人以上，部分或者全部债权人均可以请求债务人履行债务的，为连带债权；债务人为二人以上，债权人可以请求部分或者全部债务人履行全部债务的，为连带债务。连带债权或者连带债务，由法律规定或者当事人约定。"将因共有物产生的债定性为连带之债便意味着，部分或者全部债权人均可以请求债务人履行债务，或债权人可以请求部分或者全部债务人履行全部债务。以连带债务为例，其法律效果可以作以下四方面的理解：第一，各个债务人都负有履行全部债务的义务；第二，只履行自己部分的债务、其他债务人仅清偿一部分、自己已经破产等，不能成为拒绝负担全部给付义务的理由；第三，债权人可以选择同时或先后向数个债务人提出请求，选择向部分或全部债务人提出请求，选择请求债务人履行部分或全部债务；第四，任何一个连带债务人全部清偿，都将导致债的消灭。

与其他共有相关规定不同的是，本条未规定共有人可以意思自治，这是因为法律规定的连带之债不允许当事人约定排除，以此给债权人更周延的保障。但是，共有人对外享有连带债权或承担连带债务亦有例外，即法律另有规定或者第三人知道共有人不具有连带债权债务关系的情况。对于"法律另有规定的"，应当理解为：法律对因共有物产生的债作了不同于本条的规定，即规定它并非连带之债。对于"第三人知道共有人不具有连带债权债务关系的"，应当理解为：在债发生之前，第三人已经知道了共有人之间的责任分担情况。在这两种情况下，在对外关系上，因共有物产生的债不认定为连带之债。

2. 内部效力

在共有人内部关系上，首先应当考量共有人之间的约定。若无约定，则按份共有人按照份额享有债权、承担债务，共同共有人共同享有债权、承担债务。

偿还债务超过自己应当承担份额的按份共有人，有权向其他共有人追偿。按份共有关系中，其外部效力和内部效力均与连带之债相同。《民法典》第五百一十九条第二款、第三款规定了连带债务的追偿权："实际承担债务超过自己份额的连带债务人，有权就超出部分在其他连带债务人未履行的份额范围内向其追偿，并相应地享有债权人的权利，但是不得损害债权人的利益。其他连带债务人对债权人的抗辩，可以向该债务人主张。被追偿的连带债务人不能履行其应分担份额的，其他连带债务人应当在相应范围内按比例分担。"但是，由于《民法典》第三百零七条仅规定了偿还债务超过自己应当承担份额的按份共有人享有追偿权，却没有如《民法典》第五百一十九条第二款一样规定"在其他连带债务人未履行的份额范围内向其追偿""（实际承担债务超过自己份额的连带债务人）相应地享有债权人的权利""（追偿）不得损害债权人的利益"和"其他连带债务人对债权人的抗辩，可以向该债务人主张"，也没有如《民法典》第五百一十九条第三款规定"被追偿的连带债务人不能履行其应分担份额的，其他连带债务人应当在相应范围内按比例分担"。所以，在适用法律时不免疑问：按份共有人的追偿权能否参照适用《民法典》第五百一十九条第二款、第三款？笔者认为，按份共有人的追偿权可以参照适用《民法典》第五百一十九条第二款、第三款。因共有物产生的债属于法律所规定的连带之债，《民法典》第三百零七条是对因共有物产生的债的特别规定，《民法典》第五百一十八条和第五百一十九条是对连带之债的一般规定。当《民法典》第三百零七条没有对连带债务人追偿权的具体行使规则作出规定时，便应当适用《民法典》第五百一十九条第二款、第三款的一般规定。

结合《民法典》第三百零七条和第五百一十九条第二款、第三款，可以对按份共有人追偿权的具体适用规则作以下四点理解。第一，"实际承担债务超过自己份额的按份共有人"明确了追偿权的范围，只有当实际承担债务超出自己份额时，才能向其他按份共有人追偿，否则只是在履行根据自己的份额应当承担的债务。第二，当按份共有人实际承担的债务超过自己份额后，该按份共有人便享有债权人的权利。换言之，该按份共有人不仅享有主债权的权利，也享有从权利，如保证。因此，该按份共有人不但可以向其他按份共有人追偿，也可以向保证人主张权利。与享有债权人的权利相对应，其他按份共有人对债权人的抗辩，可以向该按份共有人主张。第三，按份共有人行使追偿权不得损害债权人的利益。这主要涉及债的部分履行的情况，当该按份共有人和债权人同时向其他按份共有人或保证人主张权利时，该按份共有人的追偿权应当劣后于债权人，换言之，若其他按份共有人的财产不足以同时完全履行该按份共有人向其追偿的债务和债权人向其主张的债务时，其他按份共有人应当先尽可能地履行债权人向其主张的债务。第四，被追偿的其他按份共有人不能履行其应分担份额的，其他按份共有人应当在相应范围内按比例分担。这有助于保障实际履行的连带债务人的权利，避免其独自承担被追偿的连带债务人不能履行的债务份额。

所以，偿还债务超过自己应当承担份额的按份共有人，有权就超出部分在其他共有人未履行的份额范围内向其追偿，并相应地享有债权人的权利，但是不得损害债权人的利益。其他共有人对债权人的抗辩，可以向该共有人主张。被追偿的共有人不能履行其应分担份额的，其他共有人应当在相应范围内按比例分担。

至于共同共有人之间是否存在追偿权，笔者认为，根据文义解释，共同共有人共同享有债权、承担债务，意味着共同共有人在内部关系上不分份额。如此，便不存在超出自己应当承担的份额的追偿问题。此外，由于共同共有关系常常基于共有人之间的共同关系，这种关系往往更加紧密，如夫妻关系、家庭关系等。因此，若共有人希望享有追偿权则可通过约定来实现此安排，否则应推定为无须追偿。

七、共有物的分割

1. 共有物分割请求权

《民法典》第三百零三条规定了共有物的分割请求权："共有人约定不得分割共有

的不动产或者动产，以维持共有关系的，应当按照约定，但是共有人有重大理由需要分割的，可以请求分割；没有约定或者约定不明确的，按份共有人可以随时请求分割，共同共有人在共有的基础丧失或者有重大理由需要分割时可以请求分割。因分割造成其他共有人损害的，应当给予赔偿。”根据本条规定，共有物的分割必须依据当事人的请求，法院不能在当事人未请求分割共有物时作出相反的判决。同时，共有物分割请求权应当结合以下三点理解。

首先，应当尊重共有人的意思自治，当共有人约定不得分割或可以分割共有物时，应当按照约定。在约定不得分割的情况下，有重大理由需要分割的，仍然可以请求分割。此处的“重大理由”通常指继续维持共有关系会严重损害共有人的利益，例如，共有财产出现重大亏损、若共有财产不分别管理可能会产生重大损害、共有关系难以维系等原因。

其次，在共有人没有约定或者约定不明确的情况下，按份共有人可以随时请求分割，共同共有人在共有的基础丧失或者有重大理由需要分割时可以请求分割。因为按份共有与共同共有相比，共有人之间的联系不具有紧密性和人身性[16]，所以可以随时请求分割。而共同共有人分割请求权的条件更高。“共有的基础丧失”是指共有关系的丧失，例如，当夫妻离婚时，夫妻丧失了共同财产的共有基础，故可以请求分割共有物。此处的“重大理由”与《民法典》第三百零三条第一款前半句的“重大利益”不完全相同。前者主要是指“维持生活支出、医疗、教育等费用支出的事由”[17]，关注点在于请求分割的共有人自身；后者关注点在于共有财物本身的状况和维持共有关系对共有人经济利益的影响。

最后，因分割造成其他共有人损害的，应当给予赔偿。在部分情况下，分割共有财产可能会使财产价值降低、功能削弱甚至丧失，这便会给其他共有人造成损害，此时应当由行使分割请求权的共有人进行赔偿。

2. 共有物的分割方法

《民法典》第三百零四条第一款规定了共有物的分割方法：“共有人可以协商确定分割方式。达不成协议，共有的不动产或者动产可以分割且不会因分割减损价值的，应当对实物予以分割；难以分割或者因分割会减损价值的，应当对折价或者拍卖、变卖取得的价款予以分割。”根据《民法典》第三百零四条第一款的规定，首先，应当尊重当事人的意思自治，协商确定分割方式。虽然法律明确规定了共有物的几种分割方法，但是，共有物的分割方法不以法律规定为限，只要当事人之间能够就某一方法达成一致，便可使用该方法分割。其次，若达不成协议，应当适用法定的分割方式。具体而言，分割方法主要有以下三种。第一，实物分割。能进行实物分割的一般是可分物，所以其可以分割且不会因分割减损价值。第二，变价分割，即对折价或者拍卖、变卖取得的价款予以分割。当共有物难以分割或者因分割会减损价值，且没有共有人愿意接受共有物时，应当将共有物变价，共有人分割价金。第三，作价补偿。当共有物难以分割或者因分割会减损价值，但有共有人愿意接受共有物时，可以由该共有人取得共有物，但是该共有人应对其他共有人作价补偿。

3. 共有物的分割效力

共有物分割之后，共有关系消灭。但是，原共有人仍有义务承担原共有物的瑕疵担保责任。《民法典》第三百零四条第二款规定：“共有人分割所得的不动产或者动产有瑕疵的，其他共有人应当分担损失。”本款所规定的“瑕疵”指瑕疵担保责任，包括物的瑕疵担保责任和权利瑕疵担保责任。承担瑕疵担保责任的方法通常为赔偿或降价。

八、优先购买权

1. 优先购买权相关规定

《民法典》第三百零五条规定：“按份共有人可以转让其享有的共有的不动产或者动产份额。其他共有人在同等条件下享有优先购买的权利。”第三百零六条规定：“按份共有人转让其享有的共有的不动产或者动产份额的，应当将转让条件及时通知其他共有人。其他共有人应当在合理期限内行使优先购买权。两个以上其他共有人主张行使优先购买权的，协商确定各自的购买比例；协商不成的，按照转让时各自的共有份额比例行使优先购买权。”两个条款共同构成了按份共有关系中优先购买权的规则体系。其中，《民法典》新增的第三百零六条规范了优先购买权的具体行使规则，解答了理论与实务中的困惑。

2. 行使条件

优先购买权的行使条件为按份共有人转让其共有份额，这种转让应当具备以下几个特点：其一，适合合同意义上的转让；其二，转让应为有偿，以共有份额抵债亦可视为有偿转让；其三，非共有人之间的转让。

同时，其他按份共有人行使优先购买权，应当在同等条件下行使。至于如何理解同等条件，应当主要考量以下三个因素：转让的价款、付款的方式和付款的期限。此外，转让共有份额的合同应当是合法有效的合同，转让人与第三人不应当恶意串通。

3. 通知义务

按份共有人转让其份额应当将转让条件及时通知其他按份共有人。对于通知，应当把握以下四点：其一，通知义务在转让人与第三人订立合同时产生；其二，通知的内容应当包含转让条件；其三，通知的时间应当是订立合同后的合理期限之内，即一个理性之人可合理期待的期限之内，以满足及时通知的要求；其四，若转让人未通知，则产生优先购买权的行使期间不开始计算、转让人对其他按份共有人承担赔偿责任。

4. 行使期间

其他按份共有人应当在合理期限内行使优先购买权。但是，若转让人未通知其他按份共有人，则应当区分情况判断。第一，若其他按份共有人知道转让人与第三人签订合同转让其份额，则其他按份共有人应当在合理期限内行使优先购买权；若其他按份共有人不知道转让人与第三人签订合同转让其份额，则不受合理期限的限制，但是为了维护交易安全，仍不能超过一个最长期限。《民法典》第三百零六条对“合理期限”和行使优先购买权的最长期限的具体时间并无规定，故应当适用《最高人民法院关于适用〈中华人民共和国物权法〉若干问题的解释（一）》第十一条的规定，即：“优先购买权的行使期间，按份共有人之间有约定的，按照约定处理；没有约定或者约定不明的，按照下列情形确定：(一)转让人向其他按份共有人发出的包含同等条件内容的通知中载明行使期间的，以该期间为准;(二)通知中未载明行使期间，或者载明的期间短于通知送达之日起十五日的，为十五日;(三)转让人未通知的，为其他按份共有人知道或者应当知道最终确定的同等条件之日起十五日;(四)转让人未通知，且无法确定其他按份共有人知道或者应当知道最终确定的同等条件的，为共有份额权属转移之日起六个月。”

5. 行使方式与行使效果

优先购买权的行使方式分为非诉讼方式和诉讼方式两种。通过非诉讼方式行使优先购买权时，有关行使优先购买权的意思表示到达相对人即可；通过诉讼方式行使优先购买权时，则需要起诉状副本送达相对人。优先购买权作为形成权，当意思表示到达相对人或起诉状副本送达相对人后，转让人与第三人的合同即转让给转让人与优先购买权人。

但是，当多个共有人的优先购买权发生竞合，即两个以上其他共有人主张行使优先购买权时，首先应当协商确定各自的购买比例；若协商不成，则按照转让时各自的共有份额比例行使优先购买权。

实践中，转让共有份额的方式多种多样，除签订普通的买卖合同之外，可能还存在通过拍卖等方式转让共有份额的情形。在此类情形下，则不应当适用《民法典》第三百零五条和第三百零六条，而应当运用其他规则，但是其他共有人仍然享有优先购买权。

九、准共有

《民法典》第三百一十条规定了准共有：“两个以上组织、个人共同享有用益物权、担保物权的，参照适用本章的有关规定。”准共有，又称他物权的共有。因为共有原则上应当指所有权的共有，但他物权也可能出现共有的情形，因此，《民法典》第三百一十条规定用益物权、担保物权的共有可以参照适用共有的相关规定。但是，若他物权的共有存在特别规定，则应当适用该特别规定；只有当规范他物权的法律对于其共有情形没有规定时，才能参照适用共有的相关规定。

---

[13]《中华人民共和国民法典理解与适用》，北京：人民法院出版社，2020年。

[14]《中华人民共和国民法典理解与适用》，北京：人民法院出版社，2020年。

[15]《中华人民共和国民法典理解与适用》，北京：人民法院出版社，2020年。

[16]《中华人民共和国民法典理解与适用》，北京：人民法院出版社，2020年。

[17] 最高法民终502号案

第四节 物权数字化交易法理依据

物权数字化是建立在物权的基础上，将物权实体数据模型化，进行识别、选择、过滤、存蓄、使用。引导、实现物权资源的快速优化配置与交易，直接或间接利用数据引导物权资源发挥作用，推动生产力发展，归属于数字经济范畴。

除去技术手段，物权数字化的性质应属按份共有，这是因为物权数字化符合按份共有的概念。《民法典》第二百九十八条规定："按份共有人对共有的不动产或者动产按照其份额享有所有权。"其一，物权数字化模式下，同一不动产或动产可以为两个以上的主体共同所有，满足按份共有的主体要件。虽然物权数字化对权力配置和交易手段进行了创新，为有使用、交易或投资意愿的用户提供便利的平台，但是它本质上仍然是多个实在的主体形成按份共有关系。其二，物权数字化模式下，共有人对共有物按照份额享有权利、承担义务，满足按份共有的内容要件。各个用户的使用、交易或投资需求各有不同，购买的份额也有所不同，据此，各按份共有人对共有物所享有的份额决定了其权利的大小和义务的大小。例如，若三位共有人共有一套房屋，他们所享有的份额分别是 50%、30%、20%，三位按份共有人将房屋出租，除另有约定外，则三位共有人各分得租金的 50%、30%、20%。其三，在客体方面，物权数字化模式下，共有的客体是特定的，满足按份共有的客体要件。例如，三位共有人共有一套房屋，那么这套房屋即是特定的共有的客体。

第五节 依法依据创新物权数字化

一、物权数字化的优势与可能的风险

1. 物权数字化的优势

第一，物权数字化模式有稳定的利用机制。物权数字化的性质属于按份共有，其本质是物权。相较于债权，物权的优势在于它更加稳定。具体到物权数字化的模式中来，按份共有人可以稳定地利用共有物。

从物权的特征来看，物权数字化的模式下，按份共有人可以拥有稳定的利用机制。第一，物权具有对世性。按份共有人对共有物享有占有、使用、收益、处分的权利，任何人不得侵犯。第二，物权具有支配性，按份共有人可以共同协商支配共有物。第三，物权的客体具有特定性，按份共有人共有某一特定物。第四，物权具有绝对性，在按份共有人取得物权的所有权后，不需要义务人的协助，即可自己实现物权。第五，物权具有排他性，一物一权，不受侵犯。

我国法律体系保护物权数字化模式下用户的权益。首先，按份共有适用物权的一般规定和所有权的规定。例如，当物权受到他人侵犯时可以适用有关物权保护的规定，请求相对人承担返还原物、排除妨害、消除危险、修理、重作、更换、恢复原状或损害赔偿等民事责任。再如，一旦按份共有人进行不动产登记，则其权利可以对抗第三人，无处分权人将不动产转让给受让人的，所有权人有权追回。其次，按份共有相关的规则亦可以保障按份共有人稳定地利用共有物，《民法典物权编》共有一章对按份共有的概念、按份共有人的权利义务、共有法律关系的内外部效力、共有物的分割等作出明确规定，基本上覆盖了按份共有关系中可能发生的一切法律问题。最后，《民法典》体系和整个法律体系周延地保护按份共有人的权利。除《民法典物权编》外，按份共有人的权利亦受《民法典》其他各编乃至整个法律体系的保护。例如，若他人侵害按份共有人的权利，其法律关系便可能由《民法典侵权责任编》调整。再如，《刑法》亦保护公民的合法财产。

物权数字化并不会影响到用户对物的占有和使用。用户作为按份共有人，可以根据按份共有合同的约定利用物；若合同未约定，则各共有人根据其份额，在合理范围内占有和使用共有物即可。物权数字化模式下，按份共有人按照份额享有物的所有权，并不意味着对物权的克减，其享有的仍是所有权，因而并不存在因为多主体共有导致按份共有人无法占有和使用共有物的情形。

第二，物权数字化模式有可观的收益机制。物权数字化模式为民众提供了新的投资方式。按份共有人对共有物享有收益的权利。物权数字化模式为用户利用共有物进行收益提供了多种便捷、安全的渠道，满足了用户的投资需求。一方面，物权数字化模式下，用户可以与平台签订合同，约定物的利用方式以获取收益。例如，用户可以委托平台将各按份共有人所享有的份额整合，或统一经营以获取利润，或进行租赁以获取租金。另一方面，物权数字化模式下，用户通过投资可达到保值、增值的目的。当用户希望出卖自己所享有的共有份额获取收益时，平台亦可以提供高效、便捷的渠道，帮助该用户转让其共有份额。

第三，物权数字化模式有合理的退出机制。物权数字化模式不会限制用户退出共有关系。物权数字化性质为按份共有，因此，当用户希望退出共有关系时，可以适用《民法典》第三百零五条规定，即：“按份共有人可以转让其享有的共有的不动产或者动产份额。其他共有人在同等条件下享有优先购买的权利。”因此，按份共有人可以自由地转让其享有的份额。同时，其他共有人对物的共有也不会因为部分共有人的退出而受到影响。一方面，若某一按份共有人将其享有的份额转让给第三人，则该第三人便可加入按份共有的关系，按份共有关系依然稳定，按份共有人依然可以如同此前一般利用共有物，获取收益。另一方面，若其他按份共有人不希望第三人加入共有关系，则其他按份共有人可以行使优先购买权。因此，合理的退出机制既不会使希望退出共有关系的用户受损，也不会使其他用户受损。

总体而言，物权数字化在稳定的利用机制、可观的收益机制和合理的退出机制下，有利于物的功能的发挥，符合《民法典物权编》所倡导的物尽其用精神，为民众提供更多元的投资渠道，为企业提供更多样的融资方式。

2. 物权数字化可能的风险

物权数字化作为一种新兴的交易模式，在发挥其优势的同时，也有可能存在一定的风险。

第一，法律法规不健全，政府监管不到位。由于物权数字化模式方兴未艾，故并无专门立法对其进行规范、无专门部门对其进行监管。但是，笔者认为，现行法律体系已经足以规范物权数字化的交易模式，因为物权数字化模式重在手段创新，而其内核仍然属于传统法律关系，即平台与用户之间的关系为居间合同关系，部分用户之间形成按份共有关系。因此，对于法律规范和政府监管问题不必过分担忧。

第二，平台自身可能存在一定问题。其一，由于平台与用户之间信息不对称，若平台方披露的信息不真实，一方面，可能会误导消费者投资，最终损害消费者利益；另一方面，可能会产生“劣币驱逐良币”的后果，扭曲整个物权数字化的市场。其二，部分平台与用户之间的权利义务关系模糊。例如，部分平台与用户之间未合理分配尽职调查的义务，根据平台提供的格式合同应当由用户承担尽职调查义务，而用户的理解则相反，最终双方均为对标的物进行详细的调查，导致用户权益受损。其三，部分平台可能以“物权数字化”之名，行非法集资和金融诈骗之实。

二、物权数字化的方法创新有利于规避风险

为了充分发挥物权数字化的优势、规避物权数字化可能的风险，应当依法依据创新物权数字化。

第一，物权数字化模式使用智能合约作为可靠的交易方式进行交易。相较于传统交易模式，物权数字化的交易模式更加便捷、高效、安全。物权数字化模式下，智能合约的广泛应用使天南海北的用户均可以通过平台缔结合同；同时，智能合约基于大量可信的、不可篡改的数据，可以自动化地执行一些预先定义好的规则和条款，比如彼此间定期、定息、定额的借贷行为，因此其安全性极高。

第二，通过可靠的平台进行交易。其一，物权数字化平台应当充分、准确地披露信息，使用户能够较为全面地了解平台与平台所提供的项目。其二，物权数字化平台应当维持良好的信用，根据诚实信用原则进行交易。其三，物权数字化平台应当组建专业的团队，注重平台经营业务所涉及的标的物的质量，并在金融、法律等方面控制风险。

第三，应当公平分配平台与用户之间的权利与义务。一方面，平台所提供的格式条款应当严格遵守法律规范，尽到提示用户注意与用户有重大利害关系的条款的义务、尽到对用户有疑问的条款进行说明的义务，避免写入不合理地免除或者减轻平台责任、加重用户责任、限制用户主要权利、排除用户主要权利的条款。另一方面，应当尽可能公平地分配平台和用户之间的权利义务，并尽可能合理地安排用户之间的权利义务关系。

用户在选择物权数字化平台时，也应当考虑上述三点，即判断平台是否以可靠的交易方式进行交易，平台是否充分准确地披露信息、是否信用良好、是否有专业的团队，以及平台与用户之间的权利义务关系是否合理、明确，如此更有可能在便捷、高效、安全的交易中获得稳定、可观的收益，保护自身权益不受侵犯。

第三章 5G时代赋能物权数字化

物权数字化，实体物权通过法定评估变成被公众认可、有价值、能交换的数据，用算法把这组数据生成计算机语言电子数字，在互联网上传输、查阅、交换、交易、使用的过程。

物权是指权利人依法对特定物享有直接支配和排他的权利。包括所有权、用益物权和担保物权。物权数字化是建立在物权的基础上，利用计算机和互联网等手段，高效推动生产力发展，归属于数字经济（Digitaleconomy）范畴。

物权数字化的过程是，进行识别、选择、过滤、认定、存蓄、使用。引导、实现物权资源的快速优化配置与交易，直接或间接利用数据引导物权资源发挥作用。

物权数字化是基于“数字经济”的新概念、新业态、新动能。物权数字化是对物权、数字化、智能合约进行跨界组合，打破“整买整卖、整租整赁”传统思维定式，颠覆“生产、生活、交易、投资”的传统思维逻辑，“激活企业优质物权、盘活企业流动资金”；“畅通多元民间投资渠道，降低大众投资门槛”……总之，物权数字化将带来产权历史上一次具有里程碑意义的变革。

第一节 物权数字化基石——大数据

物权数字化源于需求，得益于信息技术革命。

首先，物权由原始意义的物权信息进行界定、描述、估价、交易、交割、拥有，演变成可以非直接接触、网上信息交易的商品，它离不开计算机语言——数据。

打开百度：对数字化的释义是“数字化（digital），即是将许多复杂多变的信息转变为可以度量的数字、数据，再以这些数字、数据建立起适当的数字化模型，把它们转变为一系列二进制代码，引入计算机内部，进行统一处理，这就是数字化的基本过程”。

数字时代是电子信息时代的代名词。电子信息的所有机器语言都是用数字代表的，人们将其美称为数字时代（本质称呼），所有的一切都建立在电子信息的基础上。信息的数字化起源于40年代，香农证明了采样定理，即在一定条件下，用离散的序列可以完全代表一个连续函数。采样定理为数字化技术奠定了重要基础。

一、数字化、网络化、大数据

数字化是数字计算机的基础，数字计算机的一切运算和功能都是用数字来完成的，没有数字化技术，就没有当今的计算机。数字化是信息社会的技术基础。有人把信息社会的经济说成数字经济，可见，数字化对社会的影响重大。

数字化是多媒体技术的基础。数字、文字、图像、语音，包括虚拟现实，及可视世界的各种信息等，数字化以后都是0和1，就是这种最基本、最简单的表示，让计算机计算、发声、出图、放录像、看电影，这就是因为0和1可以表示这种多媒体的形象。用0和1还可以产生虚拟的房子、机器，模拟各种景物，因此用数字媒体就可以代表各种媒体，可以描述千差万别的现实世界。

数字化、网络化、大数据、人工智能等快速发展和广泛应用，孕育了“数字社会”这一特定的技术与社会建构及社会文化形态。数字技术进步和数字社会发展，成为当代人类社会变迁发展的一大重要特征，这一过程的展开是不可逆转的。助推“数字社会”快速发展的数字化、网络化、智能化等诸多动力因素使它显现出不同于既往实体社会的架构和运行状态。

数字化是软件技术的基础，是智能技术的基础。软件中的系统软件、工具软件、应用软件等，信号处理技术中的数字滤波、编码、加密、解压缩等都是基于数字化实现的。例如图像的数据量很大，数字化后可以将数据成百倍压缩；图像受到干扰变得模糊，可以用滤波技术使其变得清晰。这些都是经过数字化处理后所得到的结果。

数字化技术正在引发一场范围广泛的产品革命，各种家用电器设备，信息处理设备都将向数字化方向变化。如数字电视、数字广播、数字电影、DVD、通信网络等，都在向着数字化方向发展。

二、数字经济与物权数字化

数字经济：当数字技术广泛应用到整个经济环境和经济活动中，对经济活动产生巨大变化和根本影响时，人们称之为数字经济。

数字经济具有快捷、高效、低成本、高渗透、可持续性、产业融合性，使它很快膨胀为一个经济系统，继而发展为一个社会政治系统。企业、消费者和政府之间通过网络进行经济活动。

物权数字化是使得物权变成计算机可以识别的一串串数字，与实体物权一样，进行一连串的社会活动。

由于物权的种类繁多，物权数字化的转化方式依据物权实体的法律规定和计算机识读语言进行。物权的流通则依据市场法则和物权数字化的相关新规进行。

人们越来越意识到，数据除了最初被使用时的价值，更具有丰富的剩余价值，随着数据存储成本的降低，移动互联网的普及，大数据技术已经被用于各个行业、领域、大事件中，并日益成为普通人、企业甚至行业发展的制胜法宝。

利用数字化智能，人们的一切活动都可以转化为数据，客观的实时数据持续不断地被传输到网络上，大量的数据正等待着被收集、分析、挖掘，越来越多的人意识到了大数据带来的机遇和挑战。在数字化智能时代，消费者的形象被勾勒得更加清晰。品牌公关策略可据此分析消费者的兴趣与需求，这样就提升了品牌形象推广的精准性。

"数字社会"最为突出的一个特点就是它在数字化转换的前提下，依托互联网，从最具有基础性意义的技术保障和运作机制层面，解决人们在社会生活中所必须要面对的一系列基本问题，得益于数字化、网络化和智能化的助推，建构起了活动平台和通行路径。其本质特征如下：

1. 跨域连接与全时共在。跨域连接首先解决的是普遍连接的问题。既包括人与人之间的数字化连接，也包括智能设备与智能设备等物与物之间的数字化连接，还包括依托数字化而实现的人、物、智能设备相互之间的连接和贯通。与此同时，跨域连接进一步在普遍连接的基础上，依托数字化所带来的虚拟化的独有便利，革命性地解决了跨越地域空间限制而实现有效连接的问题，从而真正实现了全球网络一体化的互联互通目标。在跨域连接而成的网络世界里，任何一个具体的人、物或电脑、智能设备、服务器等，都作为数字化网络上的"连接点"而存在。有了普遍连接和跨域连接这样的基础条件和技术支持作为保障，虚拟形态的网络空间也就自然演变为一个行为空间，人们随时随地可以登录网络空间，介入网络生活。

2. 行动自主与深入互动。数字社会、网络时代，客观上为作为社会生活之行为主体的人的行为活动自由，提供了极为便利的基础条件。人们在网下的实体社会之外，有了网络空间这一可以无限延展的行为活动场所。与此相应，数字化、网络化和智能化的便利，不仅实现了人类网络行为活动的虚拟呈现，而且也能够让这些网络行为活动在网络空间里持续展开，人们彼此之间可以进行更为深入的交往互动。人们可以在网络空间里聚集起来，围绕共同关注或感兴趣的社会议题、公共话题或具体事项，展开深入持久的交流讨论和沟通互动，并且可以随时加入或退出。

3. 数据共享与资源整合。网络世界贯通的是一个个的人、一台台的电脑和移动终端设备以及一个个的大型服务器和数据库。在某种意义上讲，网络空间，其实就是一个信息数据不断生成、存储、流转和分享的特定空间。信息数据的流通和共享，是其独有的优势所在。这样的优势，在整个人类文明进步的历史上前所未有。而一旦网络空间实现了人、电脑、服务器、智能设备、信息数据资源库的连接和贯通，这也就意味着它把各类资源要素都吸纳和集中在这个特定的平台之中了，人们也就能够最大限度地对各类资源要素进行整合利用，使其发挥出最大的效用。网络空间的资源整合，可以跨越现实的地域空间界限来实现，可以方便快捷地完成资源要素的对接和组合，提升资源整合利用的有效性和时效性。

4. 智能操控与高效协作。机械化、自动化和智能化的实现，是科学技术进步带给人类社会生活的“福利”。从根本上来讲，人工智能就是基于数字化发展的时代背景，将数据信息获取、数据运算处理和数据挖掘运用紧密结合起来，再依托特定设备而得以实现的“类人脑”运算处理和功能呈现过程。通过运用数字技术等当代信息技术手段，人们使用自身体力来直接操作生产工具的劳动方式，逐渐被使用自身脑力来间接操作生产工具的劳动方式所代替。一系列智能设备和自动控制设备，都能为人们提供便捷高效的服务。除了智能操控以外，数字时代的人们也可以享有高效协作的便利。因为，网络世界既实现物的连接，也实现人的连接。技术或工具意义上的互联网背后，隐含着的其实是社会与文化意义上的关联状态与关系网络。与网络空间里的资源整合相一致，人们依托于网络空间这一平台和场域，能够在各个不同的工作与生活领域，达成彼此合作的目的。在数字社会和网络生活的条件下，不仅人们彼此之间相互联通的方式变了，整个社会生活当中的经济运行、生产管理、价值创造、贸易往来、服务提供、教育培训、文化创新、政治参与、社会交往、休闲娱乐等方面的生活内容、呈现方式和运作机制，也都发生了深刻的变化。

三、大数据时代场景

大数据在就业、医疗、法律、餐饮、服务等的典型案例，可以帮助我们更清晰地理解大数据时代的到来。

1. 百货实时定价：百货业根据需求和库存的情况，公司基于SAS的系统对多达7300万种货品进行实时调价。依据预测忠诚度的模型，基于历史交易数据，用115个变量来进行分析预测，识别客户。

2. 博彩业营销：博彩业构建的下注和预测平台。该公司用软件来分析数十亿计的交易以及客户的特性，然后通过预测模型对特定用户进行动态的营销活动。

3. 零售业在线购物：零售业寡头设计了最新的搜索引擎，利用语义数据进行文本分析、机器学习和同义词挖掘等。使得在线购物的完成率提升了10%到15%。

4. 快餐业应用：公司通过视频分析等候队列的长度，然后自动变化电子菜单显示的内容。如果队列较长，则显示可以快速供给的食物；如果队列较短，显示那些利润高、准备时间相对长的食品。

5. 地震预测：基于地震预测算法的变体和犯罪数据来预测犯罪发生的概率，可以精确到500平方英尺的范围内。

6. 仓库应用：收集了700万台冰箱的数据。通过对这些数据的分析，进行更全面的监控并进行主动的维修以降低整体能耗。

第二节 物权数字化通道——5G 互联网

随着大数据时代的来临，数据成了一种独立的客观存在。在大数据时代，数据的所有权、知情权、采集权、保存权、使用权以及隐私权等，构成了每个公民在大数据时代的新权益。

数字经济时代来临、企业物权融资需求、民间多元化投资需求，促使“数字化物权”成为商品，“物权 + 数字化 + 智能合约”形成了新的业态。

物权数字化的目的：加速物权的流动、交易、变现、成为生产要素。物权数字化海量数据要实现实时交换，对互联网的承载、应对、交割能力提出更高的要求。

一、第五代移动通信技术的总称——5G

5G 是新一代移动通信技术的总称，它进一步提升了用户的网络体验，为移动终端带来更快传输速度的同时，还将满足未来万物互联的应用需求，赋予万物在线连接的能力。是新一代信息基础设施的重要组成部分。

5G 定义了三大应用场景 eMBB、URLLC、mMTC，具有三大优势：eMBB（“增强移动宽带”）、URLLC（“高可靠低时延连接”）、mMTC（“海量物联”）；提供高速率（10Gbit/ 秒）、低时延（1ms）、大连接服务（一百万 / 平方公里）服务。

5G 的基本特点：覆盖率增大，传输速率提升，延迟减少，传输带宽增加，传输成本降低。

5G，以用户为中心，为更多的应用场景提供更快的上传、下载速度，覆盖更广，连接更多，信号更稳定，成本更低的服务。

正所谓：4G 改变生活，5G 改变社会。

4G 和 5G 的基本区别：5G 的传输模式不再依赖于时分和频分，5G 使用 BDMA（Beam Division Multiple Access-5G）作为网络接口，以提高网络的传输速度和带宽。从带宽的角度来看，其带宽也会提升到 4G 的 100 倍左右，其实带宽提高的主要方法在于密集的组网：5G 网络将进一步使现有的小区结构微型化、分布化。目前，工信部已经为国内四大运营商颁发了 5G 牌照，频率分配确定。

随着计算机和网络技术的进步，PC 正向移动终端转型，海量数据增加，不仅仅是视频、音乐流媒体的日益普及并增加，工业互联网、物联网的兴起，从手机到设备传感器，从摄像机到智能路灯，更是增加了几何级数级别的数据，频段越来越拥挤，同时在线甚至拥塞。为了消除拥堵，更加畅通，5G 有了“更高网速、低延时高可靠、低功率海量连接”的特点，应用场景十分优异。

以视频、游戏为例：超高速率，5G速率最高可以达到4G的100倍，实现10Gb/秒的峰值速率，能够用手机很流畅地看4K、8K高清视频，急速畅玩360度全景VR游戏，等等。

以自动驾驶为例：超低时延，5G的空口时延可以低到1毫秒，相当于4G的几十分之一，远高于人体的应激反应，可以广泛地应用于自动控制领域。

以物联网为例：超大连接，5G每平方公里可以有100万的连接数，可以广泛地应用于物联网。5G还具有"低功率海量连接"以及"低延时高可靠"的特点。为用户提供极高的数据传输速率，满足极高的流量密度需求。

"低功耗海量连接"，传感和数据采集为目标的应用场景：如智慧城市、环境监测等。具有小数据包、低功耗、海量连接等特点。不仅具备超千亿连接的支持能力，满足一百万/平方公里的连接数密度指标，还可以保证终端的超低功耗和超低成本，为万物互联提供了技术支撑。

"低延时高可靠"：车联网、工业互联网对时延和可靠性具有极高的指标要求，需要毫秒级的端到端时延和100%的业务可靠性。缩短自动驾驶的反应时间：5G可以达到10毫秒以内的延迟，制动时差产生的误差从40多厘米缩短到0.5厘米，这也意味着自动控制刹车几乎等同于人的刹车反应时间。因为5G是在基站边缘进行计算，自动驾驶数据可在最接近汽车的网络上处理，而不用上传到相对更远的机房。他是通过BBU端功能拆分，核心网部分下沉"切片"手段，对网络资源进行了拆分、细化，实现灵活应对。5G将物理网络按逻辑划分为N个逻辑网络，而不同的逻辑网络，则服务于不同场景。

5G的流量资费将会更低。当下，电信服务的消费市场已经饱和，用户普及率达到109%，ARPU(每用户每月平均收入)2018年上半年就下降了51%，远远超过国家给运营商的全年下降50%的指标。近几年，各大互联网OTT风光无量，运营商只能充当"管道"这样的背景墙角色。5G来临，运营商将在增强品牌效应、提升用户"黏性"上下功夫，5G的每GB流量单价将比4G大幅下降。当然，这也为物权数字化提供了经济支撑。

万物互联，正在路上……人工智能底层是以"计算"和"数据"为基石。不管是云端计算还是边缘侧计算，都需要对大数据进行吞吐交互，这是5G的根。

人工智能的发展，往往会出现突破性，将要跳过5G，拥抱6G！5G刚刚起步，6G概念袭来；按照英特尔曾经提出的"Tick-Tock"钟摆战略，1、3、5成为开创代，2、4、6成为腾飞代。

二、5G技术：发展中的行业生态

5G发展重在行业生态的优化整合。任何基础技术的突破，都终将传导至商业。4G更多是技术创新、商务模式创新。5G是生态构建，把一个生态构建起来，赋能各行各业。

5G已经成为国家战略的重要组成部分，成为实现产业升级、发展新经济的基础性平台。对人民生活产生变革性影响。将促进智能制造、汽车、医疗、教育、旅游、大健康、智慧城市、智慧体育、新媒体、法律服务等行业的颠覆性发展。

5G的低延时、高可靠将会完美解决无人驾驶难题。万物智联意味着“车路协同”的可行性大幅提高，汽车接入网联和智能设备，路面、围栏、交通标志、信号灯，都可以向车辆发送信号，传输信息，随时把控每辆车的状况和应急需求，为车辆传达远处的路况，成为无人车的另一双眼睛。从而保证车与环境之间的安全行驶关系。城市智能、造车、传感硬件、网络传输，每个领域都有自己的产业问题与行业壁垒，前进的路上依然面临不少挑战。

新的产业环境催生新的产业萌芽，进而演绎出新的应用、新的商业模式。5G技术的应用在万物智联，产业潜能巨大甚至无限，将对整个生态进行升级。看起来像是产业的技术革新，其内在逻辑却是整个生态的“整合”。生态优势和技术优势的企业、底层标准制定者和平台提供者、政府机构等等都承担着责任。

物权数字化场景：将直接利用5G技术创新产业业态。通过对物权的识别、选择、认定、过滤、存蓄、使用；引导、实现物权资源的快速优化配置与交易，直接或间接利用数据引导物权资源发挥作用。

5G技术的三大应用场景与增长趋势

（1）eMBB，直译为“增强移动宽带”，就是以人为中心的应用场景，集中表现为超高的传输数据速率，广覆盖下的移动性保证等。未来几年，用户数据流量将持续呈现增长（年均增长率47%），而业务形态也以视频为主（78%），在5G的支持下，用户可以轻松享受在线2k/4k视频以及VR/AR视频，用户体验速率可提升至1Gbps（4G最高实现10Mbps），峰值速度甚至达到10Gbps。

（2）URLLC，“高可靠低时延连接”。在此场景下，连接时延要达到1ms级别，而且要支持高速移动（500km/h）情况下的高可靠性（99.999%）连接。这一场景更多面向车联网、工业控制、远程医疗等特殊应用，其中车联网市场潜力巨大，5G时代这块蛋糕将达到6000亿美元。

（3）mMTC，“海量物联”，5G强大的连接能力可以快速促进各垂直行业（智慧城市、智能家居、环境监测等）的深度融合。人们的生活方式也将发生颠覆性变化，连接覆盖生活的方方面面，终端成本更低，电池寿命更长且可靠性更高。

5G与工业互联网

到2020年10月，我国已建设5G基站近70万个，终端连接数突破1.8亿，应用于工业互联网的5G基站总数超过3.2万个。全国5G+工业互联网项目已经超过1100个，在航空、机械、汽车、钢铁、矿业、港口、能源等行业实现率先发展。5G技术增强了工业企业内的全生产要素的连接，让工厂内的连接从有线走向无线，从固定走向移动，从有边界的网络走向泛在的网络。汽车5G智能工厂、基于5G+云+AI的纺织面料智能质检、钢铁、水泥、化工、电力、港口、矿山等多个行业领域，都在通向智能制造的路上，利用5G技术改造内网的步伐，挖掘更多应用场景。

5G与物联网：

5G为物联网的信息高速传递提供了保障。物联网IoT：本质是通过互联网络接入，把适时感知的信息进行几乎无时差传递，实现物与物、物与人的连接，即是物联网。物联网的要求很高：低功耗，广覆盖，大连接等，2G，4G无法达到，5G具备条件和优势。5G定义的三大应用场景中mMTC（大规模机器通信），就是针对大规模物联网业务的应用，5G在广覆盖、大连接和安全性能上有着明显的优势。

物联网分为感知层、网络层、平台层和应用层。5G是物联网网络层接入。目前已经在电力、燃气自动抄表，智能城市路灯，环境监控应用场景上普遍应用。其中智能家居、智能抄表等属于物联网的应用层服务。从第一代互联网，即PC的互联网到第二代互联网，即移动互联网，上网的设备数量增加了半个数量级，即3倍左右，从10亿增加到今天的30亿。物联网时代，联网设备百倍增长，物联网IoT正是利用5G移动通信的成果而生的。

中国国际进口博览会由上海电力提供保障。他们以打造标准化、机制化、精细化、智慧化的“世界会客厅”为目标；保电工作进入升级版体系：将5G、人工智能、物联网等尖端技术充分应用于保电工作中，推动进博会电力保障朝更加智能化、云端化的方向发展。借助5G和融合指挥平台技术，现场保电团队工作人员只需手持移动设备，就可与后台指挥系统无缝连接，相当于建立了一个个可移动的“指挥部”；运维人员头部佩戴的AR眼镜，能帮助实时查看设备运行状况，自动显示设备参数，并进行故障信息的上报；而针对防疫要求特别开发的智能手环，则可以定时检测作业人员的身体状态并形成健康轨迹报告。

5G应用广泛，涉及垂直行业包括政务与公用事业、工业、农业、医疗、交通运输、金融、旅游、教育、电力、文体娱乐十大行业。

远程设备操控：操作人员利用5G的大带宽和低时延能力，结合人工智能、边缘计算、云计算和大数据，在人工或机器感知识别远方环境后，对远端的设备进行操作和控制。该类业务可用于危险环境中的设备操作、提升设备操控效率、解决专家资源不足的问题，例如工业中的远程操控，农业中的农机操控，医疗中的远程诊断与远程手术，交通中的远程驾驶、龙门吊操控、无人叉车操控等。

目标与环境识别：利用 5G 的大带宽和低时延能力，将传感设备（固定安装、或安装于无人机、机器人的摄像头，人员佩戴的 AR 眼镜，以及激光雷达等其他传感设备）感知的环境或目标物信息，传送到云或边缘计算平台，利用人工智能以及大数据能力，识别环境或目标物。该类业务可用于公共场所（城市、小区、园区、景区、博物馆、影院和校园）和交通工具内（公交车、城轨、火车）的智能安防（目标人员识别、车辆识别、危险品识别等），公共基础设施（桥梁、涵洞、道路、铁路）和工业设施（工业生产设备，电力设备与线路等）的形变与质量监测，环境（河流、湖泊、森林等）监测，工业制造产品的质量检验，医疗中的诊断与手术识别等。

超高清与 XR 播放：利用 5G 的大带宽和低时延能力，将存储于云平台和边缘计算的超高清视频、VR/AR 内容，通过超高清显示屏、VR 头盔、AR 眼镜呈现给用户。该类业务可广泛应用于政务大厅、银行、景区、酒店、博物馆、电影院等公共场所，教育、体育、展会演出、云游戏等服务行业。

信息采集与服务：利用 5G 的大连接能力，将传感器感知的环境信息和设备状态信息，交易过程中收集的用户行为信息与工作流程信息，在云计算平台汇聚和共享，通过大数据处理，对环境、设备、交易、行为、流程等进行洞察、决策与优化，并将结果呈现在终端设备上。该类业务广泛应用于政务、工业、农业、交通、金融、旅游、电力等行业的用户服务、经营决策、流程优化与监控管理。

我们选取目前国内外已实施的典型应用案例：把“超高清视频、视频监控、VR/AR、无人机和机器人”五个行业共性能力，总结出“远程设备操控、目标与环境识别、超高清与 XR（包含 VR/AR 等）播放、信息采集与服务”四类 5G 共性业务进行展示。

5G+AR 跨国远程协作：华菱湘钢新建棒材厂的轧钢生产线计划在 2020 年 5 月投产，目前该生产线进口外国设备需要安装调试，由于受到全球新冠肺炎疫情的严重影响，外国专家无法前来湘钢现场进行指导安装，三方迅速搭建了这套 5G+AR 的远程协作装配解决方案。这样，湘钢现场工程师可以将现场环境视频和第一视角画面通过 5G 网络实时推送给位于国外的专家工程师，后者依托 AR 的实时标注、冻屏标注、音视频通信、桌面共享等技术，远程指导湘钢现场工程师进行生产线装配工作。这是 5G+AR 跨国远程协作在国内首次用于钢铁行业，有力支撑企业高效复产复工。

天车远程操控场景：三方通过植入5G工业模组改造5G天车，利用5G超低的时延，超级上行高达200Mbps的上传速率，让操作人员足不出户在操控间实时精准操控炼钢区的天车，实现废钢跨天车卸车、调运装槽等作业，将生产效率提升了16%，员工流失率降低了15%。

无人天车：三方通过给天车安装3D扫描仪、测距仪和集成5G模组的高清摄像头打造无人天车，利用5G网络实时将数据传输至MEC边缘服务器端进行3D建模，计算出动作指令集下发给天车执行，实现了天车无人化自动装载运输，带来了33%的生产效率提升。

一键加渣机械臂：机械臂和控制系统则通过5G远程一键启动机械臂自动运行，替代工人在高温钢水旁现场加渣，降低高危环境作业风险的同时大幅提升了钢铁生产质量。此外，针对钢铁厂区高温对安全性提出的苛刻要求，三方搭建了5G超大带宽支撑下的高清视频监控系统，多路并行视频流实现了管理人员对厂区的实时监控。

在上海洋山港码头，运输集装箱的轮胎吊高度达到十余米，以往的工业Wi-Fi技术稳定性不高，需要工人坐在高高的操控室内操作起重机。“海边的高处风很大、非常冷，而且连上厕所都不方便。”现在，洋山港的物流园区实现了5G网络覆盖，在轮胎吊上安装四路5G网络摄像头后，工作人员就能在室内看着监控操控轮胎吊，工作效率提升了，工作环境也更加人性化。

医疗领域：疫情期间5G为医疗做的实际案例——远程诊断、远程操控、医院智能消毒机器。随着5G技术的普及，以及与云计算、大数据、人工智能的广泛结合，必将担当起促进医疗行业数字化转型、推动医疗产业创新的重任。

教育领域：在北京邮电大学采用5G网络与全息直播技术，实现两个校区同上一堂课，打造苏州星洲学校5G MR智慧教学应用，通过5G远程教育、VR教学等模式打破教育不平衡局面。

文化领域：湖北省博物馆共同打造全国首家“5G智慧博物馆”，联合湖州市文旅局发布“湖州5G+智慧文旅平台”。目前湖北省博物馆已实现了5G网络全覆盖，“5G智慧博物馆”让每一位观众都能够享受到更高速的网络服务和高清视频内容，瞬间获取文物知识链接和服务设施等信息，同时通过5G AR/VR等“黑科技”沉浸式感受古老文明的精华。为让游客足不出户畅游湖北省博物馆，湖北移动联合中移在线服务公司为其量身定制了“5G智慧博物馆APP”。该APP改变了传统的文字、图片博物文化传播方式，通过视频、语音讲解、3D 文物影像、AR、5G 技术，为观众呈现了一道丰富的多媒体文物掌上展播。

金融领域：与中国建设银行签约《5G 联合创新中心合作备忘录》，依托 5G 网络推动银行骨干网技术演进等深度合作；联合浦发银行在上海推出 5G+ 智慧银行网点。

总之，实践表明，5G 已从关键技术、生态系统、工业标准、商业模式四个维度全面适配工业场景，带来真正的商业成功。随着标杆效应凸显，以及这四个维度的不断完善，千行百业都将加快拥抱 5G；从 0 到 1，从量变到质变；加速释放“5G 改变社会”的价值。

三、5G 改变社会：物权数字化场景

5G 技术将可以把人类社会彻底带入网络社会，从而实现人与人、物与物、人与物之间的通信。

比如移动支付和移动身份。每个人通过手机进行操作已经成为现实；通过指纹打卡验证身份，通过刷脸签到、乘车、登机、进入特定区间等也陆续展开。

人体与个人基本信息，比如人的各种自然信息、教育、学历、能力、职务、职称、工作信息；家庭成员、婚姻关系、经济状况、社会关系、不动产信息、家庭信息等被采集、汇总，机器识别、鉴别成为常态，再也不需要来回开证明，像李总理批评的一些“奇葩”证明（证明“你妈是你妈”“你是你父亲的孩子”）也不会再发生。

5G 与物权数字化

物权数字化，在 5G 背景下诞生，交易，使用，是由两者的特性决定的。

5G 通信技术提供了超高速、低时延、大容量、低功耗、低成本的连接，使得瞬间海量信息传递、交换、利用成为现实。

物权数字化，具有信息量巨大，使用人群众多，查询、使用、交换、交易频繁，精准要求高，经济影响大等特性。据初步估算：地球人、机构的物权信息数以万万亿，在每天的经济和社会活动中，需要使用的频次在千百亿量级甚至更多。

5G 智能合约的诞生。物权数字化后，通过交易互联网，传递、认定、交易“数字化的物权”，使物权流动起来产生流动资金。

物权数字化应用，交易量可能成为天量。以目前的交易量估算：全国市民服务中心地级以上城市 700 多个，县级单位 3000 多个，县级以下的乡镇 3 万个，村级服务点 30 万个，每天在为 14 亿人服务。哪怕是只有千分之五的人使用，就是 700 万人同时在线，

浏览、查询、咨询、交易，若是百分之一、百分之二，就是1400—2800万人。这对互联网提出了很高的技术要求。推而广之到国际市场，将是5倍、上亿人浏览、查询、咨询、交易，技术要求将会更高。

以电商平台“双11”为例：从初创时期的每秒几百人、几千笔到2020年每秒58.3万笔交易，5G的能力充分显现。

据悉：2020年11月11日零点零分26秒，以天猫为例，双11订单峰值达到58.3万笔/秒，创建了新峰值，这是2009年第一次“双11”的1457倍。零点30分，实时交易额突破3723亿元，超过8亿消费者、25万品牌、500万商家共同参与。

第三节 物权数字化保障——区块链技术

物权数字化应用的关键：交易的质量保证，交易的可靠性、安全性，都需要诚信为保障。区块链应运而生，用技术保障诚信！

区块链技术BT(Blockchain Technology)，是一种互联网数据库技术。以数学理论、计算机强大运算能力、超大存储能力为支撑，利用互联网高速、强大的传输能力，把分布的数据相互接入，通过安全验证，实现相互认可；以时间为顺序，生成一个个（链式结构）分布式（块状形态）不可篡改的“账本”。区块链技术特点：去中心化、公开透明，安全保密，每个人均可参与数据库记录，被称为分布式账本技术。

一、区块链是基于新一代计算机、互联网发展技术而成就的应用技术

1. 近200年，三次工业科技革命带来世界加速发展。

A. 以蒸汽机为代表的技术进步带来的工业革命；

B. 以内燃机与电力为代表的技术进步带来的工业革命；

C. 以计算机、互联网、原子能、空间技术、生物技术为代表的技术进步带来的工业革命。

2. 计算机的运算速率、强大存储能力为区块链奠定了大数据基础。

3. 互联网的传输功能提升开辟了信息共享的高速路，为区块链的实现奠定了通联保障。

二、区块链从技术上为构建诚信、共享诚信提供支撑和保障

区块链技术是利用块链式数据结构来验证与存储数据、利用分布式节点共识算法来生成和更新数据、利用密码学的方式保证数据传输和访问的安全、利用由自动化脚本代码组成的智能合约来编程和操作数据的一种全新的分布式基础架构与计算方式。

特色：

互联网分布式“账本”；

开放、保密、链式、块状；

认可证书、数据接入、互联运行、数据导出。

用技术保障诚信！

优势：

1. 信息共享，减少壁垒，降低沟通成本；

2. 分布验证，高度透明，加密技术，不便改动；

3. 多点分布认证，实现多中心化。

4. 数据庞大，存储久远。技术保障诚信。

弱点：

效率、成本、标准、管理还不尽如人意，需要提升和改进。

三、区块链应用范围广泛，需要共同探讨、开发、实现

目前，可运用的领域十分广泛，世界各国正在积极探索中。

1. 习近平在中国科学院第十九次院士大会、中国工程院第十四次院士大会上的讲话中指出：进入21世纪以来，全球科技创新进入空前密集活跃的时期，新一轮科技革命和产业变革正在重构全球创新版图、重塑全球经济结构。以人工智能、量子信息、移动通信、物联网、区块链为代表的新一代信息技术加速突破应用。

2. 首届中国国际进口博览会2018年11月5日至10日在上海国家会展中心举行，展览总面积达30万平方米，172个国家、地区和国际组织参会，3600多家企业参展，80多万人到会洽谈采购，累计意向成交578.3亿美元。国家主席习近平出席开幕式，发表了题为《共建创新包容的开放型世界经济》的主旨演讲，习近平指出："推动开放合作，实现共同发展，开创人类更加美好的未来。""各国要共同推动科技创新、培育新的增长点，共享创新成果；应该把握新一轮科技革命和产业变革带来的机遇，共同打造新技术、新产业、新业态、新模式。"

3. 第五届世界互联网大会上，会议的主题是："创造互信共治的数字世界——携手共建网络空间命运共同体"。习近平主席向大会致贺信中指出："当今世界，正在经历一场更大范围、更深层次的科技革命和产业变革。互联网、大数据、人工智能等现代信息技术不断取得突破，数字经济蓬勃发展，迫切需要我们加快数字经济发展，推动全球互联网治理体系向着更加公正合理的方向迈进。"

4. 习近平在中共中央政治局第九次集体学习时强调：人工智能是新一轮科技革命和产业变革的重要驱动力量，加快发展新一代人工智能是事关我国能否抓住新一轮科技革命和产业变革机遇的战略问题。加强人工智能在教育、医疗卫生、体育、住房、交通、助残养老、家政服务等领域的深度应用，创新智能服务体系。

世界各国积极探索区块链应用场景，目前的运用场景主要有：银行业、各种质量保障（溯源）、各种人事（档案中的年龄、学历、履历、论文、职称）、文化版权（考古、演出、专利、演员、体育赛事）、空间技术、军事领域，等等。

四、区块链技术与物权数字化

从进出口博览会、互联网大会我们感受到：国际信用建设、征信体系建设，互信共

治的数字世界，搭上区块链这列科技快车，必将事半功倍！

物权数字化的诚信建设需要搭上区块链这列科技快车。

1. 物权数字化的初始转换需要真实可靠。在物权数字化的初始阶段，实物物权转化成数字物权，需要物权主体方、认证方、社会第三方操作、监督，这个过程的真实可信，才能为以后的环节铺平道路。假如稍有虚假，失去物权的真实性，那就没有了可信性，后面的查询、交易、质押、转换就失去了意义和价值。

2. 物权数字化使得交易形态改变，打破了物权"整买整卖、整租整赁"的传统方式，颠覆了"生产、生活、交易、投资"的传统思维逻辑。那么，在"拆分整体，化整为零"的交易、质押中容不得任何虚假。

3. 物权数字化的交易方式是把实物变成了数字，从有形转变成无形，从面对面交易变成网络远程非实物交易。真实可信的监督、监管变得更加困难，需要新的技术来保障。

区块链应运而生，从技术上为构建诚信、共享诚信提供技术支撑和保障。

区块链3.0时代是价值服务时代，超出金融领域，为各种行业提供多中心化解决方案。区块链的应用领域扩展到除金融行业之外，覆盖人类社会生活的方方面面，在各类社会活动中实现信息的自证明，不再依靠某个第三人或机构获得信任或建立信用，实现信息的共享，包括在司法、医疗、物流等各个领域，区块链技术可以解决信任问题，提高整个系统的运转效率。

在金融、保险、医疗、房地产、物联网等多个领域，区块链将逐步扩展到社会生活的方方面面。随着区块链技术的演进，越来越多的机构开始重视并参与到区块链技术的探索中来。从最初的以比特币、以太坊等公有链项目开源社区，到各种类型的区块链创业公司、风险投资基金、金融机构、IT企业及监管机构，区块链的发展生态也在逐渐得到发展与丰富。

【区块链应用案例】

电子数据存证，是指为证明电子数据产生的行为主体及相应行为的真实性，在行为发生时，通过技术手段对电子数据及产生电子数据的主体信息、环境信息、过程信息等进行收集、固定、存储并保障电子数据完整性的过程。

目前，存证行业的痛点有几个方面：一是电子数据目前在法院系统中还未形成成熟的认证手段和采信标准，二是电子数据很容易被篡改，难以形成可信的证据和证据链，而区块链的特性则非常适合用来解决电子存证的最大痛点。

众链是由电子商务交易技术国家工程实验室联合北京众签、厦门美亚柏科、中国广州仲裁委员会、北京瑞宏科技有限公司、普华永道、中国物品编码中心等单位发起成立的中国区块链基础保障联盟，共同搭建的一条致力于司法落地的联盟链，通过整合仲裁，司法鉴定，CA机构，审计机构和清华大学作为权威可信节点，众链可以一站式实现司法落地问题，并且确保了不可篡改性。当储存在众链中的数据需要进行出证的时候，直接可以在相关节点出具司法鉴定报告，法院取信度更高，速度更快。

单方存证：某一方为了证明自己对数字化文件（文本、图像、音频、视频）等的拥有者，可以将相关文件一次性存入到公开、分布式存储的区块链系统中。

存证数据交易：在存证以后，可以通过点对点数据加密互换的方式进行数据交易。该类交易保证数据只有买方和卖方可以解密。

多方合约缔结：为有限的多方通过某个流程（即先后顺序）缔结数字化合约的过程服务。非对称加密算法提供的签名和验证功能辅助多方利用智能合约缔结可信合同。合同过程以合同签约流程定义的最后一方的签名并且得到共识节点的共识加入区块链中而结束。如果合同过程不符合智能合约中约定的流程，则诚实的共识节点会拒绝将其写入区块链中。

交易：理论上为无限的多方对数字化的数量进行可拆分的流转过程。流转过程中总量守恒，并且通过智能合约约定数量转移的条件。不满足转移条件的交易不会被共识节点验证通过，也不会被写入区块链中。

区块链电子合同：电子合同是电子存证中一个重要的场景，可以为企业和社会节约大量的资源。合同作为一种法律契约需要永久保存证据，以往纸质合同“白纸黑字”无法赖账，转变为电子合同后，电子合同文件及签署过程中的身份认证信息、数字证书信息、签署授权信息等证据链保存在第三方电子合同服务商，一旦产生纠纷，需要由平台运营方向司法鉴定中心提交相关证据，司法鉴定中心对相关证据进行鉴定分析后出具司法鉴定报告，取证流程复杂、效率低下。

区块链解决思路：借助区块链不可篡改的特点，把电子合同及其形成过程中产生的各类证据保全在由司法鉴定、审计、仲裁、公证以至法院等权威机构联合构建的联盟区块链上，实现相关证据的去中心化存证。

电子合同平台提供符合国家《电子签名法》和相关法规的身份认证，然后提供由CA机构颁发数字证书，最后根据客户需求提供多种合同签署方式，包括公有云，API，私有云等方式完成线上签署，签署后使用单向加密算法提取出签署合同的数字指纹（哈希值），每一份合同拥有一个唯一的哈希值，将哈希值存储到众链上，众链上的七个权威节点会同步存储，同时，众链提供相应的合同查验接口，如果合同被篡改，将无法通过原来的加密算法得到存储在众链上的哈希值，这就保证了合同的无法篡改。

应用情况：目前，众链存证区块链，已经为电子合同、版权、交易凭证等多个领域提供服务，其中电子合同已经为近千家企业用户、1000多万个人用户提供全流程服务，签署总量突破1亿，日签署量峰值达到一百多万，按1份纸质合同的签约和管理成本50元（包括快递、打印、存储等）计算，众签区块链电子合同已为用户节约合同签约和管理成本累计超过四十多亿元。

用区块链更好地保护版权和内容分发：版权主要存在保护难、举证难、维权难的问题，特别是大量的UGC的内容，存量及增量大、频次高，现有的版权认证保护机制成本过高，周期过长，大量的作品无法得到保护，同时大量的存量作品难以释放最大的价值。区块链为版权保护提供了一个非常合适的解决方案，还能利用区块链技术进行方便的版权交易。

使用案例：原创作者将自己的作品上传到原本的平台上，平台会为作品生成一个不可改变的、准确的原创证明［一个全网唯一的数字DNA（加密算法产生的哈希值）］，证明其归属和完整性，并同时记录到原本链上，任何人都可以通过关键字或DNA找到该内容的原创作者，无论怎样转载都可以找到它们的版权信息。可以以非常低的成本完成登记认证，同时基于认证确权，版权资产的流通性和价值可以在此基础上得到极大的释放。

【区块链解决路径（案例）】

1. 原本链：采用联盟链的架构，为整个系统提供公信力的保障。通过内容数据和区块链数据的互锁，通过改进的基于BFT的共识算法，极大地降低了共识的时间复杂度，使得原本链在理论上可以支持百万级别的交易处理速度，作为联盟链，原本链的节点选择具有高度公信力的企业和政府机构参与，例如大型媒体报社、公证处和大型企业集团等，保证链上数据的无法被篡改。

2. 全网转载监控系统：对于已经在原本链进行注册的内容作品，原本通过“鹰眼”全网转载监控系统进行定期全网扫描，寻找该作品在全网的传播。目前鹰眼系统已经可以实现全平台的内容传播监控，包括但不限于微信公众号、个人博客、知乎、微博等。通过自然语言处理（NLP）以及机器学习的技术，鹰眼系统可以识别出内容传播过程中的篡改，包括调整段落顺序、添加删除部分内容、调整部分语序等。通过DNA识别出该转载是否得到授权，并将结果反馈给作者。

3. 电子取证系统：电子取证系统可以一键完成对于侵权内容的取证工作，取证过程符合国家电子证据法的要求，保留了侵权内容截图以及整个取证过程的全部状态数据。并将所有数据写入区块链进行存证，同时使用国家数字证书中心提供的可信时间戳(TSA)

服务进行认证。保证取证结果作为证据的法律效力。

4. 内容推送及交易服务：对于在原本链注册的作品，注册时会要求作者选择授权协议，包括免费转载授权和付费转载授权两个类型。在内容传播过程中，点击附加在内容尾部的“原本DNA”标签，可以溯源回到内容的原始信息页，一键完成转载的购买和授权。通过这种方式实现作者内容的长尾流量变现，另外，原本对接了来自各行各业的内容方，对于内容分类有各自不同的偏好。通过个性化推荐系统，根据需求方的身份、浏览及购买记录等信息，实现对内容需求方的个性化内容推荐，以满足不同内容需求方的内容要求，增加其购买数量和满意度，同时帮助作者获得更多的合法内容传播和收益。

5. 原本开放平台：在原本链的基础上，原本开发了原本开放平台，以API的形式将原本的全部功能开放给客户。极大降低了企业客户使用区块链系统的技术难度。企业客户只需通过传统的API完成简单的系统对接，就可以让自身的系统立即具备原本的全部保护和交易功能，享受区块链技术带来的便利。（参考《2018中国区块链报告》）

区块链技术，用技术保障诚信！

物权数字化的痛点正是区块链的优势！区块链架构在各个环节须经过多方认可的信息、永久分布式保留、任何单方无法修改的模式，解决了本书上面章节谈到的物权数字化过程中可能出现的“猫腻”和“瑕疵”，从技术上为构建诚信、共享诚信提供支撑和保障。

第四章　物权数字化与康旅小镇

为了更高效率地配置城乡资源与资产，从根本上解决城乡二元制发展的结构性矛盾，国家相继在2016年提出特色小镇建设和2017年提出乡村振兴战略，通过四年多的投资实践与运营探索，客户需求呈蓬勃的增长势头，市场真实地验证了国家战略的正确性与前瞻性，人们对优质健康的乡村生活向往与改善生命与生活品质的消费意愿将长期推动乡村康养类市场产品的发展与兴旺，但近五年的市场实践，小镇类产品也出现了很多的问题，比如项目顶层规划问题、投资主体投资惯性问题、市场发育程度不足、运营人才储备不足等问题，但从长远的市场角度看待这些问题，这些都是一个新兴产业的普遍的早期现象，不足为怪，洞穿众多的问题本质，其实就总结为一个问题，那就是“客户消费需求与产品运营供给”的最佳契合方式不成熟问题。

目前市场上比较有代表性的特色小镇、乡村综合体、特色民宿三类产品，笔者都有深入的参与，无论是项目的顶层构建还是小镇的实际运营，都有非常多的实践经验，透过层层叠加的项目要素解构与纷繁复杂的客户接驳运营，“生活化的康养”这一最为刚性的消费诉求逐渐清晰与明朗，在2020年至2030十年间，特色小镇、田园综合体与特色民宿将由“粗放式进入期”过渡到“成熟运营期”，“乡村形式的康养需求满足”将是所有小镇投资与运营方需要深入思考的市场话题，就即将走入成熟产业周期的特色康养小镇，笔者从品牌、产业逻辑、供需解构三个方面对2020年以后的小镇运营提出了自己系统性的专业知识体系与产业学术模型，集中体现了众多的跨界知识融合与人文、数理与经济学逻辑，从供需解构角度概括起来就两句话：

供方（运营）：“数字化”的系统运营（其中物权数字化为重点）。
需方（消费）：“生活化”的康养消费（其中消费生活化为重点）。

在下面的篇章中，笔者就从多个角度与维度对如上的运营与需求体系进行详细的解读，解读的过程中整合与糅杂了国家政策解析、数字经济应用、品牌行为学、团队建设与管理、地方风俗、传统文化认知、中医自然应用的哲学等多学科、跨领域的知识与逻辑应用，希望这套认知体系解读能够给特色康养小镇投资与运营提供基础且系统性的参考，为未来的康养小镇业态指明出路，提供价值。

（一）数字化的生命哲学认知——指导特色康养小镇的顶层设计
（二）数字化的健康道场营建——引领特色康养小镇的软硬配套
（三）数字化的健康信息数据——影响特色康养小镇的客户体验
（四）数字化的健康服务反馈——增加特色康养小镇的客户黏性
（五）数字化的小镇物权分销——减少特色康养小镇的资金冗沉
（六）数字化的小镇物权交易——提升特色康养小镇的价值流通

第一节 深度跨界的小镇综合经济模型

小镇这种产业与综合经济业态是最近五年才大量涌现的产业形态，从发展态势看一直高烧不退，很有意思的是这种产业综合体已经跨越了地域边界、文化边界与经营边界，中国的东西南北中全在搞小镇建设，好像什么产业都可以扣上小镇的帽子，好像什么IP都能放大为小镇特色，因为是全新的新兴产业业态形式，国内并没有形成专业属性比较强的产业模型研究及产业逻辑探讨，大家都是一副“先搞起来再说”或“先把房子卖掉再说”的腔调，从2018年开始这种盲目的投资隐患已经逐渐显露出忽视产业研究的弊端，有些没有系统产业思维指导与缜密顶层规划的小镇项目已经显现疲态，空置（销售失败）、空巢（售后不住）与空转（运营疲惫）的“三空现象”已经像个别城市的鬼城一样慢慢斑秃状呈现，这是一个绝对的警示信号，同时也是个好的逆向力量，更是一个残酷的竞争与淘汰游戏，一切的一切都倒逼小镇的投资与运营商们开始冷静下来，从产业顶层逻辑、生态价值挖掘、农业价值补位、国家政策解读、商业品牌的创建、运营团队的管理、消费心理分析等多个角度对小镇的产业研究进行“补课”，尤其是新兴的数字经济的有效介入，都是需要认真思考的产业话题。

笔者有幸从2010年开始就关注与深入研究过相关领域的文化认知体系、商业逻辑解构，当时只是为了教学需求，绝对没有想到十年后在小镇业态的顶层规划中得到了良好的应用，这些知识实际上是非常庞杂的，如果没有小镇这样的“非刚需”属性的复合式业态，还真的不知道在哪种业态中能得到这么综合的交叉应用，笔者的很多学生都有地产开发的经历，他们始终要搞清楚的是“城里的房子是刚需，多数在乡村的小镇，显然不是市场刚需，到底是什么样的心理动因让这个产业持续下去”，说实话，笔者即使是所谓资深的产业学者，也不能三言两语地回答这个问题，下面这些纲领性的认知推演是我们在构建一些小镇项目，尤其是康养类小镇项目时，经常用到的理念框架，在这篇文章的第一节就分享给大家，以便大家以一个“虚拟的”专家视角来解析一下小镇的底层逻辑，也许能够隐隐约约地看到什么社会的、经济的、文化的，甚至是人性的细分解构，会对特色康养小镇——我们这篇文章的主要叙事对象有个粗略的画像。

“构建”康养型小镇学术语言汇总

（1）中国农耕文明土壤上的“新城市”理念——文明归依 + 圈层温暖 + 物需从容，一个康养型小镇的顶层规划者，应该从这三个角度思考小镇的社会价值与投资意义。

（2）以“商业繁荣”为基础、以“管理效率”为导向的城市大基盘正在呈多中心化的转变与升级——中式版本的“乡村生活”与“城市牧牛”在一段时间内并存，也许十年、十五年，也有可能长期存在下去，新的“城乡二元制”再次出现，但这次是良性的资源与消费勾兑，而不是过去的落差与不均。

（3）满足“生存”、方便“生活”、圆满“生命”——城市的更新裂变本质上是生命需求的维度升级与内化裂变，如果现在的城市不能够满足人们的这种生命需求，这种巨大的内化力量将大概率可能催熟优质的乡村场景，它可能叫“特色康养小镇”，也可能叫别的名字，叫什么名字不重要，重要的是验证了中国农耕文明的精神回归，文明回归在国家层面就是“繁荣与强大”的代名词。

（4）由1980—2016年“套利与物化经济补齐”第一个阶段，走向2016—2035年“文化与创新经济筑基”，这是一个国家健康发展的必然脉路，自然，2035年以后的中国就会向“文明与富强示范”这样的目标跨进，这是党的规划、人民的目标、文明的复兴，更是国家的运势。在哪一个阶段做好哪一阶段该做的事，是所有社会经济与文化构建者都要有的共识与常识，不然，被淘汰与被优化就是每个人都面临的社会与生活日常。

（5）“物质生活从容简化、文化生活温暖繁荣、精神信仰多元存在”——这是邓老师对21世纪未来新国民的内心描述，这种心境是社会幸福感的依托，是一个民族处于顶盛时期的繁荣映射，但对有些人来说可能更是一种焦虑，几亿人口的纠缠与彷徨中，新商业与新生活就悄悄地发生了。

（6）“新中国 + 新中式”的“5-years -Generation Gap”（五年代沟）是我们设计任何新商业综合体的社会变革思考与文化断层思考，不是中国的代际太浅了，而是中国过去的四十年发展得太快了，以至于年纪相差五年，人们好像就有了沟通障碍，代沟就此产生，超常规发展的结果就是城市发展的受益人口呈现了强烈的信息断层与新人文导向，用自己的时代语言去揣摩其他年纪人的内心，往往是十猜九不中，1960年以后出生的每个中国人都是“信息时代的夹心饼”，一层一层的信息，一褶一皱的磨砺，一迭一迭的新机。

（7）“温度、水源 、土地”—“交通、生产、商业”—“生活、精神、文明”：中国城市的更新与叠层，产生更多的新商业、新文化现象，这些现象本质上是信息与交通扁平化带来的巨大时代利好，中国各种小镇的发展肌理，大概率可能也是如上所述的与时代同频的节奏，在这个进化历程上，没有城乡差别。

(8)笔者认为世界上最理想的"特色康养小镇"本质上是人类"生命现象＋生命逻辑"的多维空间的外化形态，未来"理想城"（大同世界）的构建者大概率可能是"生命通达"的人，比如：故宫的设计者"蒯祥"及其团队；未来"特色康养小镇"的终极消费人群极有可能是中国社会结构中生活最幸福，内心最安适的那一部分人群。

(9) "先知先觉为智者，后知后觉为知者，不知不觉只能当消费者"，特色康养小镇是一个全新的产业形态，如果能结合新数字经济的赋能与加持，一定是如虎添翼和加速淳化，谁看得准并选择相信，谁将赢得先机。

"运营"康养型小镇学术语言汇总

(1) 品牌思维指导一切小镇运营：中国未来的任何细分消费经济都会品牌化，无论是全国性品牌化还是区域性品牌化，"品牌化"都是必然之路，不是选择之路，品牌化的前置性思考指导一切运营，"一边干、一边想"的做法要不得，"想的时候不干，干的时候不想"是运营小镇项目的核心指导原则。

(2) 复合式消费结构塑造小镇经济："新消费＋新文化＋新旅游＋新康养＋新乡村"五新消费结构，多点叠加式的交易新结构，才能保障小镇的持续赢利表现。

(3) 流量思维仍然长期有效："流量—消费—集约效率—产业催化—品牌养成"这样的流量价值转化路径，指导整个小镇运营与管理流程设计。

(4) 小众与精众是小镇的优质客群："园林环境下的康养"——用自然园林休闲的形式成就生命休憩；用"小城邦规模"的新社群思路穿起新阶层人口的生命同频与文化同频，"文明但孤独"不是中国文明的表现形式；用"梦里田园"的方式集中呈现中国传统农耕文明的心灵底色，消费什么不重要，徜徉在梦里田园中本身就是一种新的"文化归依"，如果说"归依于自己所属的文明是一个人早晚要做的事儿"，那么"归依于乡土自由是中国人长盛不衰的心灵导航"。

(5) "新文化包装"下的客户友好交易界面：显化能力的设计在未来将不受欢迎，"无印良品"才是亘古之道，未来小镇的品牌调性，只有"随意"之下见"刻意"的隐化式文化魅力才能持久，真正隐藏起来你的设计与用心，让客户自然而然地感受到你，而不是受压迫或受冲击于你的文化与信息侵入。

（6）“多投思想而少投货币”是主流投资思维：没有刚需消费价值的小镇，就是一摞半遗弃的建筑空间，情怀是满足刚需之后的精神附会，而不是刚需本身。

（7）商业、文化与思想琴瑟和鸣：“思想穿透、文化隽永、商业繁荣”三者生万物。

思想：10%财务投入（硬性投入）+10%文化共鸣（圈层认知）+80%创意穿透（吸引力）。

文化：40%财务投入（硬性投入）+50%文化共鸣（圈层认知）+10%创意穿透（吸引力）。

商业：60%财务投入（硬性投入）+30%文化共鸣（圈层认知）+10%品牌消费（吸引力）。

（8）七大运营权重关系牢记在心：

A. 好吃比好看重要——好吃记得住，好看记不久。

B. 风情比风景重要——风景看得够，风情重体验。

C. 节目比节日重要——节日是大众的，只有节目是自己的。

D. 夜晚比白天重要——好的过夜产品，能让客户产生二次消费。

E. 儿童比大人重要——小孩子是家庭度假类消费核心“决策人”。

F. 信众比群众重要——多次复购的“信众”才是我们真正要的人群，看热闹不忠诚的群众不是，一次两次来看看的观众也不是。

（9）本地的人才更持久耐用：自建团队培养战略 + 自主培养 + 外来团队赋能，对本地的人才的成长与学习要充满耐心与信心，因为他们只能看到一座山头。

（10）康养项目做到“被求”才是真理：

中国文化对一切美好的事物冠以“求”字为先，“求佛”“求学”“求财”“求爱”“求婚”“求医”，在众多的美好追求中，“求得健康”是高频次的消费诉求，值得用一生的产业经营去迎合与满足。

五年以来，通过走访国外的小镇样板和大量的参与本土小镇建设，真的是越来越爱上了这个充满人性味与新潮气息的产业形态，更在此过程中找到了中华文明的最世俗化的落位与消费方式，突破了过去三十年，商业、文化与思想完全脱离的社会经济产业结构，特色康养小镇的产业之路一定是光明的，并深度契合了中国人的文明归属。

中国的小镇与村落本质上都是最早的人文社群，它们是农耕时代的产业综合体，它们同时也是农耕时代人们共同的精神家园，虽然时代在变化，生产方式影响了生活方式，产业会有迭代，生活方式也会有升级，但人们内心的需求其实是没有什么变化的，“人们对美好生活的向往”其实一直未变，那么到底什么才是“美好生活”的样板呢？“家安业乐，健康安全，心可安适”就是这样的时代样板，小镇上有良好而体面的工作机会；业余生活丰富而令外人羡慕；食物安全，水源干净，空气良好；社会治安良好，人们之间的关系温暖，都能自守公约；这样的小镇样板就是“生命型”的小镇样板，更是健康型的生命小镇样板。

如上，只是特色康养小镇的内外部逻辑上的架构与运营依托，真要是做到精细化与精准化的运营造势与价值塑造与流通，就必须要融合新经济时代的法则与生态游戏，“数字化”的特色康养小镇就是下一个时代小镇的投资、管理与运营的前瞻性思考，虽尚不完备，但未来可期，拥抱新数字经济大潮，重构特色康养小镇产业，给更多的人参与和共享的机会，是我们的责任，更是广大小镇投资者的产业使命。

第二节 数字化的中式文明密码拾遗

随着中国经济进入数字经济时代，以5G通信、人工智能、物联网、区块链、云计算为标志的新经济模式，助推中国经济走向内外循环两条快速路，内循环可以成倍数增加中国社会经营性资产的运营效率；外循环得以重构世界经济再分配法则，中国经济的价值比重得到提升与保障，中国品牌与中国产业逐步向上游价值浮动，如果非得给突飞猛进的中国数字经济找到一个中国版本的理由，那我想应该就是“中国的文明基因使然”，古代中国就是一个在数字应用上非常了得的国度，无论是中国的阴阳、五行、易经，还是中医、历法等文明遗存，无不是“数字化的宇宙认知体系”，这种深深植根于中国人文明基因里的数字宇宙哲学系统观称为“数理”，可以理解为主“数——数字化的世界组成与运行要素拆解”与“理——逻辑化的事物之间连接与变化规律掌握”，与今天的“大数据 + 区块链”并无区别。

人类文明的发展整体上是一个“圆规画圈”的路径轨迹，运动走向在表面上看好像“距离出发点越来越远”，可实际上一旦过了半圆的临界点，其实是“距离出发点越来越近”。中国传统的宇宙数字化解读并不是今天科学意义的实验与试错数字累积，而是一种完全不同的实证与实修体系，就是把自己的身体当成各种“信号传感器与接收器”与“数字实验室”，然后通过观察与体证，最后掌握以人为宇宙“假想中心”的事物变化规律，最后这些规律直接形成可应用和可传播的文明符号，在后世的生活体验与生命体验中不断地得到应用与实践，非常可惜的是今天的人类，基本遗失了上述的体证的实际操作路径，最后的结果是当代人对上古文明遗存，要么深信不疑，要么全面否定，其实两种态度都不是最严谨的，唯一正确的态度是在“古人文明遗存正确”的大假设下不断地探索与求证，最后更好地传承与应用古人的系统认知体系。

“其大无外”的中式数字化宇宙世界观最后指导了整个中华文明的生产与生活逻辑，时至今日，中医推演气候与人体内外环境相互影响的学术理念“五运六气”，依然对传染性疾病的防控有参考意义；按照地球公转位移关系变化总结的“24个节点性位移变化”形成的24个节气仍然对今天的农业生产有实际上的指导意义；甚至青蒿素的发明也是受古代医师葛洪先生的本草应用实践的启发，这类例子比比皆是。

“其小无内”的中式数字化生命观最后指导了整个古中医理论体系，2000千前的汉代已经是中医认知体系的“学术总结阶段”，以张仲景先生为代表的大哲大医实践者已经能把对某一类健康问题的系统解决方案，用数字化的形式进行终结性的表述，形成了“经方”这样的宝贵的生命本草文明知识产权。今天的人生病还用2000年前的“本草解决方案”，这本身是能够说明很多问题的，在2003年非典与2020年新冠两次重大公共疫情的解决应用中，本草经方得到了毋庸置疑的价值验证，这难道还不能让今天的健康学专家们严谨地思考吗?

就本文论述的对象——特色康养小镇，笔者曾作为品牌与产业专家参与过很多类似项目的筹建与后期运营，也曾经无数次地给投资与运营人建言，用中式传统思维加上现代数字化的系统运营手段，最后成就特色小镇的“生命空间价值”，也就是“在城市学习与工作，在小镇休憩与疗愈”，但当下小镇的两大主要投资主体“政府”和“地产商”都没有认真思考过这样的问题，更谈不上按邓老师的思路进行运营执行，最后的结果是造成了很多的小镇都变成了农家院的升级品，只是间歇性地满足城市休闲之用，资产的应用效率严重被低估，当然也造成了社会资源的严重浪费。

没有透彻的认知自然就不会有精细的运营，时至2020年，当小镇建设走到了第五个年头，小镇生活与生命价值的内化认知不足与短视化的投资惯性，已经形成了一定程度的产业滞涨，不同于城市住宅的刚需属性，小镇的房产空间资产购买并非刚性需求，导致了产业发展的阶段性迟滞，现在已经交付的特色小镇，多数没有产业支撑，多数没有生活形态的纯熟，当然更没有与生命休戚相关的康养价值兑现，“只有赋予康养小镇真正的康养刚性价值”才能让小镇生活形态与康养产业深度融合，最后形成消费的持续循环与产业的良性发展。

“拥有真正康养价值的小镇”才是未来经久不衰的小镇。

第三节 数字化的小镇医学体系认知

在第一节的数字认知系统中，笔者提到了“其小无内”的生命内部规律认知体系，在这个维度上，200 年的西医要远远强大于 2000 年的中医，西医借助光电科学等外力学科协作，已经能精准到原子程度上对人的器质性生命规律及疾病防治形成了完整的数字化体系，从我们普通消费者知道的每片药的剂量到每个患病细胞代谢的分子代谢运动，西医及西方生命科学已经能够基本建立数字化的生命模拟模型，现代西医正由光电科技引领逐步进入了“数字引领”的时代，“数字医学”时代正迎面向我们走来，生命代谢的各种大数据加上云计算，再结合人工智能的介入，已经开始让越来越多的人类顽疾得以根治，但“当代数字化”的西医与“古代数理化”的中医自然医学，在多个接驳口径上还有非常多的驳悖，这里面的交驳界面冲突与盲区，更多的原因还是基于文明底层的认知冲突，并不是技术层面的冲突，这是很可悲的，医学为“大善之学”，本不分西中，只要能够更好地保障人类健康，所有的能够系统呈现结果的医学体系都应该相互承认与相互借鉴。

笔者出身于传统中医家庭，对医学认知有着先天的敏锐与洞悉能力，但更多的是从数理逻辑方面进行了一些哲学层面的探索，除了汉民族的“汉医”（狭义中医）无论是东北的萨满医学体系、正北的蒙医蒙药、西北的藏医藏药、回族的医学、西南的苗瑶壮医、南方的岭南医学、东南的畲医畲药、东部的新安江医学等，都做过学术层面的比对，从各种影响疾病发生的动因及各个医学派别解决问题的路径来看，都有着相同与不同之处，再深研下去的结果就是又回到了数理与哲学的应用，很是有趣，下面是三个相对简单粗浅的对比与总结结果，只为大家打开一扇认知的小窗，窥探一下数理与哲学视角下的医学体系：

A. 中国版图民族医学体系“九宫格”：

藏　医（西北）	蒙　医（正北）	萨　满（东北）
回　医（西部）	汉　医（正中）	新安江（正东）
苗瑶壮（西南）	岭　南（正南）	畲　医（东南）

B. 影响各民族人民健康的要素对比：

相同要素	不同要素
情志：喜怒悲思忧恐惊	饮食：水、食、气
信仰：生命观	环境：温度、湿度、高度
生产：劳作环境与方式	

C. 最直接影响健康的要素内在指向：

（1）五脏与六腑层面：

属地食物加工方式 ——六腑的代谢能力（直接影响）。

属地饮用水质量 ——肾脏功能（直接影响）。

属地空气质量 ——心肺功能（直接影响）。

属地食物种子质量 ——肝脾功能（直接影响）。

（2）肌肉骨骼筋膜层面：属地气候变化（风、寒、暑、湿、燥、火六因）。

通过大量的民族医学解决方案（内用方剂与外用方法）的数据对比，我们都惊讶地发现了一个现象，就是各民族的祖先好像都是数字与数理方面的高手，他们都不知道用什么超然的方式洞悉了本民族人民日常健康与疾病防治的规律，然后把这些精算过的方式与方法再融入本民族的生活习俗与生产习俗中，甚至是文明与信仰方面，最后都能够从不同的维度与角度“潜移默化或直截了当”地护佑本民族人民的身体健康，其中的大智慧与大善意令人油然生起敬畏，比如：回族的斋戒活动表面上看是民族信仰下的节日习俗，但本质上是一场肉食结构民族的辟谷与清除自由基的群众活动。

在本节内容中，笔者尝试着用一种“文科生”的哲学视角来解析影响身体健康的内外在因素，不求甚解，只求唤醒，如果在“特色康养小镇”这个大健康服务主体上，结合数字化的技术手段，深度地融入前述的一些内容，并用这些认知直接指导与影响小镇的选址（考量地方物候的温度、湿度、高度）、生物与生态环境的营建（饮食取材及食物构成）、小镇配套功能的设置（属地民族方法或异地客户体质情况）、小镇房屋的建造理念（人体居住小气候与小气场的功能考量）、小镇社群活动安排（群体情志引领与提振）、小镇精神配套功能（类似信仰一样的教育安神活动）等，我相信这样的特色康养小镇，一定是人人喜欢的，一定是能够真正起到身心疗愈功能的“人文温暖、健康休憩与精神安适”的多重道场，这个“小镇道场”一定具有明确的社会价值、文化价值与市场价值，一定值得更多的有识之士参与其中，无论是投资、运营还是直接当消费者。

第四节 数字化的小镇健康道场营建

有了数字化的系统认知才能在一开始就从顶层规划的角度设计好特色康养小镇；有了数字化的医学配套，我们才能从多个角度构建起“康养小镇道场”这个同时具有人文价值与市场价值的项目综合体，把小镇的功能最终指向“康养道场”，让小镇的房间与空间都成为价值标的物，才能最后经营好小镇项目，服务好小镇的精准消费者，才能让更多的小镇的投资与运营者长远获益，尤其是涉及三农问题的乡村型小镇项目，当地的农民个人收入与土地的使用价值增值都需要项目的持续而有序的成功运营，总之，康养型小镇项目所覆盖的受益方非常多，所以要设计好小镇的三个关键指标“小镇价值呈现”“小镇运营效率”“小镇成本结构”，这三个硬性指标正是考量一个小镇投资与运营效率的最核心指标，在中国进入数字经济大潮的未来十年，在小镇产业与大健康服务产业叠加式地进入市场成熟期后，这三个成功的运营指向都离不开数字化的内在驱动要素，最终数字化规划与运营的小镇会成为产业常态，可以进一步表述为：

（1）“数字化的康养服务长远塑造小镇的核心价值”。
（2）“数字化的精准运营大幅度地提高小镇的运营效率”。
（3）“物权数字化的小镇物权交易优化了小镇的成本结构”。

我们一直在学习新数字经济下的康养小镇场景价值创建，除了投资与运营方的“卖方思考”，用户端的场景价值思维到底如何满足，一直是一个需要用丰满的理想去指导现实的话题，通过与数字经济专家的学习、医学专家的交流、人工智能的业内大神互动，笔者慢慢地可以在脑海中构建出一个数字化康养小镇的应用场景，下面就用第一人称与第三人称并用的方式，尝试性地表述（畅想）一下未来数字康养小镇的价值场景。

场景：患有糖尿病的唐先生在办理入住的时候，他的全部就医信息就随着人脸识别并在本人的同意之下，传到了小镇健康中心的数据库中，在唐先生所持的门卡芯片上会短期记录所有的唐先生的行动、就餐、休息、检查、健康服务的数字信息，由区块链技术对全流程进行全解析与全锁定，由国内最有数字权威而不是学术权威的云计算中心，对唐先生的症状进行实时加密计算，然后将相关解决的系统方案分“作息时间、餐食结构、培训导引、用药建议”等多节点的方式，传输给小镇的各个前端服务的信息中心（包括唐先生本人手机），然后在各个生活化的传感器上“隐蔽”地收集唐先生的代谢信息，比如：房间内的马桶内装传感器瞬间完成了对唐先生晨尿的信息采集，反馈给中心处理器；房间内的床垫的压力、温度、脑电波传感器直接汇报了唐先生晚间的活动轨迹与身体代谢状态；早起，唐先生刷牙的一瞬间，带芯片的牙刷传感器完成对唐先生口腔黏膜与唾液的取样并分析处理，上传给信息处理中心； 夜间和早晨的数据采集与分析，15秒钟就制成了详细的方案，分发到了各个小镇的健康服务配套部分的信息中心，唐先生在接下来的一天时间里所接受的餐食配方、训练计划、理疗介入、用药指导、作息时间、健康师问诊，都较头一天的入住发生了细微的变化与迭进，经过15天的针对性小镇疗愈，唐先生返回城市，同时带走了一份接下来15天城市生活的针对性建议，这些建议除了小镇的疗愈结果外，也参考了从唐先生城市中的家中采集到相关信息，最后是经过汇总的建议方案；经过忙碌的十五天，唐先生第二次来到小镇，接受下一步的度假式数字化疗愈，半年过去后，唐先生就在工作与度假的交错时间中，不知不觉地完成了对自身糖尿病的疗愈，完全变回了健康的唐先生。

如上的场景除了5G通信、物联网、云计算、大数据等基础数字技术支撑，影响核心算法的还是笔者前三节所表述的西医糖尿病专业化数字解读、中医理疗的数理化应用、食品科学对“气、味”两项的全方位解读（而不是现代科学只知味而不知气）等，数字化只是外显的数据与应用，核心内化的部分仍然是对生命内循环规律的不断探索与求证，虽然整个体系仍有多个“BUG”并未跑通，但在数字技术的加码之下，一定会步步为营，逐个突破，“半数字化”的小镇场景其实现在就可以实现，那些未证不通的“BUG”可用有经验的人来取代，效果也是非常有保障的，笔者的一个年轻的中医朋友（中医家庭出身、西医高等教育背景）要求每个患者给他看西医的检查单据，开始让人匪夷所思，但大量的实例证明，这个中西医兼用的医生的诊疗结果非常喜人，这件事对笔者的启发巨大，当然引发的思考更多，我相信未来的几年时间，上述畅想的康养小镇服务场景一定会大概率地出现在中国市场，而且通过共享数据与超级计算后，可能会像下围棋赢了人类的智能人一样，最后赢了糖尿病这个人类代谢类疾病顽症。

第五节 数字化的小镇物权交易流通

随着中国物权数字化进程的快速推进，国家在立法、立规（行政审批）、市场培育等多个方面对数字经济的大力加持，特色康养小镇也会迎来属于它的春天，就笔者有限的数字经济解读能力与小镇痛点分解来看，特色康养小镇的数字化产业变革之路，会在如下几个投资、经营、交易、应用、产融与产投等结点上，重构小镇产业投资结构、运营结构、交易结构与价值结构，分析如下：

一个小镇的物理基础并不是像城市基建那样的成熟与完善，所以小镇的硬性投资，尤其是在基础设施的投资部分会很重，最后叠加在一套空间单元的成本就会奇高，在规模的考量之下，一个完整的小镇建制，随便几个亿就花在土壤里了，这给主体投资人的资金能力带来巨大的考验，如果有二级投资人参与到这个过程中来，那么可以完全在建设前期、基建中期、建成后期三个阶段，自由地参与共创共建。

A. 建筑空间单元的投资结构：可以用“私人定制”的方法来满足用户的不同空间场景要求，主投资人可以像搞工厂一样将不同的建设要素进行数字化解析，包括但不限于朝向（精确到1°角）、墙体、植被、院落、装饰、材料、停车等多个模块进行示样式组装，最后由客户根据示范的样板做出各色的加减，最后在客户交了订金之后开工建设，全部建设流程完全由客户进行数字化监管，分毫不差地把计划落实到最终结果，建立中式版本的BIM小镇系统；中途客户也可进行适时修改；建设中期的时候，除了客户可以在不违背土地、安全等要求的前提下，对标的空间单元提出模块化的随机订制要求，还可以提出几个朋友一起组合式定制，“小社群”式的单元其实更受欢迎；在建成的后期，个体投资人可以对一套或一栋空间进行用益物权的分解式购买，直接持有该单位空间未来的价值。无论如何交易，全程在区块链的全流程及全解析之下进行，从根本上消除了违约风险。

B. 经营性数据的数字化收益结构：特色康养小镇的数字化经营成功，一定会给一个小镇带来持续不断的健康类消费群体，进而形成客户数据资产，这部分数据资产的二次及多次购买力会形成新的数字资产，这部分资产也可以在数字化的结构设计之下，引入投资与合伙人，形成联营与联动机制，比如一个三甲医院的消化科的客户数据，与上文提到的糖尿病疗愈小镇形成数据共享与经营收益共享，这部分的数据转化收益完全可以打包成数字资产包来进行交易、流通，并能实现数据资产升值。

C. 交易数据的数字化收益结构：前述B项数字化的资产标的是客户的隐性购买力，

而在小镇消费场景应用中，属地场景发生的实际交易也可以形成数字化可交易资产，举例说明：张三就是上文提到的“马桶智能尿糖检测机器人”的研发与生产商，他所提供的小镇辖区内的500个马桶设备，每天就是500份的尿检交易数字，交易营收十分确切，这500个智能马桶的投资与经营收益又可以打包成数字资产包，进行交易与流通，这种交易结构的根本改变会不断地优化小镇的服务品质，“谁的设备更先进更好用，就让谁的马桶数字资产包入场”，道理很简单，与大医院的大型医疗设备搞的金融动作并没有区别。同样，其他的智能床具、运动设备、理疗设备、功能性餐食等具有交易与收益属性的模块都能进行同样的数字资产包设计，形成价值联动与数字共享，更好地服务好客户的同时，还能共享经营收益，更是分摊了主投资人的经营风险。

D. 应用数据的数字化收益结构：在数据叠加的前提下，有些以前不可验证的解决方案可能会获得良好的解决，因为这个解决方案正是因为在海量数据的动态参与之下，得到不断的修正与验错，最后大大缩短了有些解决方案的最终结论的时间成本，这些经过大数据验证过的方案自然会形成知识产权，具有了资产属性，既然是具有资产属性就自然会有交易价值与流通价值，这个表现为知识产权的数据资产包也自然可以用交易流通的方式进行联营互动，假设：李老师来自传统中医世家，家传一套功能性餐食的组合搭配方法，但知识产权价值偏低，主要是因为祖上所治愈的病例数据都没有了，需要重新用新数据进行验证与增值，这个方案主要调节“脾胃型的消渴症（糖尿病）”。那么，这套方法就可以直接加入上述小镇的数据服务流程中去，得以进一步的实施和数据验证，最后这个验证过的知识产权就会形成知识资产进行交易与流通，尤其是在区块链的解析之下，全流程可循迹，无论是未来的患者还是知识产权的共享者，都是巨大的价值。

E. 产业投资与融资角度的数字化收益结构：按照笔者前三节所提到的生命认知逻辑，妄想通过一个小镇的样板成功，然后去搞全国的复制，这种想法显然是不严谨和错误的，影响人体精准健康指标的要素中有很多是不可复制的，比如：特别的气候条件、经度、纬度、温度、不同的民族体质差异等，所以，就一个共同的康养主题，笔者的理想产业想象是在全国进行自然资源（利好健康的）、人文医疗资源、市场消费活力等多个要素的数字化分析与分解，特色康养小镇的“数字化网络布局”就要从全国的产业布局开始，然后，数字化分析构成“康养疗愈功能属性”的小镇“健康场能”的全国数字合格布局，最后形成产业多点投资的全产业可能性，给未来的数字投资者以更多的全网投资可能，一来可以分化其投资风险，“把鸡蛋放在不同的篮子里，最后生出了一群不同的小鸡”，二来可以使整个产业服务与应用效率大大提高，缩短产业成熟周期，提前为国家分担人口老龄化所带来的整个社会劳动力价值下滑，更多的“前置性”的健康服务，可减少国家公共医疗万亿级的支出，带来不可想象的社会公益价值。

写在最后：迎接新的数字经济大潮不单是一个商业经营者或产业学者需要思考的事儿，应该是一个全民都要参与其中的事儿，是个大好事儿，也是个大喜事儿，因为这是一个时代给每个公民带来的国家福利，百年负重的国家发展，半个世纪的隐忍逆变，我们都有机会享受到一种超越的可能性，这种超越本质的可能性仍然是回归，那个大的时空圆规真的快要走到闭环结点了——闭环了就是圆满了，我们每个公民都是这个大圆满的直接受益者，生于当代中国，我们很幸福。

第五章 平台经济运营模型

第一节 平台运营模型，数字时代缩影

数字时代缩影一

美国金融公司高盛的交易员无疑曾经是世界上最好的职业之一，现如今的境遇却是时乖运舛。据《麻省理工技术评论》报道，2000 年顶峰时期，高盛在纽约总部的美国现金股票交易柜台有 600 名交易员服务大额订单，进行股票买卖操作。但时至如今，这里只剩下两名股票交易员“留守空房”，由于人工智能“高歌猛进”，不断冲击着传统的银行交易，不少银行交易员的工作都被自动化算法取代。这并不是个例，甚至可以说，此情此景每天都在上演。人工智能的发展让深度学习等各种算法大放异彩，持续“攻占”人类的优势领域。

白领专业人士未来的工作形态及技能所需将会如何改变？

数字时代缩影二

京东在广东东莞的分拣中心有 300 多台分拣机器人，它们每天不分昼夜地工作，井然有序地取货、扫码、运输、投货，每小时能够运送多达 12000 件的货物。这个分拣中心原本需要 3000 多名员工，如今人数却不超过 20 人，直降 99.3%。相较于传统的分拣线，分拣机器人全天的效率和作业质量都有了显著提升，只要有这些小机器人便可以 24 小时持续工作。此外，与人工作业相比，现在的工作环节也从 6 个减少到 3 个，骤减一半。

体力劳动者的未来工作形态及岗位来源将会如何改变？

数字时代缩影三

亚马逊公司的土耳其机器人将计算机无法完成的无数琐碎的脑力工作自动化。亚马逊土耳其机器人是一种众包人力资源网络平台，能使用计算机程序员调用人类智能来执行目前计算机尚不足以胜任的任务。平台有两类参与者，“请求者”发布工作任务并设定工作报酬，“工作者”完成任务并获得报酬，每个工作任务都被称为“人类智能任务”。亚马逊土耳其机器人可在企业业务需要时随时使用“人力市场”中的人力，通过全球人力资源可让企业的各种技能需求得到满足，在轻松完成工作任务的同时无须增加企业内部人力成本。

未来的人们是否会觉得工作众包的方式更有弹性、更自由、更令人喜欢？

数字时代的管理挑战

每一种新技术都可能带来商业模式与社会制度的变革，在市场的自然选择下，成本最低、效率最高、价值最大化的商业模式自然成为商业社会的进化方向。数字技术正在全球范围内掀起势如破竹、波澜壮阔的大变革，颠覆着我们工作、生活与互联互通的方式，也颠覆着企业传统的管理方式。数字技术在赋予我们更多选择的同时，也带来诸多挑战。随着数字革命不断深入，一些工作会兴起，而另一些则会消失。人工智能机器正在取代那些简单、机械和毫无创造性的工作，工厂中的自动化机器人正在取代大批的工人，互

联网人力资源云平台引发了个体与企业之间的新型关系，基于社群的新零售平台所构建的“超级用户”萌发了企业与用户之间的新型互动，企业传统的管理方式正面临前所未有的挑战。

一、数字时代管理的四大挑战

1. 挑战一：人类工作智能化

大数据和人工智能未来将会广泛运用到企业管理中，让企业的决策过程快速而精准。

2. 挑战二：领导、员工、用户关系日益模糊化

数字时代，得益于就业市场数字技术的不断渗透，平台赋能个体零成本创业，成为自由职业者的门槛越来越低。

3. 挑战三：企业组织日趋复杂

数字时代，组织日趋复杂化，呈现出组织结构扁平化、组织关系网络化、组织规模灵活化，以及组织边界柔性化的趋势。

4. 挑战四：新生代追求个性化

数字时代，人类将从事那些需要更多社交技能和创造力的工作，尤其是在不确定性下做出决策和迸发出新思想的工作。

二、平台化运营管理的崛起：管理的无边界延伸

数字革命对传统行业和传统企业的商业模式进行了价格重构与价值创新，站在更高的思维层面上去赋能个人、组织和合作伙伴，通过创新创造更大的社会价值。

数字时代，企业成功的关键因素包括：构建智能化数据能力、灵活的企业层级机构、衡量和奖励绩效的新方式。

平台化转型需要建立平台化管理模式，从商业模式、组织结构、组织关系、企业文化、绩效管理等方面对传统企业进行顶层设计的改造，平台化管理将借助数字化技术与工具将能力扩展到整个产业及生态圈。

第二节 平台运营——管理

平台化管理之魂

数字革命在不断改变着工业时代对于“公司”的定义，一场“企业平台化”的新运动早已拉开序幕，开启平台多元共生的新篇章。然而，这是一个最好的时代：数字技术的快速发展正彻底改变我们生活的方方面面，不断冲击着人们的认知，还为人类开启了虚拟世界的大门。人类正式迈入智能化发展的崭新纪元。

同时，这也是个最坏的时代：市场的变幻莫测、产品的更新换代、组织的加速进化以及转型的疲软乏力，无不使得传统企业如履薄冰。在科技飞速发展、商业世界瞬息万变的今天，如果传统行业仍沉浸在承袭自工业时代的惯性思维当中，会不断遭受来自互联网平台企业的“降维打击”，很有可能是致命的。微信打败了产品时代的短信，战胜了 PC 时代的 QQ，无疑是移动互联网大潮中的赢家。微信的成果是因为超越了传统商业思维，以社交为目的的 QQ 竞争，其优势不言而喻。在数字时代，打败你的往往不是“看得见”的对手，竞争壁垒并不能抵挡来自高纬空间里的平台企业“跨界打劫”，稍不留神，整个行业都有可能不复存在。曾经红极一时的手机品牌诺基亚在与 IPhone 的竞争中也难逃逐渐衰落的命运。传统企业在数字时代如何整合资源，调整结构，进行战略突围，无疑是所有领导者和管理者思考的核心问题。平台化管理为企业和领导者提供了一套新的理论和实施框架，我们将其核心思想总结为“升维与微粒化”。

一、升维与突围

人类的大脑和眼睛只为感知三维空间和思维时空里的各种情况演化出来，并不具备辨识和解析更高维度空间物体的能力。我们受限于自己生物属性的认知条件，感受不到多维宇宙的真实存在。

在平台化管理当中，升维的概念意指管理者站在更高的维度去看待和思考商业社会发展的宏观趋势，不断打破原有认知，从而实现思维与心灵的自我突破，帮助企业文化、经营模式、组织结构、数据智能等多方面的全面升级。

真正的升维是不断地突破自我认知及能力边界，而过程可能是遵循一般规律的渐进式，也可能是站在风口期的跨越式。

如何利用平台化管理的思维与方法来实现企业的全面升维呢？

1. 领导者思维升维

◆ 管理机制与心态的创新型升维。

◆ 重新审视与竞争对手的关系，突破零和博弈，使各方利益在高纬空间里统合。

2. 战略升维

战略升维注重的是影响与调度的能力。

◆ 在高维度预测整个商业社会发展的大方向。

◆ 寻找在低维空间里绝对隐身的战略选择。

◆ 寻找跃迁的风口（虫洞）和破局点。

◆ 整合内部和外部资源，全力投入，实现飞跃发展。

3. 文化升维

◆ 让组织的目标与个体的目标和需求，原本在低维空间里相冲突的方面，在高维度的空间实现融合。

◆ 平台企业文化注重赋能、利他、共赢和成就的使命感。

◆ 通过文化升维，构建生态领导力，输出平台价值观，实现管理层、全体员工和所有合作伙伴集体升维。

4. 战略突围：构建三维空间中的平台化企业

社会化的柔性供应链资源是平台化企业的优势。

◆ 平台化企业，即建立机制，连接不同的个体和组织，使之协同合作，同时建立各种机制，促使全局利益优化。

◆ 平台上“面”的作用是帮助“点”和“线”成功，使得平台上的每个组织和个体实现自我价值，达成广泛连接，形成网络效应。

◆ “面”：提供平台基础设施，输出平台价值观。

◆ “线”：平台上的小组织，利用“面”提供的各种基础服务，基础设施，数字化能力和平台价值观，比较简单的方式快速发展，不用花费巨大精力和成本重复建设，还能整合“点”带来的额外机会。

◆ “点”：平台上的个体（自由创业者或兼职者）借助面和线提供的资源和能力，不需要承担不可预估的风险，获得更好的个人发展机会。线可以按照需求随时调用点的服务，进行内外部资源整合，增加企业灵活性。

◆ 面中孵化出另外的“面”构成“体”。众多的“体”聚集又构成生态系统，各个生态系统又聚集成为未来商业世界。

◆ 企业未来的战略突围程度决定了其在“点—线—面—体”三维空间的定位。

二、微粒与重构

未来商业世界必将经历新一轮的结构与重组；微粒化就是借助数字技术构建数字平台，将组织做微粒化的分解、聚合和裂变；将臃肿的大组织微粒化分解成单个个体，形成一个个灵活多变的小前端，像触角一样在市场前沿探知市场脉络走向；个体再重新聚合成小团队或小组织，像蚂蚁族群一样聚合在一起完成共同的目标，而这些小团队或小组织又可以聚集成平台化组织。

重构：即组建像原子裂变一样可迅速复制和大规模扩张的机制。裂变可通过数字技术进行大规模扩散，将个体智慧和思想融入数字技术中快速复制，通过平台的力量影响更多个体。

组织微粒化

平台化管理在企业管理结构中构建一种“化学反应式”方法来探索多种可能的未来，组织可以随时分解成原子，原子聚合成分子，分子再形成物质。

1. 组织将经历从 1 到 0——微粒化的解构和重组。

2. 构建数字化平台，借助数字技术将组织做微粒化的分解、聚合和裂变。

3. 微粒化：将组织无限缩小的过程，从宏观的企业，到分子，到原子，再到能量。

4. 微粒化组织不再是一成不变的稳定形态，而是具有液态特性的柔性组织、网络型组织，企业内部和外部的边界变得模糊，内部和外部的人员可以“自由流动、自由组合”。

组织重构

1. 分子分解

◆ 将臃肿的大组织微粒化分解成单个个体（原子），形成一个个灵活多变的小前端，像触角一样在市场前沿探知市场脉络走向

◆ 分子分解的核心目的是回归商业社会基本元素

◆ 平台化组织的使命是保护个体的内心自由，找到个体的自我驱动力，实现自我价值；是保护组织内个体的平等，从而达到组织整体利益的平衡

2. 原子聚合

◆ 企业分解出去的个体（原子）以某种业务、功能或者某种任务结合原组织内部分解出的其他原子和社会上游离的原子聚合而成的新的团队（分子）

◆ 小团队或小组织（分子）又可以聚集成平台化组织

3. 原子裂变

◆ 可迅速复制和大规模扩张的机制。“裂变”以一个（或几个）点为基础，成功突破了一个（或几个）点后，再进入严格复制，由一个成功的点复制出另一个点，两个点再分解为四个，四个变八个。以此类推，先慢后快，逐步推进，最终步步为营，快速高效地实现全覆盖，快速迭代与不断创新

◆ 原子裂变还可通过数字技术进行大规模扩散，将个体智慧和思想融入数字技术中快速复制，通过平台的力量影响更多个体

三、平台运营模型

平台化管理将助力塑造成一个无边界的组织，打造可以无限拓展的商业模式，最大

化释放个体的创新活力，逐步升维为更高层次平台型组织。

平台化管理的“五化模型”

1. 关系多样化：平台化管理将助力企业塑造成一个无边界的组织，打造可以无限拓展的商业模式，最大化释放个体的创新活力，逐步升维为更高层次平台型组织。

2. 能力数字化：平台化企业搭建数字化业务运营管理系统，沉淀运营数据并实时分析自查绩效，搭建 API 结构，建立服务和产品集市，进行应用和应用之间的连接、平台和平台之间的嵌套，对组织进行微粒化分解。

3. 绩效颗粒化：与传统绩效管理不同，平台化绩效是以数字技术为核心对组织中的各个元素—整体组织—各个分子—各个原子进行全方位的颗粒化解析和评价。

4. 结构柔性化：平台化企业的组织变革将原本科层明确、封闭的组织体系向扁平化、网络化、开放的无边界的平台生态系统转变。

5. 文化利他化：平台化企业文化之魂是利他的，赋予个体强烈的使命感。

（一）多样化关系的特点

1. 权力：共享

◆ 让渡权力：将决策权、分配权、用人权等管理者最主要的三大权力全部让渡出去

◆ 用数字化智能管理系统赋能员工，用数据建模分析和数字管理系统协助员工更有针对性地工作，用实时动态反馈来管理、监督和考核员工的工作表现

2. 能力：共炼

◆ 企业与员工之间的相互赋能和员工之间的相互赋能

◆ 赋能强调的是给予挑战与激发动力

◆ 赋能更依赖企业文化，只有文化才是关系真正持久有效的黏合剂

◆ 赋能特别强调组织本身的设计、人和人的互动

3. 心力：共情

◆ 心力是一致的价值观、一致的使命感和一致的目标产生的共情合力，超越时间和空间的维度而存在

◆ 从心力去统一价值观，达到比感同身受的同理心更高层次的共情境界

◆ 心力是最重要的，是企业想成为一个什么组织，领导者和管理层必须始终带着方向和目标感，方可一步一个脚印地踏实行动

4. 构建多样化关系

（1）建立互相成就的知识分享体系

◆ 公开交流

◆ 走动式管理

◆ 敞开式管理

◆ 组建知识管理委员会

◆ 信息平台的建设

◆ 建立“师带徒”的制度

◆ 固定频率的培训体系

◆ 轮岗的工作模式

(2) 构建相应的组织结构

◆ 共享隐性知识最为有效的途径之一便是知识拥有者的流动

◆ 构建扁平的组织结构或者组建项目工作团队，使得企业内部能有广泛的人员轮换，可以带动隐性知识在企业不同部门间扩散、共享

◆ 扁平的组织结构使拥有知识的员工辐射更多的群体和后来者

(3) 透明激励体系的重构

◆ 拥有架构师思维的组织将为社会、客户和员工等利益相关人创造更多价值

◆ 以薪酬激励和股权收益激励为主的物质性激励

◆ 精神激励、职权激励体系的非货币性激励

(4) 构建管理者共情的“万有引力”

◆ 管理者的“万有引力”将与赋能型领导力成正比，与机械性的监督成反比

◆ 管理者的监督作用，将会被人工智能所取代，员工所有数据都会被人工智能机器记录下来，并运用算法进行量化监督

◆ 管理者的工作，从原来的管理、监督和控制升维到利他、赋能和成就

◆ 赋能型管理者更依赖利用文化让志同道合的创新者一起发挥更大的创造能力

◆ 管理者的作用将演变成文化与价值观的营造，产生“万有引力”，吸引更多创新者慕名而来

◆ 为创新者提供创造的环境和工具，赋能创新者获得创造力，成就创新者的目标和梦想

◆ 创造透明沟通的渠道，赋予团队成员更多自主权、跨部门调动资源的能力，促进协同的机制设计

◆ 管理者必须灵活运用跨越传统界限和边界的网络，有能力与各种各样的创新者打交道，建立起多样性的团队和高效的伙伴关系

◆ 管理者为企业和组织指明前进的方向并果敢做出决策

◆ 管理者需要培养敏捷创新的能力，跨界整合资源和协同执行的能力

(5) 构建企业超级用户体系和品牌合作人体系

◆ 意识到付费会员不只是一种用户的筛选和沉淀，而是有相对应的清晰功能的界定和价值交付的情感契约

◆ 超级用户是帮助企业扩张，进行原子裂变的超级用户模型：利用超级用户的个人信用为基础的信用代理，将个人信用和平台信用捆绑在一起，共同进行社交裂变式的

外延

◆ 平台信用和平台商誉是构建信用代理的基础

◆ 社交里程碑——超级用户语系：语系化的赋能是构建清晰差异化的圈层，不仅构建出情感的连接，还成为价值的载体

（二）能力数字化

1. 平台化企业能力特点

平台通过“去中介化”“去中间化”，让产销、供需的双方依托平台的服务生态系统直接对接，简化价值链流程，实现数据共享与信息透明，改变传统行业依靠买卖赚差价的赢利方式以及上下游博弈的恶性竞争关系。平台化企业管理能力具有以下几个重要特征：大量自主小前端、大规模支撑平台、生态体系领导力、自下而上的创业精神以及快速迭代的变革管理能力。

（1）大量自主小前端

◆ 平台化企业的核心是“以用户为中心”，以数据驱动和生态协同的方式重新构建商业模式、供应链和价值链。商业模式的创新激发了新的产品和新的需求，衍生出复杂化、多样性的服务生态，让消费者个性化服务需求得到极大满足

◆ 全面数据信息系统的搭建彻底打通了前台、中台和后台数据，实现数据的大流通，形成完整的信息流

◆ 数据化前端不仅可以帮助企业采集前沿市场数据，帮助企业了解每个细分市场用户的个性化需求并反馈给后端支持部门，还可以进行数据的可视化查询以及有效分析，支持业务运营的精准决策

◆ 在后台数据形成一定规模后，有足够能力支持数字化前端规模越变越小，触角却越伸越远，反馈回来的数据可以加强后台数据能力

（2）大规模支撑平台

◆ 大规模支撑平台将数据形成大资源池，便于资源共享

◆ 为了整合跨系统的资源，连接大量自主的数字化前端与后台数据库，平台企业须搭建相当于中台的全渠道平台

◆ 中台给各个业务前端提供开放的二级生态服务，将原来分散在各个系统的内部资源共享起来，提供统一的服务能力，对接后台数据库系统

◆ 与第三方平台实现数据交换，打通数据壁垒，给第三方平台的用户提供统一服务与统一权益，与第三方形成异业联盟，实现平台与平台之间的交互融合、资源共享

（3）生态体系领导力

◆ 构建平台系统基础设施，利用平台系统产品和管理模块输出，打造生态场景，帮助生态体系内的生态伙伴利用技术系统提升效率，提高管理能力和降低运营成本

◆ 构建利他赋能型领导力，建立强烈平台使命感

◆ 构建平台金融体系，通过金融创新方式，投资生态内的企业，实现协同发展

◆ 构建平台培训体系，输出平台价值观，实现认知与战略升维，提高心智协同能力

（4）自下而上的创业精神

◆ 帮助员工学会自我管理

◆ 企业将决策权向市场的前端转移

◆ 用数字化管理系统赋能小前端员工，帮助前端员工掌握和处理更多信息

◆ 让员工具有一定的分析能力和组织能力，并给予他们自主决策的权利

◆ 分权式决策使组织更加灵活和主动地做出反应

（5）快速迭代的变革管理能力

◆ 数字技术降低企业的试错成本，使得创新的代价不断降低，让企业的商业模式和管理方式快速变革成为可能

◆ 企业根据环境变化和自身发展状况，对组织变革进行修正，对内部流程进行梳理，将成为企业发展的新常态

◆ 资源和信息集成，灵活机动，放手人才各自为政

2. 运营平台的能力数字化模型

（1）数据智能

◆ 平台化企业搭建完整数据仓库，将分散在各个系统的内部资源共享起来，建立起连接前台和后台数据的中台系统，提供整合统一的数据交换能力，实现数据大流通，形成信息流

◆ 构建数据智能主要通过数据采集、数据接入与存储、数据查询与分析以及数据化建模驱动管理智能化四个流程

◆ 数据主要是通过多方埋点，海量采集，客户端、服务器端以及数据流转过程中数据全面沉淀，批量历史数据导入

◆ 数据信息系统在前端可以实现数据的可视化查询以及有效分析，帮助管理层在日常经营中做出及时且正确的决策

◆ 数据化建模，驱动管理更加智能化

（2）微粒化组织能力

◆ 微粒化组织的量化典范：区域微粒化、组织最小化与流程细致化

◆ 区域微粒化：通过数字化系统测算来合理地进行人员与工作的匹配

◆ 微粒化从纵横两方面深入拓展：横向不断细化组织的层次，由管控转变为直接触及组织和个人；纵向不断挖掘个体能力，由执行转变为创造和实现自我价值

◆ 微粒化管理的质化模式：决策渗透

◆ 数据化建模分析驱动决策：依赖大量可视化智能图表、表格以及数据进行决策方案优化

(3) 社会资源共享能力

◆ 充分获取或调用社会闲置资源的使用权，增加这些社会资产的使用频率并创造价值

◆ 构建的数据化管理系统准确地分析资产绩效，帮助管理者形成战略决策，投入资金购置战略性资产，将非战略性资产外包

◆ 企业通过互联网数字平台在全球范围内充分调取社会资源

(4) 生态体系领导力

◆ 管理者思考问题的视角从单个企业发展到整个生态体系的构建，综合考虑平台上的个体、团队、组织、企业和社会等各种利益群体的需求，协调各种因素，使得所有群体在平台上的利益达到动态平衡

◆ 重新审视低维空间里的竞争关系，不再过分注重公司自身利益，而是秉承利他的平台价值观，以赋能的方式去成就平台上的点、线、面、体等各个群体，使得个体、团队、组织和企业共同升维、进化和繁荣

◆ 平台化企业通过构建平台基础设施输出平台的管理体系，同时管理者通过生态体系领导力，输出平台价值观

（三）绩效颗粒化

在数字时代，信息的极速流动催发了个体意识的崛起，伴随着对自我价值的不断追求。组织逐渐转变为为个体实现自我价值而存在，成为赋能于个体的平台。人力资源管理越来越成为组织管理系统中最重要的部分，绩效管理的科学性与有效性成为决定个人与组织表现最关键的因素之一。传统绩效管理不适应快速变化的环境，暴露出越来越大的局限性，因此企业迫切寻找一种全新的工具帮助提升个人与组织的绩效表现。

如今，以数据作为关键生产要素的数字经济时代催生了数字科技革命，驱动全球经济社会由人类社会、物质世界组成的二元结构，向人类社会、物质世界和信息空间组成的三元结构转变，同时也给企业管理的全面升级提供了坚实的底层技术支持，使得企业的绩效管理由单一的单边固定模式朝向多元的动态化共建体系发展。数字科技将渗入企业管理的方方面面，企业管理将实现互联网化、数字化和智能化，最终实现降低综合运营成本，提高综合竞争力，增加业务收入和升级产业模式。

数字科技是实现数字经济强有力的手段。数字科技为企业实现数字化绩效管理提供了可能，从离线的“记录和考核过去”转向实时在线的“预测未来改变行为”。数字科技可以在企业绩效管理进行在线化、标转化、结构化的基础上，实现对所有运营流程的数字化改造，对经营环节进行精准预测、优化组织结构和布局、精细化运营、实时反馈和纠正，从而形成一个完整的、可持续发展的闭环，真正突破传统意义上的公司运营局限和产业增长的既有模式与边界。

平台化绩效管理：绩效维度的颗粒化

◆ 将绩效管理视角从传统的宏观定性观察，深入聚焦到微观领域进行多维解析，而后沉淀丰富的绩效数据

◆ 将绩效考核的对象从组织延展到个人再到个人行为，所需收集的绩效数据不仅包括组织和个人的绩效结果，还涉及员工个人的工作行为、工作过程和工作结果的影响等

◆ 沿着业务流程时间轴进行更精密、更全面的信息采集，以及基于模型算法的快速处理和多个体的即时反馈

◆ 对业务流程与环节的高度细分、全过程绩效数据的采集、绩效指标的甄选与权重分配

◆ 绩效大数据的积累以及数据算法的构建与检验等大量技术性的绩效信息处理

◆ 绩效维度颗粒化：按劳付酬和按业绩付酬、按交易量付酬、按交易率付酬、按点击率付酬以及按服务时长付酬

平台化管理的绩效实施

◆ 构建数据仓库，沉淀管理大数据，形成数据资源，数据来源主要有三类：①生产经营相关业务数据，②设备物联数据，③外部数据

◆ 分析数据内在机理，进行数据分类与萃取：注重时效性，避免断续；提高数据质量，满足低容错性

◆ 通过数据建模进行绩效持续管理：界定绩效指标的定义、计算公式、评价标准等指标要素；规范每项绩效指标的采集流程、统计口径及数据表单；明确各部门的数据收集责任，将指标数据采集落实到人；建立绩效指标数据管理办法，进行绩效数据的采集、稽查及管理；完善公司各项业务流程和管理制度，绩效管理系统信息化

◆ 构建正向绩效，学会做“加法”：强调绩效管理的“绩效提升功能”

（四）组织柔性化

组织凝聚在一起体现的是协调的力量，组织结构的发展无疑也是以管理学的发展为基础的。

传统企业的组织结构都是“一个萝卜一个坑”，层级鲜明，流程重重，个人分工一目了然，只需在组织结构图表里选出正确的格子就算大功告成，做什么事、找什么人跃然眼前。然而，数字时代里“混乱”才是平台化企业的常态，如果一个企业人员与职位之间还是“一个萝卜一个坑”，说明该企业大概率已被形式和结构束缚住了手脚。因此，对于未来的企业而言，适度的混乱绝非可怕的标志，只有当其处于混乱状态的时候，快速迭代和自我新陈代谢才有可能，所有的人都想尽办法突围，我们不再吝啬花时间去了解他人的创新想法，不再吝啬耐心去了解成员的争议，不再吝啬花精力去关心项目进展的细节。不过值得注意的是，表面看起来的混乱并非混沌的杂乱，其背后是以强大的数字化管理系统为坚实后盾的。企业管理在数字时代，不再是传统依靠组织结构的粗放式管理，而是进入微粒化的微观管理。

因此，平台化管理的组织设计要兼顾分立与统合、敏捷与稳健、科技与情感等矛盾的统合。

数字时代，为了适应瞬息万变的商业环境，紧跟数字技术的极速变革，满足经营业绩与扩张的需求，企业总是需要在分立与统合间找到最佳的均衡点。企业的组织架构变得更加柔性，以适应快速变化的环境。这种分立与统合不止于公司总部与各分子公司及事业部之间，还涉及部门与部门之间，以及各独立的分子和原子之间。

1. 组织微粒化之路：实现柔性化

在企业的发展过程中，市场、技术和人才三个领域的快速变化是驱动柔性化组织结构形成的重要因素。

在社会价值创造上，柔性化组织结构创造新就业，推动共享经济的发展，推动社会公益的发展，创造新的税源，营造“大众创业、万众创新”的良好氛围；在市场的治理方面，柔性化组织结构为多边治理提供了新的模型和新的方式。柔性化组织结构拥有巨大的潜在社会价值，这就使得各方对柔性化组织结构充满了期待。此外，柔性化组织结构面对的问题也日渐复杂，这就使其在发展过程中要不断尝试新的治理模式。

◆ 尽量把组织结构重组工作以最快的速度完成

◆ 重组的关键，贵在神速，要速战速决，要在重组方案敲定前就开始实施

◆ 必须牢记完美的组织结构是不存在的，不必枉费心机去苦心设计，只需尽力做出最合适的设计

◆ 以组织中最有影响力的人为中心完成重组：不要把岗位和经验作为选择的标尺，要以工作表现和工作热情来衡量

2. 柔性化组织结构模式

◆ 柔性化组织结构是以“大平台十小前端＋富生态＋共治理”为原型建立的新型组织形态

◆ “大平台＋小前端”模式：“大平台”指的是为前端产品提供快速设计方法和系统性后端服务而诞生的系统化操作流程和统一化的产品服务，而“小前端”则是灵活多变的一线业务人员，他们在工作中强调的是快速反应与灵活应对

◆ “强中台”模式：前台指离客户最近，最理解和洞察客户需求和行为，最终实现和提升客户价值的职能，其核心能力是对市场和客户行为深刻洞察，服务客户的产品创新和精细化运营；中台指为前台业务运营和创新提供专业能力的共享平台职能，是一个共享数据库、数据产品、SaaS 工具及 API 接口等，其核心能力是专业化、系统化、组件化、开放化；后台指为整个平台提供基础设施建设、服务支持与风险管控的职能，其核心能力是专业化、服务意识与能力

◆ “富生态＋共治理”模式：实现产业链的上下游互通，形成一个高效的生态体系；建立互惠机制，保证生态圈的平衡与稳定发展；建立合理的价值分配机制，让所有生态

伙伴能够所“劳”有所获，共享利益，达到多方共赢

3. 平台化转型之路

◆ 需要建立起授权和协调机制，充分保证前端的自主性与独立性

◆ 企业内部需要在平台上构建风险投资委员会，将资源快速传递给前端

◆ 企业需要在平台上建立模块化资源自由市场

◆ 自建生态模式：以己为主，聚拢多方，从实际出发，建立自我核心的泛行业生态系统，形成有序连接

◆ 参与生态模式：单个的企业以要素的形态融入其他生态，形成匹配连接，通过参与提升自身与平台价值。企业已不再是封闭个体，而要与周围的生态发生深层互动

◆ 共享生态模式：企业以底层技术与大数据化为支撑，建立非赢利及提升效率的开放共享平台，形成自由连接，容纳众多同行或异业企业，通过价值流通实现自身与平台的升维

（五）文化利他化

企业文化与战略是领导者手中的两个重要工具；战略明确企业的发展目标，企业文化则是从愿景、使命、价值观和信念的角度描述企业的长期目标，并通过集体共识和原则引导员工行为。

1. 平台化企业的文化特性

◆ 利他

利他，作为一种人类美德的体现，一直是诸多学者研究讨论的焦点。平台化管理强调利他的文化取向，是基于利他的现代价值和实操可行性而来的。

利他的文化，实质上是为客户创造价值的升级版。现代的企业管理非常强调为客户创造价值，站在客户的视角来审视自身的商业逻辑，只有能够持续地为客户创造价值的企业才能够生存。传统的企业所指的客户是指企业外部的客户，而平台化企业的客户，已经打破了企业的边界，只要是业务流转的各个环节，就会涉及平台上的多个业务单元，包括公司内其他部门的员工以及上下游的合作伙伴。

利他的文化，也是充分发挥专业分工红利的重要前提。随着社会分工越来越深入，企业在享受社会分工带来高效率的同时，一个重要的前提条件也必须越来越得到保障——分工后的合作是必不可少的。这种现代模块化分工与合作的基础就是利他，利他成为分工的出发点，也是合作的终点，利他能够激发专业分工与合作的最大功效。反之，过多的“内心计算”就会导致大量的讨价还价，导致效益和效率的双重受损。

利他的文化，也得益于现代信息技术带来的信息对称，确保了利他行为可以得到准确的估值和利益的保障。当利他战胜自利成为更好的选择时，利他就具有更多的应用场景和实用性。正如诚信一样，当诚信能够带来更大的个体利益的时候，个体就会注重自身的信用体系。

总之，利他是一种先进的文化元素和价值取向，相较于以前的自利文化、委托代理等制度设计，利他文化重构了利益分配的前提假设。通过声誉机制和文化筛选功能，利他文化可以更好地聚集志同道合者，共同在一个资源共享的平台上实现自我的最大价值。

平台化企业的利他文化强调的是他人的利益，提倡那种为了增进他人的福利而牺牲自我利益的奉献精神。

◆ 赋能

平台化企业中，个体的主要驱动力来源于实现自我价值的自主驱动力，以及创新带来的成就感。数字时代，企业需要创新，个体需要赋能。赋能比激励更依赖于企业文化。文化让志同道合的人聚在一起干一番事业，而不是用传统利益驱动的方法去考核和激励。开放的公司文化本身就是一种奖励，未来的个体更在乎自我价值观和企业价值观的趋同。对文化的认同感使更多的人慕名而来，自发组织，自我驱动，奋发进取。未来的管理者注重的是生态领导力，而不是发号施令。管理者在管理中扮演的是教练而不是监工。管理者需要激发员工自主性，让员工发挥自己的专长，遵循自己的兴趣。

平台化除了赋能个体，赋能企业以外，还赋能合作伙伴，打造繁荣生态组织。

赋能是企业通过提升被赋能者的能力，直接增强赋能企业在生态系统的竞争优势，从而更好地服务自己的用户。常见的赋能做法有综合服务赋能、金融赋能、无形资产赋能、供应链赋能、数据赋能、技术赋能以及政府关系赋能等。

a. 利用平台基础设施，赋能个体，赋能企业，还赋能合作伙伴，打造繁荣生态组织

b. 管理者需要激发员工自主性，让员工发挥自己的专长，遵循自己的兴趣

c. 管理者在管理中扮演的是教练而不是监工

d. 赋能企业：通过提升被赋能者的能力，直接增强赋能企业在生态系统的竞争优势，从而更好地服务自己的用户

◆ 通透协作

企业文化的通透协作性可分为两部分：内部通透与外部通透。

a. 内部通透体现于企业内部的每位成员，上至高层领导，下至基层员工，每一位个体的状态、能力、目标甚至是个人偏好都可与同事、领导以及团队分享，不再互有保留，彼此间的互相熟悉能够更好地取长补短

b. 外部的通透性则意味着企业与整个生态圈体系里的其他成员实现信息的自由流通。只有实时互通有无、公开分享，才能发现并挖掘出彼此间更契合的利益分享点与更合适的合作方式

c. 信息屏蔽不再能够成为获利的来源，利用信息的不对称形成的商业模式不具有可持续性

◆ 共赢

共赢思维是指在多元关系中，在相互信任的基础上，换位思考，相互理解，相互支

持，使得多方利益分配趋于合理化，使得各个利益群体的需求最大化地得到满足，使得各方满意，形成相互依存的伙伴关系

学会共赢，打破狭隘的“零和博弈”思维，这不仅对员工与企业之间的关系有重要启示，在企业与企业间其实更为重要。

2. 共建升维利他的企业文化

◆ 绘制愿景、使命与价值观

a. 明确使命

b. 认同使命

c. 增强使命感

◆ 领导认知与集体升维

文化变革目标相契合的领导者，应在组织的各个层级推动企业文化变革，创造出新的组织气氛，从而发挥催化作用。

◆ 倡导企业集体的共识

构建共同的事物、共同的语言、共同的行为、共同的感觉

◆ 通过培训达成集体共识

a. 沟通企业现状

b. 让员工参与其中

c. 进行企业文化培训：入职培训、导师制、内部系统培训、企业大学

d. 领导者身体力行，帮助文化落地

◆ 结合晋升机制

a. 在物色、提拔高层负责人的时候，要挑选具有利他精神与行为特征的人才，避免晋升将个人利益置于企业整体利益之上的人

b. 不要把岗位经验或年资作为晋升管理者的主要标尺，要更看重工作的热情和全情的投入

c. 提拔能够影响人心的人才

d. 如果有人将私利置于集体利益之上，一定要迅速果决地采取行动，把恶棍铲除出去

第三节 平台运营——协调

颠覆已然到来

在我们陪伴中国企业成长和管理研究的近 30 年历程中，从没有像现在这样感受到变化之迅疾。“颠覆性创新”几乎每一天都在发生，在这一系列的颠覆与被颠覆中，新的可能不断涌现，企业越来越觉得无法获得“稳态”。克劳斯·施瓦布认为，“对于所有行业和企业而言，问题不再是‘我们是否被他人颠覆’，而是‘颠覆会何时到来，会以什么形式出现，对我们和我们所在的组织会产生怎样的影响。颠覆实实在在地发生，我们也无法逃避其影响……”商业的颠覆是不会以任何人的意志为转移的，不管我们有没有准备好。

随着互联网技术的出现，我们进入一个不确定性更高的全新数字化时代，管理和组织遇到的挑战都非常大。这个新时代由于技术的存在，很多不可能的想象变成了现实，这一点让我们既焦虑又兴奋。除此之外，新时代的特点是个体自我独立，同时又万物互联，因此我们比以往更加需要协同和共生。

在共生时代，组织获得系统整体效率成为管家，协同管理，可以让系统整体效率最大化。协同效率包括企业内部门之间的协同，也包括企业外组织间的协同。企业协同，一方面要打破“部门墙”，另一方面要连接价值链上下游企业相关产业、顾客、资本。

对于现在的企业而言，需要拥有一种能力，连接上下游的合作伙伴，连接相关产业的合作伙伴，还需要和其他产业、资本、顾客组合在一个共同生长的网络中，这由“共生逻辑”统合而成。智能互联产品不但会影响公司的竞争，更会扩展整个行业的边界。竞争的焦点会从独立的产品本身转移到包含相关产品的系统，再到连接各个子系统的体系。一家产品制造商可能要在整个行业领域内竞争，有的时候消费者甚至也会参与到竞争中来，企业间的边界越来越模糊，如今没有人可以百分百地确定自己的竞争对手是谁。

平台对于边界的结构性变革

平台使得企业边界不再受缚于自身的资源约束。平台和互联技术的有机融合，使得价值创造方式发生翻天覆地的变化。互联网技术与数字化生存背景下，企业战略已经从拥有资源，向调动外部资源转变。也正是因为平台的发展不受资源所有权约束，在资源稀缺的现实商业环境下，平台以迅雷不及掩耳之势激增，成为驱动创新变革的一股强大的结构性力量。

平台是互联网经济和实体经济进行融合的发展新引擎。平台的建构不仅使得原有的产业边界重塑，而且击败了任何一种产品，使得创新方式和耦合途径发生了翻天覆地的变化，进而迎来从技术创新到协同管理创新的新时代。

1. 协同管理的四个基本观点

◆ 企业必须是个整体

企业是个整体，综合才是管理的真正精髓，这是一个最真实的事实，我们需要回归到这个真实之中。持续的研究和实践使我们深深地认识到，对企业现象的阐述应该回归到其所处的最真实的具体环境中去，这样我们的研究才可以找到真实的价值贡献。卡普拉指出："我们对我们时代的主要问题研究得越多，就越认识到这些问题不可以分立地去理解。它们是系统的问题，这就是说它们相互联系，并且相互依存。"因此，我们认为，"管理需要回归到'整体论'上，按照'企业是一个整体'的视角去理解企业的经营与管理，尽可能地让我们贴近企业的真实情形"。现将"企业是个整体"的7大原理与大家分享。

a. 原理 1：经营者的信仰就是创造顾客价值。

b. 原理 2：顾客在哪里，组织的边界就在哪里。

c. 原理 3：成本是整体价值的一部分，在本质上是一种价值牺牲。

d. 原理 4：人与组织融为一体，管理的核心价值是激活人。

e. 原理 5：影响组织绩效的因素由内部转向外部，驾驭不确定性成为组织管理的核心。

f. 原理 6：从个体价值到集合智慧，管理者要将业务与人类的基本理想相联系。

g. 原理 7：效率来自协同而非分工，组织管理从"分"转向"合"。

◆ 效率来源于协同而非分工

互联技术的出现，以及更加巨大的变革与冲突，导致不确定性增加，人们越来越觉得无法获得"稳态"。"颠覆性创新"几乎每一天都在发生，在这一系列的颠覆与被颠覆中，新的可能不断呈现，企业已经不能够仅从行业或者企业自身的视角来理解环境，而是需要理解创造本身的特性去引导自己的战略。我们必须接受的事实是，一切都在重构之中，认知重构、价值重构、思维重构。这些重构无疑需要一个更加广泛的视野、更加互动的关联以及更加开放的格局，这更类似一个"生态系统"的逻辑，复杂、多元、自组织以及演进与共生。所以，我们会看到一个与之前完全不一样的情形出现，那就是管理的效率不仅仅来自分工，更来自协同，因而要求组织具备一些新能力："强连接"能力、构建柔性价值网以及形成共生逻辑。

今天，在互联网技术的影响下，组织绩效不仅需要在内部获得更加高效的整体效率，还需关注组织之外。协作成本的急剧下降，导致企业边界不断被突破，协作方式的创新，导致行业不断被颠覆。企业商业模式、组织模式、企业间协作模式，都开始呈现网状协同运作的态势。组织从线性、确定的世界，向非线性、不确定的世界转变，柔性化和万物互联成为商业时代最突出的特征。

组织间的管理将越来越来自价值网络的共识，而云计算和大数据的出现，使得实现共识的途径便捷而高效。企业需要获取整体的力量，需要能够集合更多人的智慧，有人称其为"受启发的个人结成的网络"。"处在这样一个时代，组织必须能够整合这一切，而这无疑需要开放、整合创新的管理范式。这一范式使企业更加柔性，并可与环境做出协同；使企业能够组合到新的成本结构，进行不同的价值创造并拥有足够的灵活性。有人问，什么样的企业在今天以及今后可以存续下去？我想就是上述这样的企业，即把合作能力整合到管理之中的企业。”

◆ 共生是未来组织进化的基本逻辑

正如前文所阐述的那样，今天组织最大的挑战是持续的不确定性、无法判断的未来以及万物互联的深度彼此影响。这些挑战让我们必须找到一个全新的组织形态来回答挑战，为此我们提出了“共生型组织”这个新概念。我们提出这个概念的依据是，在过去6年对23家企业所做的深度调研，“研究发现，这些企业的成功来自更贴近顾客需求的投入，它们把产品和服务做得更深，深入到顾客无法离开；它们把产业链创建得更加融合而具有多利性，以至于每个环节的参与者都愿意开展合作，共同为产品和服务付出；它们的组织更加富有弹性，经得起市场变化带来的震荡并能够寻找机会实现突破；更重要的是，它们能够把组织所处环境中的各种资源集整合到价值创造的方向上，凝结成更广泛和更集体的智慧，仿佛拥有了一种强助力推动它们前行，最终实现更高水平的协同发展。正因此，我们把研究的重点聚焦在它们的组织形式上，探求其组织特征的共性”，得出“共生”发展路径的结论。

“共生”选择就是让组织形成命运共同体。拥有集合智慧与资源的重要逻辑。在生物学或者自然法则之中，共生是一种普遍存在的现象，它代表的是多种不同生物之间形成的紧密互利关系，物种之间相互依赖，彼此有利。在互联网技术和数字技术的背景下，我们进入万物互联而又各自独立的世界之中，共生型组织的形态，正是因应这个互联网世界的特征而诞生，共生型组织可以实现在不同组织之间的相互合作。在这个过程中，组织具有充分的独立性和自主性，同时组织之间基于协同合作进行信息和资源的共享，通过共同激活、共同促进、共同优化获得组织任何一方都无法单独实现的高水平发展。尽管共生不可避免地带来冲突和分歧，但它从更大程度上强调了共生组织之间的相互理解和尊重，实现彼此更优越的进化循环。

◆ 价值网络成员彼此互为主体

建立“合作主体的共生系统”，需要构建一个“价值共同体”。通过价值共同体，可以构建价值网，“打破传统价值链的线性思维和价值活动顺序分离的机械模式，围绕顾客价值重构原有价值链，使价值链各个环节以及各不同主体按照整体价值最优的原则相互衔接、融合以及动态互动”。因此，管理价值共同体成为当下企业构建和维护竞争力，进行持续发展的必然选择。

2. 协同的内核在于信任；协同的方法在于契约设计

在组织管理中，我们要突破传统的“中国式”信任格局，需要在“概化信任”上找到信任的基础与方式。信任不应该仅依赖于血缘、亲缘、学缘，更应该依赖于核心的价值观、心与心的连接。我们发现，虽然家族企业之间的内部传承可以有效地解决信任问题，但是依然有很大的局限性，而邀请职业经理人、外部管理者又需要做好信任的安排。

因而，我们要找到构建信任的突破口，如开放信息，做到信息对称。人们拥有对称的信息，才会感受到安全和被信任，才会被激发主动性与创造性。因此在协同管理时代，信任将会成为重中之重，由于个体价值得到崛起，每个人都努力去追求实现个体价值。而个体的价值呈现需要获得群体认同。如果个体不能获得群体认同，就不能形成信任，因而个人价值也将无法有效呈现。个人价值、群体认同、信任成为相互交织、促进个体与群体共同成长的重要元素，认同是组织内外有效协同的基础。

契约设计的过程中需要注意以下三点：其一，充分尊重各主体的身份平等性，在此基础上，依据风险承担、价值创造、互惠互利的标准对各价值主体进行评价机制的设计；其二，价值评价与价值分配要有一致性，在达成共识的价值评价上，按照公平、公正、公开原则，依照原始的共同约定的价值分配方案执行；其三，整个价值过程需充分考虑契约主体之间的关系性，因为信任不仅来源于制度保障，更是一种情绪感知。要充分结合各主体之间的关系来设计契约体系，综合利用正式契约与非正式契约，从而以契约组合的方式推动价值创造、价值评价和价值分配的良性循环。

“协同管理”策略

（1）协同价值预期

价值观匹配策略是筛选协同伙伴的关键因素。价值观会影响人们的行为模式，它一旦形成则很难短时间内改变，因此以价值观选择协同伙伴至关重要。东方智慧中也有“士为知己者死”“道不同，不相为谋”之说。价值观差异会带来全面的任务冲突、过程冲突和关系冲突。任务冲突是指协同主体对协同任务内容的看法不一致而带来的冲突；过程冲突是指协同主体对于完成协同预期目标的程序、方法、步骤等不一致带来的冲突；关系冲突则是指由于价值观和行为规范等不同而带来的对他人的自我价值、自我认同的否定行为。

在价值观匹配策略中，协同主体间能达成合作意向的关键，是有良好的价值创造预期，在企业协同中最高的是价值观与文化的协同。所以我们认为，价值观匹配可以降低未来冲突预期，达成协同主体间的价值观协同，以提高未来协同价值预期。

协同互补策略决定了协同创造的增值程度。协同互补策略是指要找到协同双方的互补项，协同双方需明确各自的价值互补点，发挥各自长处。能力互补的团队成员，价值互补的企业，可以促进彼此的协同进步。特别值得一提的是，互补的差异性可以为主体间的协同提供多种选择，是创新的重要来源。合作伙伴无论实力如何雄厚，都不可能擅长所有环节，这就需要具有互补性的成员出现。最典型的例子，就是构成团队要素中关于“技能互补”的要求。高效的团队需要同时具有三种技能：第一种是职能类的，就是能够解决问题；第二种是决策类的，就是可以做出选择并为选择负责；第三种是协调类的，即人际技能。这三种技能很难在一个人身上全部获得。这就需要团队成员有互补性。如果团队成员没有互补的技能，而是能力相对比较一致，就会导致并未真正构成团队，这也是制约协同效应产生的关键。协同互补可以通过协同主体间能力或资源的互补，促进协同主体间的协同价值预期。

（2）协同期望管理策略

协同期望管理策略的实施有效性决定了协同是否可持续。期望管理的方式，一是降低期望收益，二是提高实际收益。允诺会影响对方的期望，因此要允诺可以给予的，而不要允诺不能给予的。在协同期望管理策略中，当有了协同期望以后组织就产生了连接，有了这样的期望，就可以帮助企业展开真正的协同管理。

（3）协同价值创造策略

"以人为中心"是价值创造的动力源。管理理论"经济人—社会人—复杂人—文化人"的演变，以及德鲁克的"知识员工"，都是管理"人本思想"的体现。在"以人为中心"的策略中，协同的核心是人本主义，以"人"为目的，以"人"为依靠，协同要基于人，同时协同的实施主体最终还是人。因此协同要基于人为主体才能真正有效果，回归到"以人为中心"，才能真正促进协同价值创造。

价值点衔接策略可促进多方的价值整合。充分挖掘协同主体的相对长项，作为其加入价值链的价值着眼点，对提升价值链竞争能力具有重要作用。在价值点衔接策略中，协同运行策略可实现价值链的重新衔接。"互联网＋从根本上说是通过技术、产业、人群、价值之间的协同来实现的……协同运行策略可实现价值链的重新衔接，产生的系统效应远大于各子系统之和……协同会使组织利益最大化。"可见实现多方面的价值整合，可以形成大系统效率，创造具有较强竞争优势的价值链，通过实现多方价值融合，促进协同价值创造。

（4）目标嵌套策略

目标嵌套策略可以形成协同主体目标融合。价值创造的过程中，必然会涉及不同主体的多目标嵌套。"协"是协作过程，而"同"是目标和结果。

"任何一个组织都有自己的战略目标，战略目标一定会转成组织行为，因为组织需要执行这个战略目标，组织行为一定分解到每一个个人的行为，每个个人行为的集合如果可以达到组织的目标，这是最佳的状态。"个体一旦追求自身的目标就会使组织陷入混乱，因此找到目标契合点很重要。满足多协同主体的嵌套策略，对价值创造过程具有关键作用。目标嵌套才能融合协同主体，保障协同价值创造，进而保证在完成各自目标的同时，完成大系统的总目标。

（5）集合智慧策略

集合智慧策略是价值创造的核心保障。协同价值创造的关键落脚点是集合智慧，既是检验前一阶段协同价值预期的有效性，也为后两个阶段提供了可供评价和分配的基础，具有承前启后的地位，是协同价值创造四环节中的核心环节，激发和运用群体智慧为价值创造提供了有效保障。

（6）协同价值评价

长短期利益结合的协同激励是价值评价的关键。协同激励策略不仅应包含对短期产生协同价值的主体激励，还应包含暂时没有协同产出能力，但未来有较好产出能力的协同主体制定的特殊照顾策略。这样既能让有当期价值产出的主体获得激励，还可让未来有价值的协同伙伴休养生息，蓄势待发。在协同激励策略中，不同的伙伴会有不同的激励政策，尤其是有战略发展前景的合作主体。综合考虑短期和长期利益的协同激励，促进了协同价值评价的长远考量。

双向价值创造设计为协同价值评价带来多样化来源。协同价值具有两个方面的效果，一种效果是从产业成本重构的视角去获得价值，另一种效果是从拓展和创新产业价值的视角去获得价值。当进行协同价值评价设计的时候，可以同时考虑重构成本和以拓展新价值为代表的多样化形式，即协同主体可以从产业成本重构中获得未来的价值分配，也可以从拓展新价值中获得未来的价值分配。当协同主体能够以多样化协同价值评价时，就可以寻求更大的空间多创造协同契机，有利于寻求更多的协同合作伙伴，同时在重构成本、拓展新价值等方面带来协同效应。同时，拓展新价值和重构成本的主体也可以有所不同，这样会增强协同评价多样化，为企业构建一个多样化的协同共生体系。双向价值创造策略，可以从不同主体拓展新价值和重构成本两个方面展开，为企业探索与其他主体共生的可能性，提供了更大的空间。

协同追踪控制为协同价值评价提供公平保障。管理就是要可衡量，不能量化，尽量概念化，不能概念化，尽量细化，不能细化，尽量流程化，因为不能衡量就不能管理。一旦管理过程量化，在协同价值评价过程中就可追踪、可衡量、可对比，这极大地降低了协同价值评价过程的评价风险。基于大数据和智能软件的支撑，企业协同过程的可追溯、可控制已经能够实现，因此应用协同行为的追踪策略，为协同过程的价值评价奠定科学、量化的标准管理手段，为可追溯和公平评价提供了有效手段，大大提升了协同价值评价效率，降低了协同价值评价难度。协同追踪控制策略，可以让协同价值创造过程可查，从而为后续协同主体间的价值分配提供证据。

（7）协同价值分配

协同价值显性化为协同价值分配提供客观依据。“传统价值分配是不可评估的，而协同软件将贡献变得可测量、可评估、可比较。”协同价值显性化策略，是让协同效果真实可见的重要保障。在专家提出的隐性知识与显性知识的螺旋式模型中，包含知识外化的阶段。协同软件可以实现将非编码的知识编码化，使得隐性知识显性化为企业共有知识并传递，是协同内外隐性知识的有效途径，也为价值显性化提供了技术和知识基础。在协同价值显性化策略中，协同软件将价值变得可以评估，使得使用软件的用户，能够将知识积累增长率提高 60% 左右，知识传递效率增加 80% 以上，知识共享提升 50% 以上。这充分显现了价值创造效果，为协同主体间的价值分配，奠定了量化的客观基础。

协同价值取向内涵

了解了协同价值取向的四个构建基础，以及协同价值管理的四个环节——协同价值预期、协同价值创造、协同价值评价、协同价值分配后，接下来，我们在“协同管理”价值创造的四个环节上，分别进行价值观层面的解读，并指出每个阶段的重点。

◆ 协同价值预期阶段着重关注点为“诚”

协同价值预期阶段，即协同组建阶段。在协同管理的四个环节中，协同价值预期是协同开展的前提。通过证据示例和归纳得出，具体分为三种策略：价值观匹配策略、协同互补策略、协同期望管理策略。该阶段通过价值观匹配方式，组建互补性的协同关系，从而对未来形成较好的协同预期。该阶段是协同关系组建的阶段，建立有效协同连接，为后一阶段协同价值创造奠定基础。从人性与哲学的层面去理解，保证协同价值预期产生的心心相连的关键是“诚”，“诚”能决定协同双方是否在一起，以及能在一起走多远。所以我们认为该阶段的价值取向为“诚”。

◆ 协同价值创造阶段着重关注点为“利”

在协同管理的四个环节中，协同价值创造是协同的核心。协同价值创造阶段，即协同工作过程。通过证据示例和归纳得出，具体分为四种策略：“以人为中心”策略、价值点衔接策略、目标嵌套策略、集合智慧策略。该阶段充分重视人的重要性，通过价值点衔接的方式，建立可嵌套多协同主体的目标，从而集合智慧进行协同价值创造。协同创造价值，该阶段的价值创造是协同管理的本质呈现。因此协同价值创造的关键是“利而不害”，保障协同价值创造阶段集合智慧的关键是“利”。

◆ 协同价值评价阶段着重关注点为“信”

协同价值评价阶段，即协同成果评价。这个阶段最为关键的是对于利益分配的部分，一定要“言而有信”，否则对于协同关系的维系，带来的伤害是毁灭性的。在协同管理的四个环节中，协同价值评价阶段是承接协同价值创造，开始协同分配的基础。通过证据示例和归纳得出，具体分为三种策略：协同激励策略、双向价值创造策略、协同追踪控制策略。该阶段要结合长短期利益进行协同行为评价，同时从成本和收益方面进行协同价值创造，并建立协同行为追踪策略以定量评价。协同激励环节让协同主体不仅相信能获得客观的短期协同评价，还会结合长期利益进行价值评价，取信于“民”。同时在协同价值预期和创造后的协同评价环节，关注双向价值创造，“言必信，行必果”，进行双向的价值让利，让协同主体创造价值后真正得到认可。因此，保障协同价值评价阶段被接受的关键是“信”，无关对方的“信”与“诈”，自己都要始终选择相信，在协同价值评价中，“信”贯穿始终。

◆ 协同价值分配阶段着重关注点为“不争”

在协同管理的四个环节中，协同分配是整个协同过程的结束，也决定了下一个协同价值创造周期能否延续。协同价值分配阶段，即协同成果分配阶段。通过证据示例和归纳得出，具体分为三种策略：协同价值显性化策略、协同溢价分配策略、激活个体策略。“不争”的协同价值分配理念，类似“共生逻辑”，就是指企业在价值分配时，不能仅仅关注自身利益，而要保障协同主体同时获利。该阶段将协同价值显性化，进行协同溢价分配，不仅可以使分配标准清晰可见，而且可以让个体清晰感受到，不协同完全无法获得如此高价值的创造。正如先贤所言，“圣人之道，为而不争”，因此保障协同价值分配阶段激活个体的关键是“不争”。

综上所述，根据四个协同环节对应的价值创造过程，探寻了协同管理体系构建和关键环节的哲学思考，第一阶段协同价值预期阶段，是组建协同团队的阶段，所以重要的是以“诚”动人，特点是“柔”。第二阶段协同价值创造阶段，是协同的工作过程，关键是价值创造，要“刚”性地保持“利”的准则不动摇。第三阶段协同价值评价阶段，是协同的成果评价，关键是要保持“刚”性的“信”，说一不二。第四阶段是协同价值分配阶段，要在原来“刚”的基础上，以“不争”的“柔”，刚柔相济完成价值分配，以提高下一个协同行为的产生概率。因此将协同管理的价值取向归纳为“诚、利、信、不争”，刚柔并济，共同打造“协同管理”高效价值取向体系。

协同带来无限可能

互联技术将数据、协同、智能等生产要素高效组合在一起时，整个商业系统被重构。无论是中国企业还是世界企业，都重新站在了同一条起跑线上。协同是解锁“未来世界”的一把钥匙。

第四节 平台运营——免费

如果用一个词或者一个视角来统领这十多年的互联网发展，“免费”是一个不错的选择。

对于风云际会、瞬息万变的互联网，免费不足以概括它所有的传奇和懵懂，但是免费却是互联网从小众发烧友走向万千网友庞大世界的根本途径：免费邮箱、免费搜索引擎、免费音乐、免费电影、免费的电子书……想象一下，如果这些东西突然收费将会对生活产生怎样的影响？你会发现，免费，其实是互联网的一个重要禀赋，在中国，尤其是如此一免费造就了世界市值第三的腾讯公司，并催生了一个有将近十亿多网民的、生机勃勃的互联网世界。

互联网时代的免费，已经超越了一种营销手段，成为一种真正的商业模式。

免费瓦解了行业暴利。在互联网发展中，我们看到，具有资源优势的传统行业越来越受到互联网的竞争影响，一场由免费而起的各行业瓦解暴利的运动正悄然兴起。这让更多人拥有享用资源的权利，让必须通过中间渠道才能相会的产品和服务直面消费者。

免费催生了创造力。当价格门槛被消除，免费让人们处于一种普遍放松的状态，这为创造力的实践提供了绝佳的环境，文艺的繁荣、文化的进步都可能在免费互联网的环境下有更广阔的前景。

与国外互联网相比，似乎中国的互联网“免费”更加独立而有特点：与外国相比，在中国使用互联网，你可以享受最多种类的资源免费。当我们再仔细审视中国市场与世界互联网趋势所形成的这种共振时，我们更关心的是：什么是具体的免费模式？如何用免费取得商业的成功？怎么让免费帮助我们建造一个共享、互助、繁荣的互联网世界，以至现实世界？免费给普通人的生活带来什么改变？

平台化是互联网成功企业的一个共同特征。也许你会说，Google 把天下的搜索做尽了，阿里巴巴把天下的生意包揽了，腾讯把中国年轻人的网络聊天时间给占有了，新晋的互联网新秀还有没有旷世的机会？我们的答案是，不仅有，还有很多。当整个业态还没有从产品向服务转型大踏步走时，我们所观察到的成功与失败，都还只是未来的冰山一角。

那么，更大的冰山、更多的机会在哪里？ “二分利”模式的盛大文学，蠢蠢欲动的运营商和 SP，活跃在中国互联网的各种自发社区和组织，就是“免费”所暗示的商机。那些超越商机的共享、互助带来的快乐，就是免费的根本前途。

更重要的是，对于我们普通人来说，互联网的免费使我们的生活有了极大的改变：我们可以以前所未有的广度和自由度来获得知识，并进行互相交流。我们的工作方式也有可能因此改变，可能会走向众包的多元模式。

互联网作为产业、作为生产力，它的未来取决于我们的政府、企业、社会组织是否能用最大的热情、真诚和耐心来对待这个低碳的绿色经济，守好楚河汉界，并各司其职；更取决于我们每个人、每个网友，对自己消费需求的维护和对免费公共精神产品的尊重；更取决于我们在这样一个最好的时代，能否作出最正确的选择。

1. 如何理解免费

什么是免费？免费的吉列刀片、免费的吉露果冻、免费试吃、免费试用……这些都属于工业时代的“免费”——免费，是为了让你能更心甘情愿地“付费”。在互联网经济下，在数字时代，什么是免费呢？那就是免费的互联网基础服务。比如免费的搜索引擎、聊天工具，免费的邮箱，免费的音乐、电影、书籍等。用户享受了免费，同时，提供这些服务的互联网公司赢利，并产生了全球市值排名前三位的互联网公司。与免费试用式的“近距离广告不同”，互联网时代的免费告别了它作为营销手段的本质，成为一种长久、理性、稳定的商业模式。

在结构上，免费模式的本质就是双边市场。正是双边市场的规律决定了免费模式的特点。

2. 免费的结构——双边市场

双边市场，顾名思义，是与传统市场经济下市场相对而言。从定义来讲，双边市场是指需要面对两个或多个之间具有网络外部性的消费者群体的市场，双边市场中的企业即平台企业，也是一种市场中介。它具有这样几个特点：一是存在一个具有中介作用的平台，把市场的两个边联系在一起；二是平台具有向两个平台定价，即收费的权利；三是平台上的交易量与平台的定价结构有关，即不同的定价结构可能会导致不同的交易量。我们所看到的实行免费模式的平台企业恰是满足以上三个条件的厂商（该定义由Rochet和Tirole提出，但是该定义主要考虑了平台收取交易费的情况，对于平台收取注册费，如电子商务平台，或者两步收费制，如微软等软件公司推出不同版本的软件，对这些情况，该定义没有给出相关的阐述）。

双边市场为什么会出现呢？或者换句话说，我们在互联网生活中所依赖的各种平台式企业出现的背景是什么呢？

现在，我们将免费模式中提供基础平台的企业统称为平台企业，而从它们的功能上考量，其性质与“中介”的内涵极为契合，尽管随着它们的发展壮大，平台企业的功能越来越丰富，不过“中介”的定位和功能仍然是它们最具商业价值的核心所在：对Google和腾讯来说，它们是用户和寻找这些用户的广告主之间的“中介”，同时对已经转变为增值服务为主的腾讯来说，它也是软件开发商和用户之间的“中介”；对阿里巴巴来说，它是卖家和买家获得对方信息的“中介”，对电信运营商来说，在SP和手机用户中间，也起到了“中介”的作用。

“中介”企业存在的必要，被认为是对科斯定理失败的证明。科斯定理是这样阐释的：“如果产权是清晰界定的并且是可以交易的，没有交易费用和信息不对称，无论外部性存在与否，双方协调的结果都将实现帕累托最优。”然而实际上，这种交易的“摩擦力”是普遍存在的。当减少这种“摩擦力”、降低交易成本的“中介”企业的出现就证明了它们自身存在的必要性。以阿里巴巴电子商务平台为例，如果没有这个平台，市场交易的卖方和买方也可以通过种种途径找到对方，只是花费的成本要高得多。

在“前互联网时代”的很长一段时间内，也有“中介”性质的企业出现，婚介所、外贸公司、房产中介公司等，都属于“中介”。那么，我们所讨论的互联网时代的平台企业比之以往的具有“中介”功能的企业有什么不同呢？那就是，互联网技术的演进使得平台企业可以更广范围、更大限度地发挥这种“平台作用”，当这种范围和深度的量变到达一个数量级时，“中介”的“质变”就来了——成了平台。

相对于研究单边市场，对双边市场的分析和研究比较复杂：这时候，企业和用户的关系从单一的“企业—用户”的销售关系变成了“客户群 1—平台企业—客户群 2”的双边结构，而企业对产品和服务的定价、企业的成本核算，也因此完全改变。

3. 免费的内在结构：基础平台 + 增值服务

它特别的是，数字传播的零成本使得价格可以为零，且可以长期持续：技术条件使得在双边市场情况下已经可以实现的“愿景”变为可持续发展的商业模式。

一方面，是免费的大量用户所呈现出来的产品、服务生产的无限分散；另一方面，是平台企业对资金的强力集中。资金的流向变得十分有趣：用户的免费决定了必须有平台企业或者双边市场另一边的厂商（更多时候是平台企业）对其进行“补贴”，以保证大量资金，用以维护和改善一个平台的正常运转与优化。

4. 免费并没有“省钱”

按照我们的设想，由于免费时代的很多产品属于自产自销，那么免费减少了“生产成本”：对平台而言，一方面，是由双边市场中的一边提供的交叉补贴，另一方面是用户端自生产的内容，好像平台企业的作用仅是“牵线搭桥”，作为一种“环保产业”，不需要耗费大量资金，因此，免费应该“省钱”。但是，实际上，免费不仅没有省钱，反而更“浪费”了。

在用户端平静的免费海面之下，有资本洪流的集中和激烈碰撞。当然，这样的结果是好的，毕竟这意味着整个互联网经济的规模、投资机会和就业市场的扩大。

当我们说到免费的“省钱”或者“浪费”的时候，需要明确的是，你是处于免费市场中的何种位置，如果是属于平台或者提供服务的企业，尤其是平台企业本身，那么，免费是“花钱”和“浪费”的，平台的运营则需要巨大的资金支持。如果你是最终消费品的接收者，即普通用户，当然，免费是“省钱”的，只要这种“浪费”不关乎你的工作和收入。

我们来看这样一个数据，作为全球市值排名前三的互联网企业，腾讯公司的市值接近 400 亿美元。可以这样理解为：从开发 QQ 软件至争取和维护用户，从增添各种增值服务应用到吸引广告商留在这个广告平台，加之腾讯的品牌价值，构成了腾讯公司的运营成本 300 多亿美元。作为平台企业来讲，消费者免费了，但是它们搭建和维护一个基础平台“花费”不菲——免费，并没有“省钱”，“5 年前，你有两三千万美元就可以做到，现在至少需要一亿美元到两亿美元了”，易凯资本 CEO 王冉曾经这样说道。以电影为例，几年前，拥有几千万已经可以算是业界的“有钱人”，而现在，几乎每部大片的“起步价”都已经达到上亿元。

“没有几亿不要玩视频网站”——土豆网 CEO 王微曾经这样阐述视频行业的“准入门槛”。而事实也确实证明，对于产业链中扮演枢纽角色的平台企业，不“省钱”、花钱有时有助于平台企业进行长远的规划，是发展出一个健康、可持续发展平台的先决条件。

2009 年 11 月，盛大网络收购了视频网站酷 6 网。随后，酷 6 网宣布了三个重大决定：删除盗版国际影视剧、联手搜狐出资千万美元成立“国际影视版权联合采购基金”、公布三个“1 个亿”计划。实际上，影视作品的正版化问题一直是困扰视频网站发展的难题：正版化的全面普及和贯彻会给企业造成数额巨大的版权费用，并减弱视频网站的竞争力。如果版权问题得不到解决，视频网站的发展就会有潜在危险。而大量资金的支持则可以解决这个问题，对酷 6 网来说，来自集团公司的资金支持提供了这两个问题的解决方案——正是母公司的“花钱”才能保证酷 6 网的“免费”平台。

5. 如何利用免费

免费时代到来，在我们所分析的免费模式中，“基础平台免费、增值服务收费”是免费的商业模式，交叉补贴、客户区分是免费最直接的结构解释，双边市场是免费的经济学解释，长尾和众包可以看作免费的组织结构，而告别产品的单一思维，转向服务升级，则是免费时代的企业对策。

免费的六条建议：

1. 利用长尾实现个性化服务

a. 免费让长尾用户的消费意愿更加稳定。我们看到，价格的消除让用户达到了对自己喜好进行选择的自由境地，而在这个时候选择所谓“冷门”产品的消费者，对“冷门”产品的忠实度是比较高的，为“免费”之后的“收费”创造了条件。

b. 免费解决了长尾的管理成本。在长尾理论模型中，保证成本不随产品销售量的增加而增加是实现长尾理论的条件。在互联网时代，这个条件显然是容易满足的：数字产品的复制和传播的成本几乎为零。但是，营销和宣传成本仍然不可避免。免费模式很大程度上解决了这个问题：免费给所有用户开辟了自由的评价和选择的通道，用消费者的体验本身取代了传统的营销和推广成本。

2. 明确基础平台与增值服务的界限

a. 免费平台的收费问题，归根结底就是基础平台与增值服务的区分问题。那么，从企业的角度，怎么恰当地分离基础平台和增值服务呢？大多数用户难以舍弃的产品和服务可以成为基础平台。而一旦这种需求被广大用户接受为“难以舍弃”的产品和服务时，它就成为基础平台式的公共设施，不能作为增值服务收费了。

b. 从中国互联网十多年发展的实践来看，在电子商务平台，开拓商品、资金、物流、广告等的产业链的增值服务，才是解决之道。

c. 保持平台的纯洁性，严格地区分基础平台和增值服务的界限，是一个平台健康成长的条件。

3. 利用微支付

微支付是免费平台进行增值服务收费的有效途径，尤其是当你的用户看上去是“低消费能力”消费者的时候。

4. 把价值“打包”

增值服务收费的关键在于，如何让人们接受你所呈现的价值，并为这个价值付费，而这个过程中最重要的就是，如何让消费者认识到价值？尤其是在信息如此驳杂、选择如此众多的时代？把价值“打包”，是让人认识到价值所在的途径之一。

在这里，“打包”并不是简单地将不相关或者相关的产品组合起来，当然也不是为了吸引用户而做的一个华而不实的包装，而是一种产品和服务的整合。这种整合的意义在于，它把一种分散的、无形的服务“打包”成一个有形的、集中的“盒子”给消费者，让用户能实在地感受到“是什么”；另外，这种“打包”的过程实际上已经为消费者节省了一个本来需要他来完成的“遴选”过程，这种无形成本的节省是吸引人的。

5. 用“众包”理解你的工作方式

“众包”也和“免费”有着密切联系：众包的产品中，除了企业雇佣的社会力量之外，都是免费向大众提供的。众包的方式，是“免费”成果得以展现的一个组织形式，而我们未来的工作方式，很可能与此相关。

6. 让“免费”变得理性

“免费”造成的浪费，让我们又回到了这样一个议题：真正有价值的东西仍然需要付出，这种付出可能不再是金钱，但可能是时间、注意力，或者其他更宝贵的东西。

第五节：平台运营——众包

众包（crowdsourcing）的字面意义可以直接被解释成“从大众那里寻找资源”，这里的“大众”既可以指个体的大众，也可以是企业组成的大众。其实，同样是从外部寻求资源，外包作为一种资源配置方式和一种商业模式，由来已久。从外包到众包，从字源意义上可以看出二者之间存在着不可分割的渊源，但是又不完全重合，不仅经历了漫长的演变历程，本质上更意味着深层组织形态和生产方式的一种变革。

众包商业模式路径

众包是互联网技术变革下的产物，是企业借助互联网实现生产资源最佳配置达到最佳成本组合的一种商业模式。

它的意义不仅在于把一条供应链上的企业从以前捆绑式的外包合同中解放出来，让彼此都有了更多的选择，一个企业可以同时加入更多不同的供应链，而且帮助企业逐渐摆脱过去简单粗放式的生产制造外包，实现一种精益外包。所谓精益外包除了指在单个业务项目上实现最佳成本效益外，更可以是企业在多个业务组件中达到更精确的整体资源管理效益。企业可以把每一个成本中心分解成多个最小的成本单元，或者把大型复杂业务分成多个部分，进行分片外包，比如运行税务程序、分析企业数据等，甚至连研发、人力资源管理等过去属于企业的核心管理环节，也可以外包出去进行虚拟化生产。

外包是对企业集中生产能力和集中创新能力的一种释放，也是对企业组织管理能力的一种解放。通过外包企业可以减小规模，使过去的层级制转变为扁平化体系。一旦内部的协调和沟通障碍被扫平了，企业管理和商业模式就会发生根本性变革，将优势资源集中于如何激发员工创造价值、外部协作创新上。实际上这是在为围绕知识生产打造核心竞争力做组织准备。

组织扁平化是外包发展的第一步，组织网络化才是外包发展的最终产物。在这个过程中企业将获得一种全新的核心竞争力，即知识资源的网络化配置和整合能力。

从外包到众包是一个质变的过程，随着企业核心能力的重塑，与之相关的一切管理模式、创新模式以及商业模式都将得到彻底变革。众包不是在原有秩序基础上的一种改良，而是在做创造性的破坏，它在组织一个全新的世界。

同样是从外部寻找生产资源，众包最大限度地对外部合作者进行了开放，甚至对其不再做预先的门槛设置，不惜对外开放自身核心的、独有的专用资产，比如涉及研发、设计等方面具有创新意义的高附加值环节，并进行跨组织配置和重组。

在众包的模式下，企业必须而且只能在一种网络化的生态环境中生存、竞争和发展。企业在任何一个业务节点上都有可能面临复杂而庞大的资源选择网络，该网络可以根据需求变化动态地配置资源，实际上是所有成员通过所有关联资产的网络共享，来获得资源利用率的最大化。

“有多少种人，就有多少种众包”（《众包》），众包充分地引爆了个人的创新潜力。它不仅将企业价值链从上下游合作伙伴中最终延伸到了市场的终端用户，而且在社区中引入了足够的多样性，将一个半开放的价值链完全打开铺展成为一个没有中心只有节点的价值网络。

企业社区平台化

过去的一百年以来，工业社会尽可能地把我们培训成专业人士，然后再转往被称为企业或公司的地方，把那些专业技能释放到不同的岗位上。为了保证整个工业社会巨型机器的正常运转，每个人都不由自主地被卷入人才生产的流水线。然而，众包却让人们意识到原来在每个人心里还有一方尚未被开发的后花园，那里，有可能通往另外一条成功之路。

每个人都有可能利用网络发现并组织与自身潜力相匹配的外部资源，组建一个虚拟的微型企业，将兴趣或爱好转化成生产力。众包使得每人都是潜在的老板或企业家。众包将带来一个微观时代。未来将有无数的虚拟微型企业不断地涌现出来，它们相互之间没有明确的界限，而且随着需求的快速变化而随之产生、变形，也可能随时消亡，组成覆盖全球的一个盘根交错的巨大经济生产和消费网络。每个人的背后可能都有一个公司或生产网络。

在这些平台上，所有参与者首先要奉献，把各自部分资源开放出来，个人要乐于分享自己的知识，企业首先要让组织变成开放型组织，只有融入平台或社区中去，才能掌握和建立自身的核心能力。每个参与者都为共享平台的搭建贡献了一份力量，同时更为重要的是，他们还是多样化业务的创建者，共同组成了业务增值网络。

其实，众包可以分为两层结构：平台的资源共享层和多样化业务增值层。一些企业为了可以把那些散落在社区中间的其他大量微型而灵活的公司组织起来，为自己所利用，通过开源或免费共享的方式向网络平台商转化，让自己变成一个巨大的吸盘，可以吸附或者聚集大量的周边企业，来主动成为其平台上的业务增值开发商。

还有一种方式就是，企业彼此之间把共性的东西共享出来，搭建一个共同的平台或者一个商业网络，然后在此之上根据各自资源的配置能力，开发出不同的价值。企业也可以搭建企业级的众包平台，不仅对上下游合作伙伴、客户开放，也可以对大众或个人开放。每个企业都可以成为一个平台商，形成各自的商业价值网络。

众包的价值网络改变国家实力

众包是许许多多的个体和企业在一个共同的平台上交流、协同和创新。

众包正在带来巨大的企业、经济和社会变迁。价值链下游产业的劳动力成本结构优势已经不是关键因素，同时，众包还正在改变上游企业的核心竞争力结构，核心技术优势不再是决定性的制胜法宝。

过去企业一直依靠专利和技术保护来维持核心竞争力，那么，在某些行业专利已变得不那么重要了，专利可能并不一定就是创新。人们可能依然能够依靠某项专利进行创业，但是创新一定要能为市场带来新的思维，为企业、用户以及社会创造新的价值。

价值网络是一种全新的商业经营模式，首先要求企业开放某些资源甚至是核心资源的控制权，这意味着企业需要有些价值可以让渡出去，只有释放和让渡才能吸引外部更多的资源，所以企业必须再次革新经营观念和价值观。

众包所形成的价值网络既是创新的聚集，也是知识人才的重新聚集，更是财富的重新聚集，它正在改变衡量一个地区或国家经济实力的标准。它是无形的，难以精确估算的，它所蕴藏的“商业生态效益”将最终决定一个国家的竞争实力。

第六节 平台运营——共赢

这个世界是一个共赢的世界，单凭一方的力量已经很难立足，合作伙伴如何更好地实现共赢呢？在人际交往中，弱者如何与强者实现共赢呢？

现在成为大佬，似乎很容易。像马云那样，弄个淘宝，就成了。

而他成功的秘诀，就在于——利用了平台，融合了资源。资源在平台内，是共享互利的。只要你愿意搭建平台，就可以共赢世界。

当今世界，大的平台，就有联合国、奥运会、世贸组织、世卫组织、因特网等，还有中国正在搭建的“人类命运共同体”，都有各自不同的功能。将来，还会搭建更多的平台，为人类提供各种便利。

世间万事万物，都是资源。我们每个人，都是可利用的资源。资源只有被利用，才能发挥价值。平台的功能，就是发挥资源的作用。如果我们不能搭建平台，也可以接入平台，参与其中。平台的搭建，也离不开大家的参与。参与平台的搭建，也共享其功能。当然，也可以发挥自身的价值。

平台是开放的，但接口是封闭的。只有你参与，平台才会对你开放。如果你拒绝参与，平台对你就是封闭的。就像如今的美国，执着于“零和”价值取向，为了所谓的“美国优先”，不惜频频退群。这和中国清朝时期的闭关锁国是一样的性质，结果无疑是在开历史倒车。

世界是多维度的，平台和平台之间也会有对接。平台的对接，可以融合更强大的功能。如果你的思想保守，只想自立为王，生怕别人得利，忽略了平台的对接，自然是很难做大的。现实是残酷的，想成为王者，拒绝平台，结果反而成不了真止的王者。而愿意搭建和接入平台的人，反而很容易成为无冕之王。

1. 合作

要实现共赢，首要的前提条件是双方一定要合作，因为通过合作，可以让大家朝共同的目标努力前进，没有合作，就谈不上共赢。

2. 诚信

无论人与人之间，还是人与公司、平台之间，要想实现共赢，合作双方之间一定要讲诚信，诚信的力量，诚信的价值，会让合作双方实现共同的梦想，也更能搭起互信的桥梁。

3. 互信

相互信任，是合作的最基本原则，假如合作双方不能做到互信，估计也不会精诚合作，因为不信，所以就不会有合作的机会，要想实现共赢，互相信任是最重要的条件。

第七节 平台运营——共享

共享经济是近两年比较热的话题，一方面是资源的充分利用，另一方面为个体消费者带来便利，不需要拥有即可满足个别时段的需求，提高了产品的社会价值，也降低了消费成本。

从衣食住行出发，出现了共享单车、共享充电宝、共享健身房、共享雨伞等的共享经济，有些商家甚至以“共享男友”这样的噱头来制造热点，除了老婆和孩子，万物皆可共享。

信息共享，数据共享，我们生活在共享的时代，打破了空间的阻隔，每个人都是有关联的集合体，时刻都在共享与被共享着。

共享经济是一种优化资源配置、高效社会治理的新经济模式，是基于互联网等现代信息技术支撑，由资源供给方通过技术平台将暂时闲置的资源（或技能服务），有偿提供给资源的需求方使用，需求方获得资源的使用权（或享受服务），而供给方则获得相应报酬的市场化模式。通过技术平台的整合，达到了资源的有效配置、城市的有效治理、市民更方便地获得城市社会服务的目标。

共享经济有五个特点：

◆ 一是基于互联网、物联网、大数据、云计算、人工智能等技术支撑；

◆ 二是广泛的数据应用；

◆ 三是通过共享实现海量、分散、闲置资源的优化配置；

◆ 四是市场化方式高效提供社会服务，满足多样化的社会需求；

◆ 五是具有准公共产品的特征。

随着经济的不断发展，在竞争日益激烈的大环境下，各行各业都面临着不同程度的挑战。共享经济的兴起，提高了资源的利用率，使得闲置资源得到更好的利用。

共享是我们共同营造一种资源的成果，然后按照契约精神，在充分尊重他人权益的基础上，在高度的自我约束的基础上，我们来合理平衡地享用。

在今天谈到共享这一词的时候，我们好像更多的是强调那个“享”字，我们在享受这种成果、服务、便利，我们好像忽略了这个“共”字，这种服务、便利、成果，应该是所有人一起参与进来的，如果没有完美的每个人的努力，没有这种精神，没有这种服务意识，没有与他人的尊重，任何的共享经济都不可能长远地发展。

下篇 物权数字化破解剩余经济

剩余是指人类将某个物体分成若干份等量或不等量的部分。物体经使用后，没有被使用的部分对于已使用过的部分，就形成了剩余。

如何盘活剩余？如何唤醒剩余？如何促进“剩余”的流动性？

“剩余”具有天然的“物权”属性，将剩余物权碎片化、数字化，就可以化解“剩余”的系列难点和痛点，物权数字化将破解剩余经济。

第一章 剩余经济：穿越财富黑洞

第一节 剩余的世界：没有天使也没有魔鬼

剩余，是不是过剩，是不是多余，是不是累赘、是不是积压、是不是留存？如果答案是肯定的，那么对待和处置剩余，是否就可以无关轻重，就可以请便随意了，就可以自生自灭了呢？

剩与过剩，余与多余，一字之异，毫厘之差，天地之别。

如何认知剩余？剩余是什么？为什么会产生剩余？剩余的性质和后果是什么？

回答了上述问题，我们就可以进行价值判断：剩余是利是害、是福是祸、是益是损？是特例还是常态？然后对剩余现象和现实，进行决策思维，采取行动措施：是直面还是回避？是放任还是干预？是发扬还是抑制？是加强还是减弱？

人类所获得的全部知识，按人类活动进展阶段和功能作用来分，可以三分法：认识论，方法论，实践论。

认识论解决认知问题：是什么？为什么？为了什么？是形成概念、寻找原因、确定动机，是定性定义。

方法论解决方法问题：怎么办？如何去做？是思路厘清，是手段采用，是途径选择，是工具准备。

实践论解决行动问题：谁是行动主体、谁是行动客体？行动的时间？行动的空间范围或具体方位地点？行动出现偏差如何修正？是行动方案，是执行计划，是针对特定目标的行动计划，是关于时间、空间、人力、资金、资源、政策、考核标准、不确定性备选预案等相关要素的具体筹划安排，是落实执行的作为和投入付出。

没有认识，就没有方法和实践。没有正确的认识，就没有正确的方法和正确的实践。没有正确的方法和正确的实践就不可能获得正确的结果：有效完成既定目标任务，获得预定的效益和成果。

界定剩余概念，或者描述剩余现象的本质和发展规律，需要严谨、完备、系统的符号工具。语文是语言和文字的简称，是界定和说明概念的基本工具和手段。

从词义角度来看，剩余是指人类将某个物体分成若干份等量或不等量的部分。物体经使用后，没有被使用的部分对于已使用过的部分，就形成了剩余。

数学是研究和描述现实世界的空间形式和数量关系的科学。数学中的减法，是加减乘除四则运算中的一种，从一个数中减去另一个数，表示一种从集合中移除部分的操作。如果值不等于零，就形成了余值。从数学原理角度看，剩余就是同类同单位计量物总量，减去部分量后剩下的余值余数。

现在我们把眼光转向物理学，物理学具有完美无比揭示世界本质和自然规律的魔力。物体的物质和能量有固定的比例关系，具有相互联系、相互作用、相互制约的物质属性。物质和能量不可以割裂，不可以对立，不可以顾此失彼。物质和能量不可分割：有质量就有能量，有能量就有质量。质量和能量是以对方的存在作为自己存在的前提。

世界或说自然界的物质都是以不同的形体存在的，譬如说，气态、液态或固态等。物体就是由物质构成的占有一定空间的个体。物体是具有宏观形状，通过人类感觉器官可以感觉到存在的客观现实。那么，从物理学的角度看剩余，它是物质和能量，经过运动变化作用，产生转变了的状态和结果。

物质不灭定律和物质守恒定律，由 20 世纪最伟大的科学家爱因斯坦提出。经过一代一代、一批一批科学家群体的不懈探索和验证，终于证明了物质不灭定律：物质的质量不灭，物质的能量守恒。物质和运动是对立统一的。

也就是说，从物理学角度看，所谓剩余，不是消失一部分，留存一部分。而是总量不变，一部分发生了转移或变化，一部分没有发生转移或变化。

我们定义了物体，是“人类器官可以感觉”这个先设条件，说明物质和物体是紧密相关的。但两者又不是同一个概念。物质就是实物存在，而物体具备人赋予的主观意志。物体是客观性和主观性的对立统一。

那么无论从语文、数学还是从物理学角度，我们来观察、分析或定义剩余，综合成如下几条核心要点。

第一，只要物体可以分割成完全相同性质的几个部分，那么人类在任何使用物体的场景，只要人类和物体一旦发生关系，产生剩余现象就是常态。

第二，剩余部分本来是物体的组成部分，剩余部分与已经使用的部分没有任何本质上的差异。

第三，剩余这个现象既是客观的，又是主观能动的。剩余是中性概念，剩余的利弊好坏，是主观意志的产物，是人受不同价值观影响、在不同具体情况下的评价判断。

人类对物体的认知或者使用，无论整体还是部分，并不影响物体的客观存在。就是说，物体就是物体。外部的评论、主观的定义、能动的处置并不影响物体的存在事实，这是物体的客观性。对物体观测、感觉和体验，并进行划分，把用掉的部分，与没有使用的进行区分，进行定义定性，进行利弊得失评价，进行优劣虚实评价，是人的主观能动性的结果，是一厢情愿，是自以为是。

那么，在定义剩余方面，我们可以形成共识。同时可以得出结论：剩余是被赋予人类主观意志的客观存在。

存在主义大师萨特说：存在先于本质。

剩余，是人类活动不可避免、必将遭遇、必须面对的现象。它首先是本来就存在的，认识了存在的前提后，才有探索本质的必要。

事实上，剩余深刻影响着人类的发展，包括过去、现在和将来。

如果没有价值的剩余和积累，人类如何能走到今天，又如何能走向未来。但是有了剩余，人类就可以永续发展吗？事实上是由于对价值剩余的粗心大意、轻描淡写、无所作为，人类吃尽苦头，也让发展前程蒙上了浓重不散的阴影。

我们可以列举无数事实来佐证上述结论。

剩余具有多样性、多元性、多面性及多变性。贴标签、扣帽子的简单思维对定性剩余是徒劳无益的，也是没有意义的。不在特别的前提设置下，我们不会也无法给剩余定性，既无法验明正身，也无法盖棺定论：利还是害？得还是失？益还是损？剩余，是中性词，不是褒义词，也非贬义词。从客观角度看，是因为人的主观和价值观介入后，剩余才具有是与非或可与否的意义。从主观角度看，人类所推崇的量发展（重视规模和速度）模式必须有度的限制和质的要求，一旦过度了、变质了，就会导致事态变向走偏，甚至逆转走向反面。

我们发现和遭遇了新困惑：恰恰不是短缺，而是剩余，不是匮乏，而是丰裕，经常反复制造麻烦，让人类手忙脚乱，应接不暇。

譬如汽车，汽车是人类发展史上最伟大的创造奇迹之一，引发了人类交通出行的革命。然而，汽车除贡献了出行和物流的便利性以外，它同时也制造了尾气噪声污染、交通堵塞、事故车祸及能量消耗。

核心的原因就是一个，汽车的生产和消费都过剩了。

工业文明的后果，并不全是鲜花美果。资源枯竭，环境恶化，人和自然、人和人，冲突不断，时时刻刻上演着层出不穷的新剧情。这些现象这些问题和经济的飞速发展息息相关。

人的主观或价值观是在实践中形成的，是认知的部分。而人的认知经常困惑迷茫于客观世界的无限复杂和无尽的深邃之中。

人类认知一直受困于种种瓶颈，主要有四个：时间、视界（观察界面）、空间、信息。

单维度的时间。单向流动，像一条河流，流淌不息，永不停留。对任何生命而言，时间是不折不扣的奢侈品，时间一去不复返。俗话说：一寸光阴一寸金，寸金难买寸光阴。地球自古以来，还没有发现生命永恒的物种。

二维度的视界。依靠光明，黑暗被驱逐，人们用眼或者辅助工具，发现和观摩世界，是人类观测世界和破解宇宙奥秘的最原始、最基本手段。视界，对人类而言，无疑是连接生命和世界的门窗。

三维度的空间。万物存在于空间，空间是万物存在的位置。没有空间，哪有万物，恰如没有手掌就没有掌中物。

多维度的信息。信息即万物的现状或变化表征。物，千变万化，受多元因素影响，也表象万千。

人类文明发展的进度，取决于对时间、视界、空间、信息的四大客观瓶颈的突破程度。对于剩余的认知，我们也是这样。

人类在生物物种中拥有明显的、强大的生存优势。人类通过学习和实践，在生存发展的技术方面，特别是在关于智慧的积累、传承、分享和发展方面，做得很好，逐渐获得生存优势，所以在万物生长中脱颖而出，并一骑绝尘。

人类突破客观瓶颈的程度，也受限于认知的力量，关键是科学技术成果和生产力水平。

标志科技成果和生产力水平的核心指标有三个：速度、力度、精度。所谓科技的进步、生产力的发展，就是人类获得了拥有更快速度、更强力度、更高精度的工具装备和技术手段。

获得更快的速度、更强的力度、更高的精度，需要材料、装备、能源等物质基础条件，同时还得具备突破性的基础科学理论和应用科学技术理论等思想条件。

技术的极限，恐怕就是自由穿梭时空，清晰看透宇宙，敏锐捕捉世界变化（宇宙信息对称式掌控）。

我们把眼光转向天文物理学领域。

人类从来没有停止过对宇宙奥秘的探索。宇宙奖励了人类的好奇心和努力，不断展示出真容：没有最奇妙，只有更奇妙。

1916 年，德国天文学家卡尔 - 史瓦西，根据爱因斯坦广义相对论，对引力场方程计算求解，证明了一种“不可思议的天体”的存在。假设大量物质浓缩到一个极点，就会形成这种“不可思议的天体”，美国物理学家约翰 · 阿奇博尔德 · 惠勒把它命名为“黑洞”。

黑洞是宇宙不可思议的超级大胃王，能吞噬骇人的巨量物质和能量，欲壑难填。

光速是目前人类认识的速度极限，黑洞，以超越光的速度吞噬物质，让光无法逃逸。黑洞是光（包括电磁波）都无法从其视界逃脱的天体。传统的物理学知识体系对它无可奈何。人类有史以来几颗最聪明的脑袋，不约而同地认定：黑洞是存在的。却苦思冥想也没法通过直接观测手段予以证实。

宇宙起源于一个奇点的大爆炸。这个奇点拥有无限大的密度，无限小的尺度，无限量的能量。大爆炸是宇宙的生命起源，那么，奇点为什么会爆炸呢？毫无疑问是奇点质量和能量的失衡，失衡产生能量和物质的相对剩余，是结构性剩余的能量和物质产生不可协调，不可维持，导致最后大爆炸。

从经济和社会的角度来说，绝大部分时段，人类都是跟物质短缺作艰苦卓绝的斗争。人类经历了漫长的落后生产力时代，物资短缺状况占据了人类生存发展史绝大部分。人类漫长的、执着的、顽强不屈的拼搏斗争，就是试图克服匮乏状况，告别短缺困境。

人类要发展进步，要不断追求并努力让生活过得更舒适更美好，这是公认的主流普世价值。人类的生存发展基础，是资源、价值及财富（包括人的劳动、智慧和向上的创业精神），这跟苟且偷生或者拼搏追求的争辩无关，因为你别无选择。

物质、能量、空间、时间，是人类赖以生存的基本资源，是价值及财富的源泉。人类苦心孤诣用所谓的智慧和劳动力，利用知识和实践对物质、能量、空间、时间等资源进行挖掘、整合、加工、开发和利用，生产出物质和精神的产品来维持自身的生存和发展。

要获得和拥有更多物资，哪怕多到已经形成普遍的、广泛的剩余的现实和现状，也永不止步，以为这就是文明进步的使命。

其实这是人性。但是人性的本质并不总是纯洁无瑕，一尘不染。譬如，贪婪无限，欲壑难填，永不知足。

剩余是人类不可承受之重。

剩余的世界里没有魔鬼，也没有天使，剩余的世界里只有人。

第二节 产业的滥觞：短缺引发的革命

剩余是人类发展时代的产物。有剩余才会有发展，有发展就会有剩余。持续的发展，就会产生持续的剩余。而持续的剩余，却未必能维持或推动持续的发展。

剩余状况是人为的，或者是人主观参与的结果，创造和形成剩余并非易如反掌，并非唾手可得。

经济，是价值的创造、转变或实现。经济活动中获取、转变和使用价值都是核心环节，有使用就会有剩余。经济活动必然产生剩余。通俗地说，经济就是生产、使用、处理、分配物资，就是管理物资，目的是效率和效益双丰收，是一个动态的总和。从经济角度来看，物资就是世上所有可资利用的种种物体。经济发展，就是围绕使用资源，创造价值剩余，然后扩大再生产，继续创造更大价值剩余展开的持续活动。

人类生产力的发展，经历了石器时代、手工时代、材料时代、能源动力（蒸汽机、电动机）时代、信息（互联网）技术时代等几个里程碑式阶段。在两次工业革命后，生产力得到了显著改善和提升，产业分类更丰富更细致。

农耕渔牧社会，人类先是寻求、尝试、借助简单粗糙的工具，来加强双手的力量。不断地实践反复地尝试，人类发现石材、木材、金属材料等各类材料更先进更好使更有生产效率。后来材料、工具被大量开发、推广和利用，手工业得以大发展。

到了工业社会，蒸汽机的出现，电动机的发明，智能装备机器的出现，能提供巨大动能的能源（如煤炭、石油、电力等）的发现等，被广泛、大量、高效开发利用，人类在科技上突飞猛进，大力解放生产力，节节突破了生产瓶颈。先进高效的生产力确保了足够的物质财富的创造，保障了人类生存、发展的物质基础和条件，人类逐渐确立了主宰自然（这里仅指地球自然）的地位。

工业时代的最大特征就是以技术、标准和效率为特征的产业化。人类大胆实践，严格遵循客观规律，围绕着生产效率持续改善、技术不断优化升级，以产业系统化、集成化、标准化、规模化、程序化、流程化为特征，确保了知识、技术的积累、传承、交流、分享，推动了生产力持续、显著的提高。

人类利用技术对大自然展开了史无前例、空前绝后的攫取和开发，创造和获取了极其巨大的物质财富。

现在，我们看看，人类遭遇了什么，面临着什么样的困境。

通观人类发展史，我们有理由为人类文明的进步而讴歌，却不能盲目乐观和自我陶醉。几千年来人类痴心不改、执着秉承的发展模式，并不全是莺歌燕舞，一派大好。经济的飞速发展，造成了环境恶化、生态破坏、资源枯竭、贫富不均、物质浪费、社会分化等现实现象和困境，这是人类自我制造的枷锁桎梏，如果不及时解除松绑，终将积重难返。

假设人类像西西弗斯神（希腊神话人物）一样获得超强的战斗力，勇敢杀死了强大凶悍的死神。但是有战斗力，能征服所有同类或者异类的，就可以拥有整个宇宙吗？这是愚蠢而危险的想法。

2011年，美国人泰勒-科文著书《大停滞》，认为人们已经摘完所有低垂的美味果实，这些果实包括低廉的地球资源、巨大的人口红利以及层出不穷、日新月异的科技回报率。

2013年，有人在《自然》科学杂志上发表文章《爱因斯坦以后，科学天才灭绝》。

2016年，美国经济学家罗伯特-戈登著书断言：始于20世纪70年代的第三次工业革命在2005年前后已基本接近尾声。

人类错误地把“信息大爆炸”当作“科技大爆炸”，人类发展实际上已经进入了一条漫长的、黑暗的、陌生的隧道。

价值，是终极性的东西，是承载生命意义的前提和基础。人类的抗争拼搏、勤奋付出、费心伤神，不论流血流汗还是流泪等，都是为了创造价值，成就价值，交换价值，实现价值，分享价值，让价值来实现人们的现实需求和美好愿望。

所有背离价值，或者说破坏价值、牺牲价值、浪费价值等的存在，都是不合理的，都是荒诞的，都可戴上价值反动主义的帽子。

不创造一丝一毫的价值，怎么付出都是没有意义的，都是白痴傻子的行为。

创造一堆价值，却暴殄天物，白白浪费，白白耗尽，其况之恶更甚于白痴傻子的行为。

工业时代，人类就好比西西弗斯（战神，古希腊神话人物），扼住了死神的脖子，甚至杀死了死神。然后呢？西西弗斯神除了善于杀戮，只是匹夫之勇，并没有什么英雄气概。战神接下来就把自己废了，变得比无所作为还糟糕，还悲催。

工业时代，人类掌握了出类拔萃的知识和技术，确保了人类轻松获得财富。可以预计贫困和短缺现象一定能消除。未来学家从来不担忧人类会困于物质的匮乏，因为他们知道，人类拥有极致生产力的时代终究会到来，没有什么能阻挡人类告别贫穷追求富足的脚步。

可是没有永远的王朝。工业曾经如日中天，工业的福利红利时代却正在渐行渐远，技术的黄昏，终究是不可避免会来临的。

我们悲哀地发现：尽管技术突飞猛进，然而人性决定了人是贪婪的，人是永不知足的。而自然的资源，我们赖以生存的物质、能源总量（目前人类的视界之内）是恒定的。

物质和能源不断地被开发利用，如果没有办法再生，如何能循环呢。物质消耗殆尽的那一天，终究会到来。

我们被激发起了无穷无尽的欲望，开发了日新月异的科技手段，创造了无限的财富剩余，而我们却对价值剩余、财富剩余无可奈何，财富剩余的存在，就好比宇宙遍布着的暗物质和黑洞。黑洞一经形成，就会虎视眈眈，血口洞开，随时等待吞噬在边缘游离的物质、能量和光。

财富黑洞就是这样的。

剩余游戏，就是在财富黑洞的穿越。

人与剩余的博弈，哪方能成为最后的赢家呢？

无独有偶，已经有人在担忧：

地球上的最后一滴水，会不会是泪水呢？

地球上最后一种生物，会不会就是人呢？

第三节 技术的遗憾：阿基里斯永远赶不上乌龟（芝诺悖论）

理性固然依附于逻辑，但是逻辑不是万能的。

逻辑常常论证不了似是客观的事实，也证伪不了似是荒谬的存在，甚至恰好相反。

芝诺悖论，就是一个例证。

中国矛与盾的寓言故事，堪称逻辑的绝望之作。

故事源自战国法家韩非子著作。

原文：楚人有鬻盾与矛者，誉之曰：“吾盾之坚，物莫能陷也。”又誉其矛曰：“吾矛之利，于物无不陷也。”或曰：“以子之矛，陷子之盾，何如？”其人弗能应也。夫不可陷之盾与无不陷之矛，不可同世而立。

楚国卖家声称有最坚锐的矛无坚不穿，有最坚固的盾无物可穿，那么，请用此矛刺此盾，结果如何？卖家楚人立马哑口红脸，无言以答。

关于经济、价值及财富本质，以及如何创造、管理、分配、享受，留到后面来具体探讨。

这里我们先讨论发展经济、尊重价值规律和追求财富应持有的基本态度和底线精神。

态度和精神，属于人性的范畴，与技术、方法、效率、效果等统统无关。

提问：有没有一种技术，能确保人在和财富一场你追我赶的游戏中绝对胜出？我试图用逻辑学寻觅答案，看看逻辑，能否帮助我们揭开人类用技术追逐财富之谜局。

财富和人的赛跑，只要财富先人一步出发，就会占领先机，死死挡在人之前。

如果人的眼里只有财富，然后人不懈地去追逐财富，可以不顾一切，会产生什么后果呢。

即使你赶上了财富，你紧紧抓住了财富，但你永远在财富后面的阴影里，你永远挣脱不了财富的羁绊。财富不给你让出一点点空间让你自由前行。

即使你追上了财富，抓住了财富，可是你怎么折腾，财富罩住你缠住你困住你，不让你脱身不让你喘息，这未必比身无分文强呢。

这就是所谓的跑道原理：在跑道的一条直线上，你顺线追赶，后面永远追赶不上前面的，更不可能超越。

追逐财富，必须心无旁骛，忘掉一切，奋力向前。

一不小心，你就可能从边上轻松超越了。

就是说，技术和财富，如果一天把人类前行的路挡住，人类将永远无法超越。

在现实世界中，却鲜有人愿意如此去思维。因为我们失去了理性，或者说，我们理性极端化了。失去理性或极端理性化，性质是一样的：都是非理性。

逻辑是无情的，不会给任何人面子。

逻辑也是严谨的、密不透风的、滴水不漏的。

但是，人们拿逻辑武装自己，就可以信心满满，就可以成为智慧的、雄辩的、争强好胜的思辨者吗？逻辑，似乎是可以成就无数思想家、演讲家、辩论家至高无上的神器，信手拈来，百用不厌，屡战屡胜，所向披靡。

不要过分乐观，乐极生悲啊。

上帝不是万能的，任何王国都会有王权、王法力所不能及的领地。

悖论，就是逻辑王国的特例，说它怪胎也好，说它幽灵也好，它是确确实实存在的。它在逻辑王国里到处游荡，飘忽不定，但却是无处不在。悖论，将让自称最智慧的、最雄辩的、最争强好胜的思辨家们闭嘴。

经典的悖论比比皆是。比如：

无所不能的上帝能否创造出自己也举不起来的石头？

我唯一所知的就是一无所知。

你问我说谎了吗？告诉你，我真的在说谎。

阿基里斯能否赶上乌龟？等等，不胜枚举。

在逻辑的天空里，漫天飞着黑天鹅，让穷于乐于思辨的人应接不暇，头昏脑涨。

我们选择阿基里斯与乌龟赛跑来探讨。阿基里斯是荷马史诗《伊利亚特》特洛伊战争中的半神英雄，现实世界的神行太保、飞毛腿。

古希腊哲学家芝诺设计了一个问题：让阿基里斯与乌龟（绝对是普通乌龟）赛跑。假设乌龟先出发，飞毛腿英雄紧接着出发。请问：阿基里斯能追赶上乌龟吗？

暂且先莫捂嘴或喷饭，少安毋躁。

英国大数学罗素称：芝诺悖论是人类哲学史上最有趣、最微妙、最深邃的悖论之一。

大哲学家古希腊的亚里士多德与德国的黑格尔，异口同声认定，芝诺是辩证法的发明人和创始者。芝诺严密、完美、彻底证明了赛跑结局：阿基里斯永远不可能赶上乌龟。

美国数学史家 E.T. 贝尔的评价更具体更直接：芝诺以非数学的语言，记录下了最早同连续性和无限性格斗的人们所遭遇到的困难。芝诺的功绩，创造性地、辩证地考察了动和静、无限和有限、连续和离散的关系。

这是逻辑对现实的一次完胜。逻辑完美、彻底地否认了阿基里斯赶上乌龟的可能性，货真价实，如假包换。雄辩真正战胜了客观事实，你只能目瞪口呆，可跌碎世间任何眼镜！

至此，我记起一个流行甚广的说法：理论之树常青。树再高再大，都需要扎根土壤，充分汲取营养和水分。现实才是血肉丰满的、骨感可摸的、生动鲜活的生命躯体，才是生命的真实承载。

那么为什么在完美、严密、精妙的逻辑面前，理论这么苍白无力，这么脆弱不堪？

逻辑是规律，思维的规律，是认识的理性阶段。理性的极限，无非是思维的规律完全与客观的规律吻合。无论如何理性，思维的规律都不可能打败或者否定客观的规律吧。

所以，人类应当感谢悖论。因为悖论的存在，可以提醒人们：不要迷信纯粹的逻辑。越精妙、越完美的逻辑体系，越容易让人错失迷津，越有可能把实践导向穷途末路。

技术悖论就是这样，没有技术的支持，人类可能还在茹毛饮血、刀耕火种的原始时代。但是有了日新月异的技术，人类就可以横行天下，目空一切了吗？

没有技术，人类无穷无尽的想法和办法都是多余的。

可是，有了技术，生生不息的人，都可能是多余的。

财富悖论也是这样。没有财富的支撑，人类必定多苦多难。有了丰裕的财富，就万事皆安，就天下太平、世界美好无限了吗？

现实，没有给你失望，始终准备着更好的答案。

这个答案就是：不要自以为是，也不要盲目乐观。

因为逻辑从来都无法解答：闪电般的飞毛腿阿基里斯，怎样才能赶上先走一步的、缓行慢挪的乌龟。

第四节 经济的迷津（质疑增量发展）：谁来救赎西西弗斯

战神西西弗斯亵犯神规，触怒诸神。诸神惩罚西西弗斯，勒令西西弗斯每天推巨石上山顶。巨石很重，山坡很陡。巨石抵达山顶，还是会滚落回山底。

西西弗斯奋力而为，毫不懈怠。推石上山，石头滚下，接着推上，永无停歇。

眷恋世间、热爱生命的战神西西弗斯，神勇非凡扼杀死神，最终却接受惩罚：任凭无穷无尽磨难，任凭热血激情和生命青春被耗尽。

——古罗马《荷马史诗》

荒谬英雄：西西弗斯是位荒谬英雄。他之所以是荒谬英雄，因为他的激情和他所经受的磨难。他藐视神明，仇恨死亡，对生活充满激情，这必然使他受到难以用言语尽述的非人折磨：他以自己的整个身心致力于一种没有任何效果的事业。而这是为了对大地的无限热爱必须付出的代价。

——法国作家阿贝尔·加缪

越来越多的迹象表明，人类正慢慢陷入西西弗斯惩罚的尴尬处境。

西西弗斯战神，战时英雄，乱世豪杰。死神灭了，战争结束了。和平时代，神勇无比的战神，该如何转型转向转业？换个说法，诸神应该如何安置战功赫赫的战神？

而战神桀骜不驯，依然一身杀气。战神处处惹是生非，诸神只好让好战嗜血的战神“安置”在滚石场，专事推石。

由此可见，不具备满足人类需要的功能和属性，或者说没有价值，任何产品或服务都是没有意义的。那么，毫无疑问，经济初衷是，人类在确保效率和效益基础上的投入产出或付出回报，旨在保障人类过上舒适美好的生活。

所以经济的本质就是价值的创造、转变、实现、享受。

而工业最核心的精神是标准化、效率化、规模化、速度化。标准化，就是假设客体需求大体上是可以分类的，效率就是通过技术手段更快、更多、更低成本的生产结果。规模化就是不断扩张，产量不断增加，平均成本不断下降。速度，就是在一定时间内，更快结束过程，更快获得结果。

正因如此，工业成为人类满足自身欲望和需求、克服和战胜短缺与贫穷的极致手段和不二法宝。

物资短缺和生活贫困，是人类生存、生活、发展需求远远得不到满足的一种状况。物资短缺和生活贫困源于生产工具、生产力、生产方式的简单和落后。当人类的生产水平还无法创造、无力生产必要的、足够的物质财富和精神财富来适应这个世界时，人类惧怕大自然，更遑论征服或主宰它。

因为短缺和贫穷，人类学会了坚韧和勤奋，不断积累经验、知识，形成了系统的科学技术理论和方法实践体系，并不断完善和突破，推动着生产力的持续提升。

工业没有完成解放全人类、让人获得全面自由幸福的伟大使命，前途似乎充满着不确定性。

人类面临的生存窘迫还是应接不暇，不仅让人迷惑不解，而且显得荒诞滑稽。这种困境可以如此描述：富饶的贫困或丰裕的萧条。人类的生存困境，悄悄地、渐渐地从因财富短缺造成的麻烦，转变为因财富剩余引起的麻烦了！

社会总体来看是一派富饶丰裕的繁荣气象，而自由自在、幸福快乐的现象并没有相伴相随，歌舞升平掩盖不了贫困萧条依然普遍存在的事实。

世界怎么啦？富饶又贫穷，丰裕又萧条。

人类碰上了现实悖论：发展的囚徒困境。

三十年河东、三十年河西。时间，犹如一位安详、平静、权威的评委，默默注视着人类经济从短缺到丰裕、从丰裕到繁荣、从繁荣到萧条的全景万象。

短缺是贫困的危机，过剩是丰裕的危机。短缺和过剩是经济活动的两种极端化的后果，是经济成果获取、创造、流通、储存、分配、享受机制存在先天缺陷引发的恶性后果，每每成为人类不可承载之痛。一旦失控，就会广泛、持续地伤害整体经济，并迅速把痛苦蔓延至全社会，通常我们称之为经济危机。

纵然如此，我们还得保持理智清醒、平心静气的态度：世界没有我们想象的那么糟糕，也没有我们想象中的那么美好。我们高度讴歌工业时代，工业利用强大无比的技术力量，推动了经济的飞速发展，把人类带入了物质文明的一个颠峰时代。可是随着人类认知水平的突破，伴随着发展出现的种种新情况新问题，我们不能盲目乐观。

相对广袤无垠、神秘莫测的宇宙而言，人类还处在微不足道、幼稚可笑的婴初阶段。

地球就是一个摇篮，或许人类长大的第一个麻烦就是：该往哪里去？因为宝宝大了，摇篮太小盛不下了。换句话而言，工业时代人类确实很争气，充分掌握了生存的技巧和方法，如何在摇篮里舒舒服服、顺顺利利地成长，但是人类忽视了一个基本的也是致命的大问题：往后宝宝健康快乐地成长，成长到健硕无比，体形巨大到摇篮安放不下的时候，他们将如何生存下去呢？

知识、技术、工业，不仅改变了人类社会，也改变着我们人类赖以生存的世界。

从生存的角度而言，现代人与原始祖先手工操作、农业没多大的实质差异。人类为生存、发展，拥有了无与伦比的手段和工具，向大自然无穷无尽地索取。

譬如工业，只要索取的本性没有改变，就无非是一种精致甚至极致的技巧而已。

工业的本质是掠夺攫取的技术和效率。

工业把人武装成发现、获取、改变、创造、占有的天才专家，把人训练成生产、流通、交换、分配的超级魔术师和缔造财富王国的强大霸王。工业是帮助人类控制和征服大自然的法宝，是协助人类发展的重工利器。

在特定维度的世界里，自然资源是有限的。地球环境的特定性，注定了发展是有限度的，发展将不可持续。

人类再厉害，也没有资格随心所欲。提供技术和效率的工业，在人类无穷无尽的欲望面前，它无可奈何，无法停止人类进行无序的、短视的、极端的、偏执的畸形发展。

从宇宙发展的角度而言，奇点爆炸形成了宇宙，但是黑洞和暗物质还是宇宙物质的主流，是宇宙物质能量主要的归宿和栖息处。

如果人类不能珍惜和爱护宇宙显形的物质能量，人类可能难逃厄运。和失联的物质能量一样，人类将无法从黑洞边逃逸，最终被黑洞吞噬。

第五节 零基社会：不要漠视里夫金的预言

未来学家与历史学家不同，前者努力看清未来，后者执着考究过去。

历史，是已经发生的事实，是确定无疑的过去，不可重来的。未来是可能发生的，也可能不发生，所以只能是估计。未来还在明天后天、正在前来的日子里，有不确定性，只可以设想和预见。历史研究需要搜集原始证据，去伪存真，要有足够真实可靠的史料记录、物料实物等来还原历史真相并证实。最后梳理成历史发展规律，以史为鉴，引领未来。

总之，历史学家和未来学家都是从事实出发，以已经成为现实的人或事为根据进行探索和研究。

我们要提到杰里米-里夫金。他是谁？作为资深预言家和未来学家，我们不能人云亦云，不屑一顾，一笑而过。

里夫金，为美国华盛顿区经济趋势基金会总裁，享有国际声誉的社会批评家和畅销书作家，著有《工作的终结》《生物技术的世纪》《路径时代》，每本书都被翻译成十五种以上的语言。里夫金曾经担任过前欧盟委员会主席罗曼·普罗迪的顾问。

里夫金先生无疑是国际知名的、非常有实力和有独到眼光的思想家，是不是历史家甚至是不是未来学家都并不重要，重要的是他发现了什么？他提出了什么结论？他极力宣扬的观点是什么？

如果你对里夫金或他研究的话题不感兴趣也罢，否则请用心点认真点理解清楚弄弄明白。不要下车伊始，就一知半解或者云里雾里就评论就总结就概括。在科学面前，勇气、胆量及论辩术，有时基本是分文不值。

如果把里夫金先生看成信口开河者、危言耸听者，可能是你的无知、肤浅和轻率。

我们要认真阅读里夫金新作：《零成本社会：一个物联网、合作共享的新经济时代》。

里夫金开创性地探讨了极致生产力、协同共享、 产消者、生物圈生活方式等全新概念，详细地描述了数以百万计的人生产和生活模式的彻底转变。越来越多人以近乎零成本的方式制作并分享自己的信息、娱乐、绿色能源和 3D 打印产品。他们也通过社交媒体、租赁商、合作组织以极低或零成本的模式分享汽车、住房、服装和其他物品；学生更多地参与到基于零成本模式的开放式网络课程……

里夫金发现，人类正在快步迈入一个零成本时代。

商品零成本意味着什么？

让我们来重温马克思《劳动价值论》中的有关知识。马克思是劳动价值理论的奠基者和集大成者，清晰定义了价值的概念。

价值是凝结在商品中无差别的劳动，只有劳动才能创造价值，价值的源泉是劳动。

价值具有价值和使用价值的双重性，使用价值是商品的自然属性，具有不可比较性。价值是一般人类劳动的凝结，是商品的社会属性，是抽象的概念，它构成商品交换的基础。商品的使用价值和价值范畴，说明了商品的自然属性和社会属性。

先哲们从物质（商品）的角度论述了财富的本质和特征。

无差别的人类劳动，显然，这个抽象的、无差别的人类劳动概念是个纯粹的商品成本的概念。

那么，成本消失了，近趋于零了，商品价值还存在吗？这个几乎没有成本的商品进入市场，会产生什么后果，是否会搅乱一池湖水呢？

里夫金敏锐地察觉到，第三次工业革命的贡献或影响力，很可能远远超过第一次和第二次工业革命。数十亿人和数百万组织连接到物联网，从而使人类能以一种从前无法想象的方式，在全球协同共享中分享其经济生活。这重要意义甚至有可能超过 20 世纪电气化所带来的经济变革，以及随之产生的电话、广播和电视的传播。

里夫金进一步分析，在数字化经济中，社会资本和金融资本可以平起平坐。没有贵贱之分，使用权胜过了所有权，可持续性取代消费主义，合作压倒了竞争，“交换价值”被“共享价值”取代。他甚至预言，“零成本”现象、零边际成本、协同共享，将给主导着人类生产发展的现有经济模式带来颠覆性的转变。

是盛世危言还是未来的福音？

结论不要下得太早，也没必要下得那么匆忙。

我们没有理由来否认里夫金的预言。

我们最端正的态度就是认真对待现实，来关注现实已经发生或者正在蕴含中的不可逆转的变化，这比漠视、回避要积极得多，有意义得多。

第六节 警钟鸣响：人类会否成为终极剩余

前两年，在国内多个具有影响力的、重要的新潮先锋学术会及商业峰会上，有位洋历史学家活跃异常，不折不扣地被宠为国际学术超男。他频繁受邀穿梭在北京、上海、广州、杭州、深圳等热点城市，传道授经，忙得不亦说乎。

1976 年生的以色列人尤瓦尔 - 赫拉利，是一位年轻的历史学家。作为牛津大学历史学博士，耶路撒冷希伯来大学的历史系教授，其年龄和资历稍显稚嫩，然而一点也不影响他的事业红火。他写了一本叫《人类简史》的书。

该书已被授予 20 多个国家版权，书中内容除历史学之外，广泛涉及人类学、生态学、基因学等领域的知识，根据图书改编的课程，上传 YOUTUBE 后风靡全球，倾倒无数青年，粉丝无数。

这是一本什么书？为何如此神奇？为何能短期风靡全球？

中信出版社林俊宏先生译本《人类简史：从动物到上帝》导言中有精彩描述和概括：

十万年前，地球上至少有六种不同的人。但今日，世界舞台为什么只剩下了我们自己？

从只能啃食虎狼吃剩的残骨的猿人，到跃居食物链顶端的智人；

从雪维洞穴壁上的原始人手印，到阿姆斯特朗踩上月球的脚印；

从认知革命、农业革命，到科学革命、生物科技革命；

我们如何登上世界舞台成为万物之灵的？

从公元前 1776 年的《汉摩拉比法典》，到 1776 年的美国独立宣言；

从帝国主义、资本主义，到自由主义、消费主义；

从兽欲，到物欲，从兽性、人性，到神性；

我们了解自己吗？我们过得更快乐吗？

我们究竟希望自己得到什么、自己将变成什么？

2017 年 7 月 9 日，在杭州未来科技城（又称梦想小镇，在京杭大运河端头余杭仓前古街）“未来已来”全球智能高峰论坛上，尤瓦尔 - 赫拉利以特约嘉宾身份，作了《人工智能与人工意识》的主题演讲，再次引起一波思想轰动。

赫拉利教授的演讲观点浓缩为如下几个要点：

21 世纪的 AI 革命将催生一个不工作阶层，即无用阶层。

所有生命都无非是有机体，无论是一条泥巴虫还是一个番茄或一只大恐龙，都大体相同。

大脑和认知，可以确定为犹如钱币的两面，只是我们还无法知道其关系。

对于创造和建造，我们会拥有更多权力，却会成为不容易满足且不负责任的一群人。

没有见识过有谁能比赫拉利先生说得更令人震撼，简直带有窒息绝望的感觉。

赫拉利教授的观点，按我的理解，核心部分是这场革命的最大后果：人将被边缘化。而把人边缘化的，恰恰是人自己设计、制造、升级和不断完善的新型机器，所谓的超级智能机器。

就是说：人类费尽心机、处心积虑弄了一个东西，这个东西最后居然轻轻松松把人自己废掉了。废掉的方式很简单，这个东西很快会证明你没有多大用了，很快会证明你已经变成了剩余。

赫拉利先生的结论清晰明白，这是绝望的未来还是梦幻的未来，暂时还说不清。但这一天一定会来，我们甚至已经清晰地听到了它的脚步声和喘息声。

我们充满疑惑：人活着的价值是什么？什么都不用干，什么都轮不上你干，或者你什么都不需要干。有你和没有你，都没事。

但是我们能活着。我们不会饿肚皮，不会露宿街头，不会没有娱乐游戏，都会有。我们会很悠闲很开心很富足。只是我们没事干了，没事可以操心了，也没什么事需要参与了。你只要舒舒服服地活着，其他的事物将和你越来越远，越来越跟你不相关了。你就如可以轻松自如地直接进入敬老院、福利院、幼稚园、精神疗养院，无忧无虑，与世无争，无所事事，安静安详地静候丧钟敲响。

这就是所谓智能化的美好明天或者美好未来的写照。你、我还有他，谁能避免被边缘化？

边缘化不是小事，是很重大又无聊的事：有你不多，没你不少。未来是这样的情况吗？我们能逃脱这个命运吗？

前不久，阿里巴巴在杭州的无人小超市粉墨登场，引起人们无数遐想。有人击掌叫好，举杯同欢，弹冠相庆。有人茫然不知其所谓。有人忧心忡忡，有人顾左右而言他。

我相信，无人电影院、无人游乐场、无人药店、无人饭店、无人洗衣店等，马上会粉墨登场，联袂上映。雨后春笋，势如破竹啊。你等着，你将所思如愿。

无论如何，我们将不得不去费心思考：那些不断创新完善、可能无所不晓、无所不能、无处不在的 AI，将率先动谁的奶酪？将率先敲碎谁的饭碗？

可以肯定，在效率、成本、质量、性价比等诸多项目上，人与机器（特别是武装了 AI 的机器），太小菜了，太经不起挤压了。

人将不断被机器击溃。机器大获全胜后，无数人的命运就已经决定了。

有一天我们将忧伤地回忆：原来，工作是真的美丽。

我们应该关注而不是充耳不闻互联网旋涡中心的那些大咖的不断提醒。

马云说：回顾历史，第一次技术革命和第二次技术革命引发了“一战”和“二战”，人工智能可能会引爆第三次世界大战。

未来学家 Korowai 多次提醒：五年到十年，人工智能将全面超越人类，人工智能时代将全面来临。

智能制造、智能农业、智能物流、智能金融、智能商务、智能家居，在智能的背后，不仅隐含着产业的重大变革，还预示着我们更多的人未来将无工可打。

我的忧虑在于：赫拉利的预言是敲响了警世钟，还是开路锣？

第七节 知识的迷途（拍砖经济学家）：惟良知，启慧眼

我真的担忧，经济学家是否会沦为巫婆神汉之流，是否会被功利至上、实用为先的时代风潮所裹挟绑架，要么被鄙视、笑话，要么被无情抛弃冷落。结果却很有意思，经济学家们异军突起，左右逢源，成了这个社会很受尊敬很受欢迎的风云人群。

经济学家们峨冠博带、正襟危坐、满腹经纶、高深莫测，在各种场合围绕投资贸易啊，经营管理啊，财经金融啊，地产股票啊等社会热点问题或聚焦方面，挥洒自如，如数家珍。经济学家们东西游走，南北站台，判断经济形势，剖析焦点热点，指导投资投机，研讨发财理财，不亦说乎。他们生活滋润无比，工作风光无限。

羡慕之余，我们且把话题扯回，继续研究西西弗斯神的惩罚悲剧。

诺贝尔文学奖得主、法国荒诞派作家阿贝尔·加缪著有《西西弗神话》，严肃认真地论述了人的尊严、人的自由与人的幸福的本质及相互之间的实质关系。

萨特说：凡存在，皆合理。加缪是恰恰相反的观点：恰恰是处处荒诞，无比合理地存在着。

西西弗斯挑战了神规，触犯了神祇，活该受罚。众神严格执法，依法判罚西西弗斯。西西弗斯为自由失去了自由，西西弗斯以牺牲实质自由名为义，成功获得了所谓精神上的自由。

西西弗斯的惩罚启示了我们：存在是合理的，荒诞因为普遍存在，所以荒诞也变得合理。

经济学作为科学，是人类对客观规律的认知、方法与实践。作为获取知识的体系，科学总是处在不断完善和不断进步的过程。经济学家作为经济学研究、教学的中坚主流，在政府机构、社会组织献计献策，著书立说，是不可等闲视之的。

经济学家应该不回避、不忌讳、不畏惧向现实的、约定俗成的知识体系提出挑战，质疑甚至否定。没有一种新知识体系，不是在深刻的质疑、激烈的交锋、无情的抨击中逐渐明朗逐渐清晰，然后逐渐确立起来的。

批判源于质疑，质疑意味着个人独立思考的严谨态度，对任何事物判断时不轻率不鲁莽不肤浅。

经济学，是离不开批判性思维的学科。经济学研究的对象是人，人的经济活动，以及人类经济活动的规律。经济是什么？经济是价值的创造、转化与实现；人类经济活动就是创造、转化、实现价值，满足人类物质文化生活需要的活动。

经济学的核心是发现经济规律和经济本质。经济学的对象应该落脚于哪个层面呢？经济学需要的不是简单的艺术或技术。价值和资源都是千姿百态、变幻莫测的。价值源于资源，成于劳动，资源的优化配置与优化再生是经济规律的生动展开和丰富表现，是表象的、具体的、可感知的。

当然，生活如万花筒让人眼花缭乱，却并非深不可测。我们选择全新的角度来观察，可能会收获意想不到的趣味和惊喜。

如果经济学的结论是围绕着证伪或证实，经济学家们急切于站队表态、纠结于对错判决、热心于沽名钓誉，却漠视或淡忘了探究事物的规律性与本质性，却松散于洞察、发现、理解和预判，如何能经世济民?

人会撒谎，不论是教师还是法官，科学家还是诗人，男人还是女人，大人还是小孩，专家还是行外人。人是理性的、趋利的，他完全有可能以私废公，见利忘义。就是说，我们无法阻止经济学家说谎。先遑论他有否责任担当，就是在学术层面，也会走火入魔，装仙弄圣。

经济达人或者称知识超男超女，没有利益的勾搭，不开腔。灯光不辉煌，掌声不热烈，就不登台就不亮相。没有推崇，没有鼓吹，不上场不开白。精英们登华堂入雅室，高谈阔论，信口雌黄，一本正经。文质彬彬，动嘴不动手。著书立说，传经播道。喜爱自诩是道德的守护神。凡此种种，屡见不鲜矣。

经济，物质之域，财富之场，利益之所，得失之处，实是非之地也。研究经济，效益至上，效率为先。经济文化人著书立言，必须以人为本，守伦理，遵法治，心存敬畏，言之灼灼，兢兢业业，永不松懈。

在功利场上，文化也好艺术也好从来都没有天然的绝缘性和天然免疫力。文化知识分子，艺人工匠也不要轻易奢谈什么高贵气质和至上品德。纯粹的文化知识、技艺功夫一定会赋予人力量或能量，但决定能量的正负，决定力量的大小，决定力量的坚韧脆弱的，是道德、责任和爱心，而不是别的。

如果是寻租求利，如果是沽名钓誉，如果是炫耀显摆，如果是自命清高，如果是自以为是、不存良知、不遵守法纪、不敬畏道德、不永葆情怀……

遭遇如此之辈，不论你是什么大师专家，你昧着良心行走江湖，如过街之鼠、丧家之犬，义愤群众如何能平心静气，如何能不怒吼喊打、拍砖解恨呢。

第二章 剩余困局：丰裕的萧条或富饶的贫穷

第一节 剩余之痛：非理性繁荣

这是最好的时代，这是最坏的时代。

这是信仰的时代，这是怀疑的时代。

这是光明的时代，这是黑暗的时代。

这是希望之春，这是失望之冬。

人们之前什么都有，人们之前一无所有。

人们直奔天堂之路，人们徘徊在地狱之门。

狄更斯名作《双城记》里的开篇语，深刻睿智，充满着思辨意味，是永远不会过气的。

作为 18 世纪英国最伟大的作家、观察家、思想家，作者精细入微地、全景式地描绘了 19 世纪英国社会万象图，生动、全面、客观反映了工业革命时代英国所面临的缤纷芜杂、光怪陆离的社会现实。

欣欣向荣？混乱黑暗？难以一言为定，无法一概而论。

社会和历史的发展总是呈现相同的、一致的规律，不会囿于时间和空间的制约，也不会受限于制度，所以往往会出现跨越时空、超越具体时代背景而显示某些惊人相似的情况，这并不值得大惊小怪。

我们来讨论经济和财富。

简单地说，经济活动无非就是围绕着财富创造的人类活动。既然是人类活动，就是以人为本。所谓财富，就是有益于人之物，不论虚实。物有价值就是财富。财富就是有价值之物，财富是价值的主体，万物有价值即财富。

人人热爱和渴望拥有财富，因为财富提供了人类美好生活的物质和非物质基础等，所以抽象地、空洞地、孤立地对经济或财富定性定论，会走向虚无主义，或者极端主义，是毫无意义的。

譬如讨论个人和家庭远离经济活动，漠视财富，不善于积财理财，就可能是一无所有，一贫如洗的结局。该怎么办？相反情况，积极有效地参与经济活动，拥有足够的财富，甚至赚钱有路，理财有方，最终拥有巨大财富。

个人通过合法致富，富甲一方、富可敌国，那也是大好事。比如马云、马化腾、许家印以及每年胡润富翁榜单上的人物。不仅励志，更说明社会主义有着勤劳致富智慧致富的制度优越性。

个人和家庭，一个组织、一片社区，是小范围的，这是微观层面的观察与研究。

现在我们把讨论范围扩大，扩大到一个地区、一个国家，或者全世界。经济或财富的创造，攸关全体民众的福祉高低，变成了宏观层面的观察和研究。

我们发觉这世界财富真多，多到有“泛滥成灾”的程度，多半是从宏观角度来看。当然，宏观与微观不能割裂开来。宏观的、总体的趋势，最终还是会影响到微观和个体，通过微观和个体来实现和落地。

大水滔天，龙王庙也冲啊。

国际金融界创造了一个形象生动的时髦词汇，叫非理性繁荣，意思指一种繁荣的经济现实，相对怪异，令人费解。社会并不缺财富，社会具备丰裕的物质及雄厚的技术基础来创造足够财富，但是依然没有消除贫困，依然没有消除萧条，依然没有达成一个理想状况：让社会的多数人有获得感，让人们普遍过上幸福快乐的生活。

尴尬，又纳闷。

换一个角度来思考问题：

人类一向以征服自然、向大自然无限索取而倍感自豪、骄傲和快乐。那么这场人与自然的博弈是不是可以无限持续下去、可以世世代代传承下去的事呢？就如愚公移山里说的，子子孙孙无穷匮也。

答案是否定的。

非理性繁荣，是一个尖锐的、严肃的、明确的警告。

非理性繁荣经济：丰裕财富现状与萧条市场，贫困现实同时存在——何去何从？

关注财富、挖掘财富、管理财富、分配财富、享受财富，或许比辛勤、努力去不断创造财富更现实、更迫切、更重要。

非理性繁荣，这个词汇的发明专利，属于美国经济奇才格林斯潘先生。

格林斯潘是谁呢？或许并非所有人都熟悉。有必要介绍一下。

格林斯潘，美国犹太人，美国第十三任联邦储备委员会主席（1987—2006），任期跨越 6 届美国总统，是美国国家经济政策的权威和决定性人物。巅峰时刻，他被称为全球的“经济沙皇”“美元总统”。他的公文包里藏着美国乃至全球“经济引擎”的秘密，堪称美国的“经济核按钮”，与美国总统的核按钮相提并论。伊丽莎白女王授予他英国爵士称号，以傲慢著称的“高卢雄鸡”法国人，也给予格林斯潘先生法国荣誉勋章，法兰西最高荣誉。

格林斯潘拥有经济学大师、魔术师、预言家等的美誉称号。

非理性繁荣，是格林斯潘先生在华府希尔顿酒店某次会议作主题演讲时的提法，因为提法的新颖性、独特性、深刻性，引起业界高度关注，流传甚广。这个创新词汇精当地描绘了美国投机风盛行催发经济泡沫时况，资产价格虚热，“价过于值”的事实。

2013 年诺贝尔经济学奖获得者、美国耶鲁大学经济学教授罗伯特·席勒，于 2000 年出了一本金融专著《非理性繁荣》。

该书深刻分析了美国股票证券市场的泡沫形成机制，创造性地发现经济泡沫与投资者投机心理的内在本质关系，严谨地论证了人性是如何影响投资的，是如何导致投资者迷失方向的。

席勒先生神奇准确地预测了美国股市和房市的一轮大萧条。

格林斯潘、席勒，两位超级经济大师，他们殊途同归，有着同样的洞察力和真知灼见，他俩坚定相信：

第一，非理性是人性使然。人类面对财富时，理性失控是常态，绝非鲜见。

第二，非理性的经济繁荣，是短暂的泡沫式繁荣。泡沫不可持续，否则迟早演变为灾难。

美国房产次贷危机爆发，引爆了全面的经济危机，沉重打击了美国经济，也给世界经济带来巨大的负面影响。事实生动而全面地印证了两位大师的担忧和预测。

理性是人性的最核心部分。可见，经济或财富，核心的影响力源自人性。所有相关经济或财富问题的核心部分都与人密切相关。人性赋予了经济理性与经济非理性。

如果人类执意与天地斗争，坚持无穷无尽的巧取豪夺，肆无忌惮不计后果；与自己斗，欲壑难填，见异思迁，可以不要生命；与人斗，唯利是图，不管你死我活。

如果人类的理性定位于以不断索取为本，以不断满足无穷无尽的欲望为本，你再有无所不能的智慧，再有不屈不挠的精神，再能创造如何辉煌的剩余，人类只能沦落为大自然的多余，成为这个世界的负担甚至灾难。

而多余，不是天灾，是人祸，是真正的剩余之殇。

第二节 剩余生长：美丽的泡沫无畏地飞扬

人们习惯和认同了如何来定义泡沫：表面的繁荣，虚假的夸张，空洞的结局。

我们不得不承认，这个定义是无比精准的、细致的、生动的。

这就是泡沫。理解泡沫，需要具备一点点化学常识。

空气，水，活性剂，一遭遇，一磋磨，一搅和，就疯狂成长，重叠堆积，漫天飘舞，无处不在。然后，它永远是完全一致的结局，是爆裂，是破灭，是消退，是静默，只留一地短暂的潮湿，然后迅速消失，直至痕迹全无。

从化学的角度看，泡沫是一种分散物系，是不溶性气体遭遇液体与可熔融固体的产物。它的形成，并不复杂。液体或可融固体，碰上表面活性物质，有气体通入，经一定的骚扰和促进，泡沫即可生成。

泡沫一经生成，就会一团一团，一圈一圈，一簇一簇，轻轻柔柔，无声无息地扩展。整个过程，它看起来确实是神奇的、美丽的、变幻无穷的、不可思议的。它就在那里，多姿多彩，丰富异常；它轻舞飞扬，肆无忌惮；它升腾膨胀，永不停息。它让玩家不可自拔，它让观客如坠仙境，它让恋者如痴如醉。就是对局外冷眼之徒而言，也是云里雾里，百思不得其解。

正常人理性人，谁不清楚泡沫是个什么东东呢：虚假空洞，华而不实，中看不中用。谁看上，谁迷上，谁认定，终究就会有人倒霉。

问题是：在泡沫破碎之前，谁认为它是泡沫呢？即便心里清楚是泡沫，谁倒霉还不一定。如果自己倒霉的，可能性较低，风险不大，就值得为泡沫一搏。

这就是看起来复杂无比的泡沫，其背后的本质：泡沫有害，害得到他人害不到自己；泡沫有利可图，不利人却可利己。

盛世危言，希望是危言耸听。我们恐惧不安，泡沫潮流一旦形成，就会大行其道，浩浩荡荡，顺之者昌，逆之者亡，无法阻挡，无处不在。

有人研究，有人制造，有人包装，有人行销。

有人推崇，有人热衷，有人歌颂，有人悦赏。

这说明泡沫产业化了，社会化了，生活化了，这值得我们高度清醒和警惕。泡沫，不是技术进步导致的繁荣，而是道德沦丧引发的泛滥。

那么，究竟世上有没有消泡神技呢？

不盲目轻信，不随波逐流，泡沫就失去了成长的能量。

刺穿它，揉碎它，挤破它，泡沫就能休于萌芽状态，死于摇篮之中。

因为，泡沫，再美丽，再诱人，再张狂，再致命，实质是人为而非自发的，只要人们不轻易被迷惑或失去方向，再牛再辉煌的泡沫，都是那么的脆弱不堪。

第三章　基于剩余的财富认知：天工还是人力

财富的本质是什么？

先来澄清一个似是而非的命题：财富就是货币吗？

财富不是货币，也不应该是货币，财富是能换成货币的东西。这样的看法，很简单朴素，是没有错的。

反观，货币是财富不？溯源货币，只是财富的符号、介质或工具，后来，渐渐演变成与财富同等威力的类财富，渐渐蜕变成超财富：能创造财富的超级财富。所谓资本，就是超级财富，能生钱之钱，能创造财富的财富，能够让货币保值升值的货币。

这样，能随时变现财富的货币，就慢慢蜕变，完成了从工具到道具再到玩具的变身过程。

首先研究财富的形态，有物质形态的，也有非物质形态的。而物质形态与非物质形态，并不影响财富与人的关联性，因为人的需求有生理的，也有心理的。满足了人的需求，皆为价值。因此，财富具有虚实形态。但实物财富的存在方式却因社会进步程度而发生变化。

可以研究人与财富的距离变化。随着社会大发展，人与财富的距离发生了较大的变化。总的来讲：远古时代，人与实物形态财富紧密相连，而现代，人距离实物形态财富越来越远。

自然经济时代，把财富存放家里，每天能看得见摸得着。市场经济时代，人距离实物财富越来越远。财富放到哪里去了呢？可以放到别人那里保存，可以由素不相识的人为你保存，你可以随时随地去取用。财富的所有权与使用权可以随便分开。

物质财富可以借助货币而存在。只要政府是稳定的、市场是充分的，持有货币或非货币财富，没有任何风险和麻烦，却拥有了极大的便利。如果政府不稳定，货币的稳定性也随之变差，会发生通货膨胀、货币贬值。极端情况下，国家信用崩塌会导致发行的货币一文不值，贱如废纸。国际上，像非洲的津巴布韦、南美的委内瑞拉都出现过这类糟糕情况。

人类的智慧在财富转变及管理上有天才的发挥。关于这方面创新创造，概括起来叫金融创新。用通俗、简练、生动的语言来描述金融：金融把货币超度为超级货币，即资本。资本是天生逐利的货币。全社会的货币主要是以资本为主流形式存在的时候，无疑是已经处在金融时代或金融社会。

物质财富的实物存在形态最原始，但却最保险，在国家信誉丧失或无法履行的时候，或者市场体系崩溃的时候，物质财富的实物存在形态就表现出了它的优点。

当然，物质财富的实物存在形态，是零散的、狭隘的、封闭的、落后的、暂时的、孤立的。货币存在形态才是规模化的、开放的、兼容的、先进的。只要存在商品交换，就存在物质财富的货币存在形态。

所谓社会生产，意思是说生产者为社会生产而不是自给自足。生产产品是为交换，为了取得物质财富的货币形态，生产者仓库里的产品主要是在为他人保存，并且如果这些产品不能顺利地进行交换，就无法实现它的价值，生产者的劳动就会变成无效劳动。这时生产者所要求的物质财富存在形态必然是货币形态。

进入现代社会，任何人都在追求物质财富的货币存在形态，而忽视实物存在形态。

如果说货币离物质财富实物形态距离有一步远，那么，银行卡就离货币存在形态两步远。货币可以直接进入商场消费，实现价值符号与商品的直接交换，而银行卡则必须有一个中间媒介才行，这就是银行的参与，使用者要到取款机或验卡机走一趟。银行卡的出现改变了货币的存在形态。

发达的商业已经轻松让有人的地方就有商业网点，而商业网点附近往往拥有金融机构的无人营业点。遍布门店的出现，更为物质财富虚拟存在形态提供了广阔空间，那些堆积如山的物质财富，似乎全人类的物质财富存放在那里，只要你一个手机，一张卡，一叠钱，就可以随时转化物质财富实物存在形态。

精神财富的存在形态，一部分存储在的物质之中，一部分储存在人的大脑中。精神财富是人脑的特殊产物，而它的表现形式必须要由物质来承载，如书载，电脑储存，影像等，至于人类生产中凝结在物质中的智慧，就不当作精神财富的存在形态了，这是为了分类上的方便。记录下来的精神财富是不断积累的，并且是连续的相衔接的。人大脑中的精神财富是动态的活的，源源不断的可不断开发涌流，这是人类精神劳动的一个重要特点。

如何使人类大脑的智慧能及时地不断地得到最大限度的开发，则同社会制度联系了起来，这是人类自身制造的推进或阻碍人类自身幸福实现与否的魔棒。

人类一波又一波的技术浪潮和商业革命，此起彼伏的物质的、精神的发明创造，终究让财富从人类生活的道具彻底蜕变成创业投资的生计玩具。而财富玩具不是那么好玩的，像双刃剑，不小心，会伤人也会伤己。

现实喜欢调侃世人：形势喜人啊。科技日新月异，生产力飞速发展，物质及精神财富极大丰富时代似乎真的到了。丰裕富足的时代啊，人类向贫穷短缺告别的时候似乎指日可待了。

然而，现实又常常浇冷水。因为我们期盼的美好情况并没有出现。

前面提出了一个观点，我们遭遇了财富悖论：也富足也不快乐，也丰裕也萧条，也富饶也贫困。

为什么我们会遭遇如此尴尬的局面？它的形成原因是什么？

我们引述了马克思关于商品价值的论断，价值是财富的本质。价值具有自然属性和社会属性，财富同样也是如此。换个角度就是说，财富源自人（劳动），也源自自然（资源）。

我们选两个家喻户晓、妇孺皆知的历史典故来说事。一个是“愚公移山”，另一个是“李冰父子修建都江堰”。前者用一种精神（人性之一）光辉谱写了一曲壮丽的天地创业大戏。后者用一种智慧（也是人性之一），充分利用大自然的天赐资源（物性）成就了一段千秋功业。

通过两个案例，我们发现：如果人性和物性完美和谐，或说天人合一，或说天地人和，财富就会源源不断地形成，因为，人类几千年来一直在与短缺和贫穷搏斗和抗争。对短缺和贫穷的抗争，就是无穷无尽向大自然索取。创造、积累财富，并形成剩余，一定是人类最初所有的美好向往，是人类最朴实无华的初衷。

且来重温两个典故传说。

第一节 财富的人性启示：愚公移山

愚公移山，是中国历史上一个壮美动人的励志传说。古代一个叫愚公的老头，和家人居住在巍峨高耸的太行、王屋山的深处。因为大山阻碍，出行很不方便，生活、劳作深受困顿。愚公不堪其困，不愿向大山低头，经深思熟虑后，做了一个伟大的挖山移山计划。不屈不挠，决定用锄头、箩筐，手挖肩挑移走两座巍峨大山，修出一条通天大路，走向一片广阔天地。

故事悲壮凄凉，可谓惊天地、泣鬼神。

我们先以传统的方式来总结和学习愚公移山这则神话故事，并汲取其中丰富的精神营养。

首先，向愚公学习，向往美好生活的信心坚定无比。

然后，向愚公学习不畏艰难。太行、王屋两座大山，又高又陡，是制约着愚公一家人生活改善的头等障碍，是心头大患，必先除之而后快。

最后，向愚公学习坚韧不拔。采用了以动制静的策略，以无限对付有限的智慧。子子孙孙，年年月月日日挖土不止。而大山不可能增长一土一石。

愚公的逻辑，无懈可击，让走过路过吃瓜打酱油看笑话的智叟惭愧不已，无言以答，无趣而退。

事实上，历史无数次证明了愚公精神的上进性和做法的可行性。不仅仅是豪言壮语，人类生存权的获得和不断进步，无不是通过愚公精神和愚公式奋斗换来的，漫长的人类发展史默默地做了见证人。

今天，我们通江达海，一马平川，我们来去自由，轻松跨越崇山峻岭，这些交通便利的享受，创造这些利益的智慧和血汗，早已凝成有形无形的结晶，在不断地传承和分享。这就是财富之源，人性在每一份财富上铭刻上深深的烙印。

现在，我们尝试一下以新的维度来审视愚公移山这出开天辟地的历史大戏。我们提出第一个问题：

愚公除了挖山移山，还有没有其他更符合理性的选择？

愚公及家人用手挖肩挑的方式向太行、王屋两座大山挑战，是否创业意识太天真太超前了呢？

通过一万年，几万年，愚公与其家人终于挖山移山成功，是否这个故事就功德圆满了呢？

或许愚公可以选择搬家而不是移山，或者专注于农业耕作而不是挖土移山，一旦工业时代到来，修路移山的事就容易多了。

此时，我们不禁联想到长城。

长城的起源是汉族政权的一个防御性军事工程，旨在有效防备和抵挡塞外游牧民族的侵扰。筑建和修补长城，工程浩大，费时耗工，劳民伤财。在农牧时代、冷兵器对抗时代，它或许是个超级奇迹，所以，长城始终是国人心目中伟大无比的建筑，堪比民族主义骄傲无比的光辉图腾。

随着历史发展，现代战争早就与城墙、碉堡及护城河等无关了。这个砖石城墙能阻挡什么呢？它只是一个象征、符号和纪念，是一个壮观辉煌的、纯粹供观赏、瞻仰、怀念的文化遗产。

因此，愚公及愚公家人，创造和传承给后代的是一份宝贵的精神财富。

第二节 财富的物性启示：千年都江堰

都江堰水利工程，是人类治水史上的一个真正奇迹，是个灿烂瑰宝，早已载入史册，名扬四海，彪炳千秋。

成都平原，是个特殊的盆地，西高东低，四周群山合围。这个地貌地况蕴含着大患大难。成都之西，大山连绵，山高岭峻。雨季或化雪期，水量丰沛，汇聚成流，滚滚向东，势不可当。旱季或枯水期，如果缺少水分滋润，千里平原将颗粒无收，众生将嗷嗷待哺。

事实上，千年以来，成都沃野千里，鸡犬相闻，人口稠密，丰衣足食。蜀国物产丰饶，为天下羡慕，号称天府之国。

都江堰工程是第一号功臣。

据历史记载，公元前，秦时，李冰父子组织当地民众修都江堰。历时数十年，大功告成。

都江堰工程充分体现了蜀人治水的卓越智慧。投入小，收益大，工程简约而不简单，功在当代，利在千秋。都江堰工程成为人类治水史上的典范，是佳话也是神话。

都江堰工程是个货真价实的生态绿色大工程。都江堰，原名灌县，灌溉之圣地也。工程巧妙利用地理结构，严格根据地形地貌，修建内外江。根据雨水、化雪水的丰枯分布规律，构筑堤坝，分合相配，泄洪蓄源，合理有度。从此咆哮不羁的岷江永不撒野，平静舒缓的岷江却永不消极。

当今的都江堰，不仅仅是水利工程所在地，始终是名副其实的“灌县”，也是风景秀丽、青山绿水、清爽宜人的度假天堂。每到周末节假日，从成都到都江堰的高速公路，车流滚滚，游人如织。

2008 年汶川大地震，都江堰离震源百里之远，人、物损失极大。天佑神护，都江堰主体工程毫发未损。

李冰父子的大智慧，在于天才地发现，并天才地利用了物质的自然属性，为后人留下了一笔巨大的、珍贵无比的物质财富遗产。

第三节 财富：人性使然

财富是什么？财富对人意味着什么？

探索财富的奥秘，不可以套用常规化、简单化、想当然的思维。

愚公家人苦于山困，李冰父子忧于水患，移山治水的理念坚定不移，计划严密科学，行动卓有成效，顺乎天地物性，合乎血肉人性，岂有不大功告成之理。愚公和李冰父子为人类留下了宝贵的财富遗产，造福苍生功在千秋，为后人树立了光辉的丰碑。

我们研究财富应当具备彻底的现实主义精神。

财富现实主义精神，核心是两条：

第一条是财富，是我们生存和发展的物质和精神基础，是手段、是前提、是条件，不是目的、不是终极、不是归属。

第二条是财富的目的、终极、归属，是让生活更美好，而不是更糟糕，是成就福利，而不是导致祸害。

有价值的东西，不管是有形的，还是无形的、物质的、精神的，都可以叫作财富。拥有财富的多寡，是标志处境贫穷或富裕，生活艰难或优越、社会地位高贵或卑贱、精神快乐或烦恼等的物质基础。关于财富的重要性，我们绝对不要简单地、空洞地、苍白地去讨论，采取虚无主义态度是没有意义的。

第四节 财富的定义

人为财死，鸟为食亡，或许内涵丰富而深刻。人追求财富，是要冒风险和付出代价的 。如果一味追求财富，不顾方式、不惜代价，可能会有致命的后果。财富的获取方式各异。有抢劫、诈骗、赌博等无法无天的方式，有乞讨求助、获奖中彩、获赠继承等不劳而获的方式，有以提供资源、创造价值获得回报报酬等合法合理的方式，等等。

财富不患多寡而患安泰。

拥有财富越多，财富带来的风险就越大。拥有财富越多，财富对你的影响力就会减弱。经济学上叫边际效用递减的客观规律，这也完全适用于财富的拥有。

人与财富休戚相关，既关乎财富价值的产生形成，也关乎财富价值的消费实现。所以，人性的力量足够强大，任何形式财富，或深或浅保留着人性烙印。

财富价值客观的一方面，是创造性价值，源于人的劳动投入，是投入、创造而形成的，就是所谓“无差别的劳动凝结”。

财富价值主观的一方面，是意识性价值，源于人生存和发展的需求。失去了人的需求，价值就形同虚设，财富也就失去了本质意义。

第五节 财富：物性本然

我们讴歌了愚公和李冰父子的丰功伟绩，赞美了他们的光辉事迹，我们要冷静发现他们是彻底的现实主义者。

可是千万不要忘掉大自然的恩赐。

太行、王屋两山，是愚公移山的对象，无山可移就没有愚公的美谈佳话了。李冰父子恰恰是天才地利用了岷江的水，当地的地理地势结构、天气特征，匠心独运，精心组织，成就奇功神作。

所有的财富都不是天上掉下来的，也不是地里冒出来的。是说，财富是通过人的勤奋和智慧创造出来的，但不是无中生有，空穴来风。

巧妇难为无米之炊。我们要感谢大自然提供的所有资源。

离离原上草，一岁一枯荣。野火烧不尽，春风吹又生。财富自然属性决定了自然不仅是财富之源，而且是财富一生的伴侣。有自然源源不竭的支撑，财富才会积累、沉淀、促进、生长。

财富也是一种生命。

后面，我们还有专门章节来讨论。

总之，为财富正本清源，财富是价值的载体。价值符合并能满足人性需求，财富是价值的表现形式。财富的活源：天地自然之恩赐，人力劳动之创造。市场机制之福报，公共政策之成就。

第四章 基于剩余的财富逻辑：发现黑洞财富

第一节 剩余经济新思维

思维包括思维形式和比较、分析、综合、抽象、概括等思维方法，掌握和运用这些思维形式和方法的程度，构成了逻辑思维能力。

逻辑思维需要将所有对立的东西相消，将剩下的东西进行有序排列。用等式建立，确定公平的相对法则（即相对真理）。逻辑上能成立的东西，必定是经时间历练的东西。

然而，不同的主体对逻辑思维的认知是有差别的。比如一般来说，孩子的理解，重在因为与所以的关系。而成人的理解，多半侧重于真与假的关系。而宗教的定义，在于因果关系，轮回关系。哲学的定义，围绕辩证关系。数学的定义更简单明了，是（函数）与（导数）的逻辑应用所产生的结果。

总而言之：逻辑本身所挑战与颠覆的对象，不要奢望用经验来打破。

经济逻辑，毫无例外，我们也不太可能用经验来挑战和颠覆这个世界。这个世界所有荒诞不羁的现象，从思维规律上看，都一定有逻辑混乱的原因和过程。不仅需要重新梳理，而且大都要转换思维，即从根本上转换思考的立场和角度。

总之，基于剩余的关于财富经济学思考，我们需要逻辑思维的颠覆性突破。

第二节 存量思维：活在当下，悦近来远

基于剩余的财富逻辑思考，存量是一个较为直观的起点和入口。

经济学上的存量概念，是指特定时点上，生产和积累的货物、产品、储备、资产、债权的结存量。与存量相对应的概念有增量、流量、变量。

经典的经济发展概念，里面蕴含着做大做强的意思，不仅要做大做强，而且要加快步伐加油干。在经济发展领域，古今中外都推崇这种思维。所以绝大部分企业是胸怀雄心壮志，力争上游。所以曾经满大街都是“行业航母”的口号和豪言壮语。市场竞争中的丛林法则，是企业发展思维的根源。认为组织不强大，就会被边缘化、被吞并、被消灭、被淘汰，被开除生存籍。

然而，我们忽视了一个广泛存在的事实，宏观世界和微观世界，尽管在互动在纠缠，但从来没有一方在衰退。强弱并存的格局似乎也没有多大的变化，变化的只是个体。没有任何迹象表明，世界只存在强大的部分，弱小的部分消失了。恰恰相反，世界上强大无比的始终是一小撮，是绝对的少数，而且寿命也短暂。因为强弱也在互相影响和变化。由于系统中所有的弱者一边在臣服膜拜，一边在觊觎在等待机会，一旦条件成熟，弱者中的抵抗和反对派就会发难。

盛极而衰是客观规律，并非只有积弱而终。

一个组织，或者一个系统要强大，一定需要增加能量，而能量源于新的资源。经典的发展概念就是典型的增量思维，就是要攫取或吸收系统外的资源，增加自身的能量。至于什么手段什么途径什么方法，不是最重要的。而这才蕴含了杀身之祸。

增量思维是向外，存量思维是向内。增量思维是向前，存量思维是向后。增量思维是扩张，存量思维是盘活。增量思维是加速加码，存量思维是放慢喊停。

如果一个负荷过重的系统内个体都是向内的、向后的、放慢的，那么就还系统一个清静的机会。系统就可能缓和恢复过来。

第三节 绿色思维：生命长青，生生不息

绿色，是生命的颜色，青春的颜色，生生不息、生机勃勃的颜色。绿色思维（Green Think）又叫持续发展思维。简单地说，发展不可以牺牲未来，来成就当下。杀鸡取卵，竭泽而渔的做法，是利在当代，害在千秋的勾当，是预支子孙后代的资源。如果长此以往，人类必将遭受天谴。这样的惩罚，是人类不可承受的灾难。

让绿色思维来引导经济发展和生活方式，就是发展理念和实践的一场深刻变革。绿色发展方式和生活方式，是兼顾经济发展和绿色环保，既要增长也要品质的全新综合价值追求，也是建设美丽生态世界的重要基石。要倡导构建以产业生态化和生态产业化为主体的生态经济体系，走绿色低碳循环发展之路，提供更多优质生态产品，以满足人们日益增长的需要。绿色生活方式追求资源节约、环境友好的现代文明生活方式，包括消费、出行、居住。

绿色发展方式涵盖生产方式、产业结构、空间格局、能源结构的绿色化，绿色生活方式则包括文明意识、思维习惯、消费方式、消费结构的绿色化。两者内涵丰富、覆盖广泛，涉及供给侧与需求侧、生产端与消费端，构成相互关联、相互作用、相互影响的有机整体，在推动资源节约和循环利用、生态环境保护和修复等方面共同发挥着重要作用。

推动形成绿色发展方式和生活方式，重点是推进产业结构、空间结构、能源结构和消费方式的绿色转型，这就需要构建约束和激励并举的制度体系、政府企业公众共治的绿色行动体系，开展全方位、全地域、全过程的生态环境保护。这涉及法律制度、价值观念、文化风俗、公民素质等多方面、全方位的绿色化变革和深度绿色化融合，意味着将绿色化贯穿于经济、政治、文化、社会、生态等各领域。

改革开放40年来，我国经济建设取得了巨大成就，同时也积累了许多生态环境问题。生态环境污染及生态资源的破坏，已成为国之重疴、国之大患，民生之忧、民心之痛，是推动形成绿色发展方式和生活方式的突出短板。

纯粹依靠增加物质资源消耗、简单凭借规模粗放扩张和高能耗高污染，造成资源和

环境不堪重负，对环境构成严重破坏和威胁。

我国的资源现状不容乐观。人口基数庞大众多，人均资源禀赋不足，环境承载力十分有限。近年居民消费持续扩大升级。过度包装、浪费性消费等现象比比皆是。生活领域的资源消耗量、污染物排放量、温室气体排放量以及废弃物产生量快速增长，成为社会建设不得不紧急破解的现实瓶颈约束。

中华民族传统美德，自古就有尊重自然、顺应自然的传统，绵延5000多年的中华文明孕育出丰富的生态文化，形成了勤俭节约的良好生活习惯。然而，受西方工业文明和消费主义文化的冲击，过度消耗资源、破坏环境的发展方式逐渐打破人与自然和谐共生的状态，过度和奢侈的消费文化正在销蚀简约、适度的消费文化。推动形成绿色发展方式和生活方式，必须继承和发展优秀生态文化、培育和践行绿色文化。

绿色发展方式和生活方式是一项复杂的系统工程，需要持续发力、久久为功。既要不断强化绿色生产，增加绿色产品和服务供给进而引导民众绿色消费，也要通过生活方式的绿色转变倒逼生产方式的绿色转型，还要大力培育和践行绿色文化，凝聚起推动绿色发展的强大合力。

形成绿色发展方式。加快构建以产业生态化和生态产业化为主体的生态经济体系，大力推动能源供给革命。培育和壮大节能环保、清洁生产和清洁能源产业，持续推进资源全面节约和循环利用，实现生产系统和生活系统循环连接。

形成绿色生活方式。实现生活方式绿色化是一个从观念到行为全方位转变的过程，同每个人息息相关，人人都是践行者和推动者。绿色生活方式重在引导人们在追求生活方便舒适的同时，践行简约适度、绿色低碳的生活方式，反对奢侈浪费和不合理消费。既要促进人们在衣食住行游中形成绿色生活消费习惯，也要完善公众参与制度，健全举报、听证、舆论和公众监督等机制，构建全民参与的社会行动体系。

培育和践行绿色文化，传承“天人合一”“道法自然”等中华优秀传统文化，借鉴国外生态文化的有益科学成果，牢固树立尊重自然、顺应自然、保护自然的观念。

第四节 生态思维：万物一宗，互利共生

共生或互生思维源自大自然生物常态的思考。两种可以单独生活的生物在一起时，通过各自的代谢活动而有利于对方，或偏利于一方，这种生活方式或现象，称为互生。这是一种“可分可合，合比分好”的相互生存和生活的关系。

有的共生生物紧密缠绕，很难区分隔开。如果分开，两方都会受到极大的影响，或一颓不振，或死亡。在植物和动物共生的例子中，人们甚至难以判断这些生物究竟是植物，还是动物。

现在我们把视野或背景放大。即一个特定的生物圈里，生物成员增加了，生存空间

扩大了，生物之间的关系复杂了。但相互依存的关系没有改变，不可以改变。这是生存的规律，并非所谓生命的智慧。本该如此，是必然的选择。达尔文的生物进化论提到适者生存，其中就包括了互生的生存天则。退出的淘汰的生物是无法适应互生方式的生物。

大部分共生生物并不知道自己正在帮助另一种生物，它们只是选择了对自身最有利的生存方式，这是物种自然选择的本能行为。这或许给我们一个提醒，满足生物的本质需求，永远比驯化生物改变习性更有力量更有效果。

人类也是共生生物。没有共生现象，地球上可能就不会存在生命。共生关系推动了多细胞生物的进化。多数科学家倾向认为，地球就是个共生有机体。

凡是发生频繁密切接触的不同物种间的关系都属于共生关系，不管其中哪方受益。这其中包括偏利共生和寄生。前者指一方获益而另一方不受影响的共生关系；后者指一方获益而另一方受到损害的共生关系。

共生的形式是多元的。有的共生生物需要借助共生关系来维系生命，这属于专性共生。有的共生关系只是提高了共生生物的生存概率，但并不是必须的，这叫作兼性共生，共生关系有时是不对称的，在共生关系中很可能出现一种生物是专性共生而另一种生物是兼性共生的现象。

进化本身是不可思议的。生物的适应现象多种多样，有时这种现象似乎有违逻辑，生物共生现象尤其如此。两种不同生物的特性怎么会进化到可以配合得天衣无缝呢？自然选择是解释共生生物进化过程的关键。在某生物种群中，有些个体具有比其他个体更利于生存繁衍的共生特征。在进化的过程中，生物的共生特性和它们的逃脱天敌以及捕获猎物特性同样重要。

许多共生关系最开始也许只是兼性共生，在经历了长期进化之后，这些生物会变得越来越依赖共生关系，因为共生特征在优胜劣汰的自然选择中具有优势。最终，共生双方将完全依靠共生关系获取食物、居所、酶等生存资料。

共生是生物演化的机制，或许大自然的本性就厌恶任何生物独占世界的现象，所以地球上绝对不会有单独存在的生物。

第五节 虚拟思维：挣脱枷锁，轻舞飞扬

虚拟的意思，是指人类自己想象出事情和想法的行为表现，而这些事情和想法并不是存在于真实的客观世界中。虚拟的本质是由客观信息构成的，即组成虚拟目的的信息是存在于客观时间的客观信息。

从人类的第二生命形态角度上进行解释时，指通过某种技术把一个物理实体变为若干逻辑上的对应物。物理实体（前者）是实的，即实际存在的；而后者是虚的，是用户感觉上的东西。相应地，用于实现虚拟的技术，称为虚拟技术。在 OS 中利用了多种虚

拟技术，分别用来实现虚拟处理机、虚拟内存、虚拟外部设备和虚拟信道等。

虚拟技术，有赖于所谓的数字技术，当今时代被称为数字时代，数字物作为技术人工物，乃基于信息技术网络的人工生产。当人们习惯于用数字来表达生存世界的感受与认同时，让原本安居于物理世界的各种体验，或者变得更加捉摸不定，或者变得平淡无奇，人们坚信：原本由各种可见可摸的具身性物体所构成的现实性与确定性的世界，将逐渐被一种可感而无具身性的虚拟性与不确定性所替代。

按照技术路径来说，把各种事物甚至整个世界还原为一连串的电子信号流，并进行二进制化处理，即通过采样、量化及编码等过程，最后达成具体的物品形态。从产品种类来看，数字物或说数字产品包括但不限于电子文本、声音、图像、音频、视频、网络等形式。按照生产关系来说，数字物是一种集合各种数字信息所构成的人工产品，把自然物与数字物相互交融，形成一个相互依存的世界。

数字物与现实物料相对应，对物理材料的依赖性却很少，具有一种独立性，是一种对应于事物世界的虚拟和空洞的世界，这种实现人的生活方式，譬如游戏、影视、娱乐、网购、信息交易、电子账单等是前所未有的。

虚拟活动逐渐成为人们关于这个世界的认识和实践的主流或频繁的表达方式，构建起人们的全新生活模式。凭借完美的可复制与可感性，凭借轻松无比的操作，人们无限拓展了对真实世界的认知能力，极大地增加了人们感知物理世界的间接性，并通过数字化的社交平台，建立起理解真实世界的认知基础，使得原来以各种直接感触性或实存性为前提的生存经验，逐渐被各种对数字物的直接感触或虚拟交易所替代。

现今的数字博物馆、数字图书馆、数字艺术馆、数字动画片、VR 等人机互动场景，都对人们的世界观、价值观产生了极其深刻的影响。

其势汤汤，不可阻挡。顺之者昌，逆之者亡。

第六节 共享思维：只要拥有，何必所有

共享经济的本质是闲置资源的使用权交易。资源的使用权交易要具备五个要素：优质的闲置资源、完整的使用权、有效连接、足够的信息、合适的流动性。关键在于如何实现最优地匹配和整合资源，所以首先要解决制度和技术问题。制度要突破，技术要创新，否则就是空想主义。

20 世纪中期，为数不少的发展中国家达到了联合国所规定的发展目标，但是这些国家大多数人民的生活水平并没有改变。出现了内部结构二元性现象。经济增长的发展战略是以牺牲农业发展为代价来迅速工业化，高收入阶层产生在城市，贫困人口大多数在农村。

工业财富积累和生活水平的提高，对落后农村的波及效应、辐射效应不明显。发展

问题凸显了：富裕阶层和贫困阶层共存；现代大工业，资本密集的工业，与劳动密集小规模的市场活动及个体劳动共存。

研究表明：二元社会中较强板块或“优越”部分的增长迅猛，势不可当。较强的压制较弱的，优越的压制“低劣”部分的现象，甚至不排除前者的优越是以牺牲后者的利益为代价的，进一步拉开收入的差距和生活水平的差距。即贫富差距还要拉大。

经济学家反思“发展”的定义。“发展”不等同于“经济增长”，应该在经济不断增长的背景下，把对削减普遍的绝对贫困、缩小收入差距以及降低失业率考虑进去。

共享成长的发展观，是对发展经济学的一种贡献。较高的人均收入水平不能保证较低的绝对贫困程度。仅仅侧重提高国民生产总值的增长速度，以预期和期望逐渐增加国民收入来改善弱势人群生活水平是远远不够的。

可幸的是：真正有效的经济和社会发展是在保持经济增长的同时，使增长的利益和好处，全面惠及整个社会和各层次的人群，不仅成为高层共识，而且成为国策。

共享性发展将带来革命性变革。

“共享性”的发展应该不仅仅是城乡共享，不仅仅是这一代人“共享”，还应该是代代“共享”。这要求发展必须是可持续的，要求经济的增长是稳定长期的。“共享性”的发展观念上的革命性的转变，要求进行制度性的变革以进一步解放生产力，推动经济的持续发展。

第一，持续的“共享性”要求针对导致过度投资的资源配置非市场化的制度性原因进行改革。政府职能的转移是市场化配置资源的重要体制因素。支持经济增长的主要资源是资金、土地和劳动力。因为政府职能和财政预算体制的问题，地方政府利用权利配置资源，不是最大化资源的收益，扭曲了市场各参与主体之间的关系，所以带来过度投资、产能过剩、低水平重复建设、不公平的招商引资政策等一系列问题。政府职能的转移，促进市场化配置资源机制的完善，提升投资的有效性，实现“降低投入保持增长”的制度性贡献。

第二，对导致高贸易顺差的国内高“储蓄 - 投资”差异的经济结构进行调整。从理论上来说，如果政府、企业和居民行为都能按照经济规律正常循环，调整“储蓄 - 投资”的结构，缩小“储蓄 - 投资”差异，最后会达到外贸平衡，进而达到国内“储蓄 = 投资”的经济的“充分就业”的理想的整体平衡。一般来说，在“储蓄 - 投资”的差异和贸易顺差降低的同时，消费会相应增长，促进更多依靠内需而不是外需推动经济增长，推动投资增长和依赖外需增长的模式向消费增长模式的转移。国际收支不平衡和国内外经济失衡带来的国际国内的矛盾，在经济结构的不断调整过程中会得到部分缓解，经济会更稳定发展。

第三，“共享性”要求对消费增长平缓的收入分配的方式和社会保障体制作相应的完善。消费是经济增长的三大引擎之一。消费增长是与收入增长密切相关的。收入分配有两个层次。第一次收入分配是工资，第二次收入分配是转移支付。我们的收入分配制度改进有很大的空间。根据边际收入倾向理论，低收入群体的工资收入改善对消费增长的作用比较明显。减少支出也是增加收入。所以针对低收入群体的收入分配制度，包括低收入群体在内的社会保障体制的完善，应该对促进消费增长有非常实质性的作用。

第四，“共享性”发展要求保护环境使经济增长更具可持续性。我们的自然生态环境已经为“不顾一切”的高增长付出了代价。如果我们能够逐渐恢复自然生态，或者减少进一步的污染和破坏，保证经济的持续增长，人和自然的和谐将会带来经济的和谐。

“共享性”发展带来制度性改革，会带来制度进步的“红利”，实现新的层次上的“低投入持续增长”的经济增长。“共享性”的发展观念带来的又好又快的经济增长，带来可持续的长期的“共享性”的经济成长。

目前，全球已经有超过数万的各类共享经济公司，在各个行业影响着人们的生活和消费方式。例如，共享出行的代表 UBER，滴滴打车；共享空间代表 Airbnb，面向全球的在线工作平台 AAwork，共享资金价值代表 Prosper 等。共享经济的模式已在深深影响着人们的观念和生活。

第五章 基于剩余的创富模式：捕捉黑洞财富

第一节 去成本化：低成本模式

商业是基于资源的价值创造系统，资源要素的获取和管理，对商业是生死攸关的。就赢利而言，利润是总收入与总成本支出的产值。成本管理的创新和突破，才会有利润的产生和改善。

不计代价或不惜代价，都不是正常的、健康的经济思想，是非理性博弈或任性无知的做派。

生产力大发展时代或物质丰裕时代，在经济各领域普遍或周期性出现产能过剩或产品剩余。任何有价值的剩余都是沉淀在深海、睡眠在幽窟、掩藏在黑暗中的宝藏财富。剩余需要探险、挖掘、清理、重组，并重新返回市场，沦落的宝藏才有可能重现光彩。

低成本模式是基于资源成本或要素成本极限化管理思维的创意和实践。物质丰裕产生了财富悖论：产能越大，产量越大，供求失衡、价值失衡越严重，市场越萧条，财富越难实现价值。无法实现价值，财富就会被边缘化，或者形成沉淀。

极限技术和超级效率模式，使低成本的扩展和分享成为现实。丰裕提供了我们整合市场体系关键资源千载难逢的机遇：物质丰裕，商品和服务的获得变得轻松而廉价。信息丰裕，信息和知识的获得变得轻松而廉价。丰裕化解了商业资本在产业链的权重和话语权，也有效冲击和动摇了商业垄断势力即行业控制企业的市场霸权地位。

同人所见一致：免费，将会是商业的未来。

这里要提一下，安德森先生及所著《免费：商业的未来》。新型的“免费”并不是一种左口袋出、右口袋进的营销策略，而是把货物和服务的成本压低到零的新型卓越能力，是 21 世纪一种全新的经济模式。对个人来说，“免费”涤荡旧有思维的商业体验，对厂商来说，“免费”更多的是一种生存法则，一种可以改变旧有发展模式而实现脱胎换骨的“动力机器”。

新型的“免费”商业模式建立在以电脑字节为基础的经济学上，而非过去建立在物理原子基础上的经济学。这是数字化时代一个独有特征，它的成本和价格也会趋于零。这种趋势正在催生一个巨量的新经济，这也是史无前例的，在这种新经济中基本定价就是“零”。剩余贸易就是免费贸易，就是“送”贸易。

我们独创性地提出：零基成本，丰裕优质存品，空置价值，丰裕优质存品处置权、虚拟信用的概念和商业策略，虚拟对等贸易必须是零定价。这是剩余贸易模式最核心的部分。

传统经济围绕资源稀缺展开，新经济围绕价值剩余展开。

商品或服务丰裕到零基成本，那么零基价格也就水到渠成，瓜熟蒂落。而零基成本认定、零基价格认定，对商品和服务的价值存在毫无影响。

没有我们要做的就是：免费或送，是激发现实需求，推动价值实现的终极手段和策略，把虚置价值实质化的这个过程就是拯救财富的过程，是照亮财富光芒、让黑洞中的财富重见天日的复活过程。

第二节 去资产化：轻资产模式

资产是事件的结果。指的是，没有经济活动，就不会有资产的概念。或者发生交易，或者其他经济事项，企业预期会带来经济利益而投入手中控制的资源，这些资源就形成了资产。资产的属性就是企业从事生产经营活动的物质基础，是投资事件的产物。

资产是历史的产物，是由过去发生的交易或者已经结束的事项形成的资源。资产是现实的资产，不能是预期的资产。这里所指的企业过去的交易或者事项包括购买、生产、建造行为或其他交易或者事项。“过去形成”原则在资产的定义中具有举足轻重的地位。尽管现有衍生金融工具的创新层出不穷，对“过去形成”原则提出了诸多挑战，但这一原则在实物中仍然得到普遍的接受。

资产由企业拥有或控制。这叫实质重于形式。由企业拥有或者控制，是指企业享有某项资产的所有权，或者虽然不享有某项资产的所有权，但该资源被企业控制。

资产预期会给企业带来经济利益，是指直接或间接导致现金和现金等价物流入企业的潜力。资产必须具有交换价值和使用价值。没有交换价值和使用价值、不能给企业带来未来经济利益的资源不能确认为企业的资产。

资产的确认是经过确定资源有关的经济利益有否可能流入。

能否带来经济利益是资产的一个本质特征。但现实生活中，经济环境瞬息万变，与资源有关的经济利益能否流入企业或能够流入多少实际上带有不确定性。因此，资产的确认还应与经济利益流入的不确定性程度的判断结合起来。

资源成本或者价值能够计量。资产以各种具体形态分布或占用在生产经营过程的不同方面，按其流动性通常可分为流动资产、长期投资、固定资产、无形资产和其他资产。资产是企业、自然人、国家拥有或者控制的能以货币来计量收支的 经济资源，包括各种收入、债权和其他。

在会计恒等式中：资产 = 负债 + 所有者权益。

简单地说，资产就是能把钱放进你口袋里的东西，负债是把口袋里钱的金额开个收据给别人。

现在我们来换个角度思考。

资产预期会给企业带来经济利益。能否用别人的资产？如果某一项目预期不能给企业带来经济利益，就不能将其确认为企业的资产，前期已经确认为资产的项目，如果不能再为企业带来经济利益，也不能再将其确认为企业的资产。由此可见，真正能极限化解投资风险的，是利用别人的资产。经营失败了，损失的由资产所有者承担。经营成功了，空手套白狼。

资产无非是企业拥有或者控制的资源。资产作为一项资源，为企业控制，具体是指企业未必要享有某项资源的所有权，也可以虽然不享有某项资源的所有权，但该资源能被企业控制。

通常在判断资产是否存在时，所有权是考虑的首要因素，但在有些情况下，虽然某些资产不为企业所拥有，即企业并不享有其所有权，但企业能牢牢控制这些资产，同样保障企业能够从这些资产的管理过程中获取经济利益。

第三节 去利润化：微利润模式

利润是历史的产物，先有厂商，后有利润。先有贸易，后有利润。

厂商为利润而生，工业时代的思维就是这样。

然而，利润的本质就是剩余价值。它是经营的结果，是企业赢利的表现形式。是收入减去成本价格和税金的余额，是商品价值与成本价格的差额。

剩余价值，是可变资本带来的，即劳动带来的，这是马克思《剩余价值论》中的核心发现和主要思想。而资本主义制度却是基于利润源于全部资本（生产领域和流通领域的全部预付资本）的假定。

无论哪种假定，都是收入减去成本来计算利润，用利润来评定企业经营成果。

那么如果投入成本趋向于零了，资产占用成本，劳动成本都无限趋于零，是否也可以不需要利润，同样可以展开或维持有意义的经济活动呢？

答案是肯定的。

生产首先是创造财富，或者说价值转移。减少价值的流失，或者说保值，和创造增值，本质上是一致的，都是创富。

第四节 去品牌化：弱营销模式

品牌是商业社会的产物。

工业化时代的典型现象就是产品、服务以及商业推广手段的同质化。同质化是标准化、效率化、规模化的必然结果。工业社会的发展是基于市场竞争，同质加剧了竞争的程度，竞争最激烈的领域是在市场。

以品牌打造为核心手段的营销是市场的幽灵。市场品牌策略本来无非是为消费者提供识别功能的一种次生商业服务。就好比互联网上搜索引擎，解决浩如烟海信息所带来的浏览困难。品牌原本只是制造商或经销商加在商品上的标志。它由名称、名词、符号、图片、象征、设计或它们的组合构成。无论是名称或标志，词汇、符号或设计，或者是它们的组合，其目的只是为识别方便。让某个销售者或某群销售者的产品或劳务，同竞争对手的产品和劳务区别开来。（市场营销专家菲利普·科特勒博士）

品牌最持久的含义和实质是其价值、文化和个性；品牌是一种商业用语，品牌注册后形成商标，企业即获得法律保护拥有其专用权；品牌是企业长期努力经营的结果，是企业的无形载体。

品牌，跟其他许多人类创造发明一样，被异化被神化被循环论证。它是结果，变成了原因。它是过程，变成了目的。品牌的来源，就好比给人取名，以示与他人不一样的身份。现代社会，没有人名会带来很大麻烦，这没有多大问题。而商品品牌却被赋予复杂得多的含义和价值。

品牌是消费者对产品或服务整体形象的认知程度。精确地说，品牌是认知的一种方式，不是认知源本身。品牌异化成人们对一个企业及其产品、售后服务、文化价值的一种评价和认知，是一种信任，是一种质疑的弃权。然而，这终究是主观的东西。品牌是企业或品牌主体（包括城市、个人等）一切无形资产总和的全息浓缩，而"这一浓缩"又可以特定的"符号"来识别；它无非是主体与客体，主体与社会，企业与消费者相互作用的产物。

所以，品牌是真正的虚拟，实质是虚无缥缈的。

品牌，是商品综合品质的体现和代表，当人们想到某一品牌的同时，总会和时尚、文化、价值联想到一起，企业不断给品牌赋予产品开发、产品质量、文化创新等方面的价值暗示。注意：品牌开始不断被异化神化。商家比买家更清楚，当品牌被市场认可并接受后，会产生市场价值：顾客对市场的先入为主和自以为是。

品牌的本质是创造虚幻感觉，是形成虚拟价值。

所谓品牌战略，是通过某些特定要素及系列市场活动形成形象认知度、感觉、品质认知、客户忠诚度，最后形成一种无形资产。

在品牌问题上，人类可能正在不断走入误区。

品牌代表着特定商品的属性，这是最基本的含义，体现着某种特定的利益，从价值体现蜕化成价值本身，是一种异化。品牌不仅仅是一个标志和名称，更蕴含着生动的精神文化层面的内容，品牌体现着人的价值观，象征着人的身份，抒发着人的情怀。

品牌巨大的价值及市场感召力是来源于消费者对品牌的信任、偏好和忠诚，如果一个品牌失去信誉，失去消费者的信任，品牌就一文不值，最终难逃覆灭的厄运。品牌经营实质是建设一座"立于现在、功在未来"的商业信用宝库。

品牌策略如果失去善意，将沦为邪恶之花，对生产商自己而言也是在建空中楼阁。

举个国内厂商例子。某知名品牌凉茶，成本大概预算：铁罐1元；运费0.3元，广告 1.1 元，凉茶 0.3 元，纸箱 0.1 元；一级经销商 0.2 元；二级到三级的经销商 0.5 元每罐；杂七杂八的费用 0.5 元，利润 0.5 元，零售价 4.5 元。生产加包装加运费，1.7 元，广告 1.1 元，分销费用 1.2 元，利润 0.5 元。

我们发现：这瓶零售价 4.5 元的饮料，成本主要是两大块：广告宣传 + 渠道分销费用。就是说，一瓶饮料从厂家到消费者手上，钱主要花在委托媒体（多元媒体机构，可能还有品牌，策划机构）设计文本、吆喝叫卖以及委托商业机构（多级分销代理商）分销上了。

这款凉茶，堪称中国式营销成功的典范，年销售达数百亿，是无数企业膜拜的偶像和标榜。

一罐 0.3 元的茶水，4.5 元一灌到终端顾客的嘴里，最终还有 0.5 元入腰包。这就是一个榜样给我们演绎的营销神话。

这样风靡十几年中国市场的营销神话绝不是个案。

第五节 去中心化：区块链模式

工业社会创造的一个大作，也堪称奇迹，就是商业高度中心化。

商业中心是商业的皇宫，打造商业核心圈是商业资本最醉心的、最惬意的、最乐此不疲的事。在市场博弈上，商业势力或商业资本，因为掌控了市场最核心最稀缺资源而确立了霸主优势，掌握着发言权。这个局面对产商而言却极为不利，市场环境趋向恶化，竞争逐渐加剧。

然而，终于等到了互联网时代，信息爆炸时代。

电子商务的横空出世，人们消费生活方式渐渐变化，传统商业资源区域高密度聚集的现实布局遭受巨大冲击。

商业资源去中心化的浪潮开始了。

没有中心，每一个节点都是中心，蕴含看商业变革的机会。

区块链源于分布式记账技术和方式，计算机技术的新型应用模式是泛指数据存储、点对点传输、共识机制、加密算法等。区块链系统中实现不同节点之间建立信任、获取权益的数学算法，我们称之为共识机制，本质上是一个去中介化的数据库。在金融场景中，区块链是比特币的底层技术。

区块链是一串使用密码学方法相关联产生的数据块，每一个数据块中包含了一次比特币网络交易的信息，用于验证其信息的有效性（防伪）和生成下一个区块。狭义来讲，区块链是一种按照时间顺序将数据区块以顺序相连的方式组合成的一种链式数据结构，并以密码学方式保证的不可篡改和不可伪造的分布式账本。

广义来讲，区块链技术是利用块链式数据结构来验证与存储数据、利用分布式节点共识算法来生成和更新数据、利用密码学的方式保证数据传输和访问的安全、利用由自动化脚本代码组成的智能合约来编程和操作数据的一种全新的分布式基础架构与计算方式。

一般来说，区块链系统由数据层、网络层、共识层、激励层、合约层和应用层组成。其中，数据层封装了底层数据区块以及相关的数据加密和时间戳等基础数据和基本算法；网络层则包括分布式组网机制、数据传播机制和数据验证机制等；共识层主要封装网络节点的各类共识算法；激励层将经济因素集成到区块链技术体系中来，主要包括经济激励的发行机制和分配机制等；合约层主要封装各类脚本、算法和智能合约，是区块链可编程特性的基础；应用层则封装了区块链的各种应用场景和案例。该模型中，基于时间戳的链式区块结构、分布式节点的共识机制、基于共识算力的经济激励和灵活可编程的智能合约是区块链技术最具代表性的创新点，区块链的设计是一种保护措施，比如（应用于）高容错的分布式计算系统。区块链使混合一致性成为可能。这使区块链适合记录事件、标题、医疗记录和其他需要收录数据的活动、身份识别管理，交易流程管理和出处证明管理。区块链对于金融有巨大的潜能，对于引导全球贸易有着巨大的影响。

2008 年由中本聪第一次提出了区块链的概念，在随后的几年中，成为电子货币比特币的核心组成部分：作为所有交易的公共账簿。通过利用点对点网络和分布式时间戳服务器，区块链数据库能够进行自主管理。为比特币而发明的区块链使它成为第一个解决重复消费问题的数字货币。比特币的设计已经成为其他应用程序的灵感来源。

区块链格式作为一种使数据库安全而不需要行政机构的授信的解决方案首先被应用于比特币。2008 年 10 月，在中本聪的原始论文中，“区块”和“链”这两个字是被分开使用的，而在被广泛使用时被合称为区块-链，到 2016 年才被变成一个词：“区块链”。在 2014 年 8 月，比特币的区块链文件大小达到了 20 千兆字节。

第六节 去竞争化：智联共生模式

任何资源是有限的，在一定阶段，需求也是有限的。人口和土地是商业最重要的资源。市场总是周期性地重复着竞争游戏。厂商围绕着确立竞争优势，展开生死博弈，是非常残酷的，是你死我活。竞争的自由和公平，散发着血肉腥味和热气。每一轮竞争，都留下了没有走向市场终端的产能、服务及商品。其中有输方的，也有赢方的。为维护所谓公平自由的市场精神，竞争成为市场的基本法则。竞争法则确保了市场的适者生存，优胜劣汰。有限市场需求逐渐饱和后，出现一个所谓的丰裕局面。竞争继续驱动着商家在永无休止的博弈，这个博弈的主题总是做大做强，因为谁也不想弱小，弱肉就会被强食。

在目前的市场环境下，厂商作为微观经济主体，特别是实体生产研发型企业，规模小了，只能小打小闹，经不起市场冲击，无法与商业势力对话，故心中常怀产能扩张、品牌强大之望。

市场与生俱来就奉行自由竞争、维持公平、讲究效率的精神。竞争源于生物进化原理：适者生存，优胜劣汰。

《圣经》有个故事，王对奴仆有一番话说：“凡是少的，就连他所有的，也要夺过来。凡是多的，还要给他，叫他多多益善。”这就是马太效应的故事。它的寓意是贫者越贫，富者越富。

市场，就是人类为战胜短缺最伟大、最巧妙的发明之一。

市场起源于古时人类对于固定时段或地点进行交易的场所的称呼，指买卖双方进行交易的场所。发展到现在，广义上，所有产权发生转移和交换的关系都可以称为市场。经过长期历史的演变，市场的表现形式、组织结构、内涵外延等发生重大变化。但市场的本质没有改变，市场的核心功能是确保资源的优化配置。

研究产业界，我们清楚：传统产业借助市场机制，围绕着稀缺资源争夺而展开博弈，是竞争态贸易模式。发展到一定阶段，从供不应求到供大于求。对厂商而言，品牌塑造资源和分销资源的稀缺是不可避免要发生的。

我们知道工业革命极大解放了生产力。首先，工业革命导致社会进一步分工。然后大幅度提升生产能力。制造业与商业流通业的专业分工是生产能力极大提升、市场供应极大增长的结果。最终技术的进步，推动生产供给轻易超越市场需求，短缺市场转变为过剩市场，短缺经济过渡到剩余经济之际，贸易或商业格局开始发生逆转式变化。商品的流通需要动力和渠道。商业资本或势力掌控了动力（资金+信息），又掌控了渠道（市场+商场），在市场流通和分配渠道上拥有绝对的控制力。

充分的剩余提供了去竞争的可能性。

要建立一个没有竞争的商业生态圈，市场发展的极限，是没有竞争。

万物有机，息息相关。千姿百态，价值为脉。相依相靠，共同繁荣。互生相处，价值互生，实现联手收获财富新生的全新商业生态圈。